JN156816

環境と共生する住宅

「聴竹居」実測図集 増補版

竹中工務店設計部 編

彰国社

●晩秋の南側外観（2−13・16頁の写真はすべて本屋）。左から、寝室、縁側、客室

●最南部に位置する縁側部分を見る

●読書室と縁側部分を見る。左に寝室

●東側に位置する玄関部分

●左に玄関、右に客室。木製スクリーン上部が4分の1円の形にくり抜かれているが、円を部分的に使用したデザインはこの後、何度か反復される

●玄関を入って左手に位置する客室

●客室から縁側と読書室を見る

●縁側の東側コーナー部分

●居室から南側の縁側を見る

●縁側の西側コーナー方向を見る。縁側の南面は6m近くまでガラス面が連続し、目の前に広がる三川合流の景色をパノラミックに切り取って見せる

●食事室の床は居室より15cm高くつくられている。左の違い棚の上部にはマッキントッシュ風デザインの時計が設えられている

●食事室の壁を4分の1円の形にくり抜いた部分から縁側方向を見る

●原図：本屋配置図（京都大学工学部建築学科図書室所蔵。以下の原図は同室所蔵）

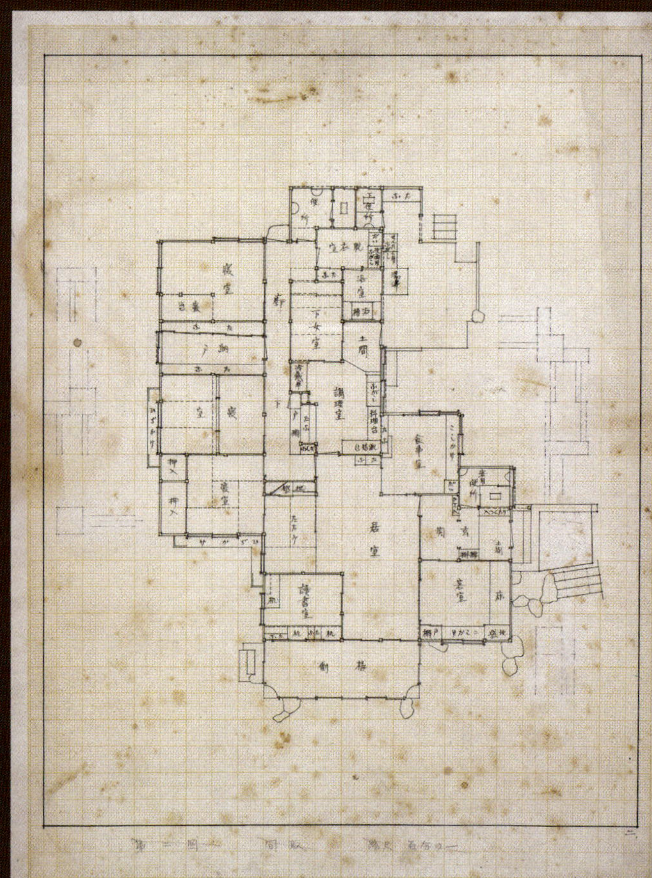

●原図：本屋平面図

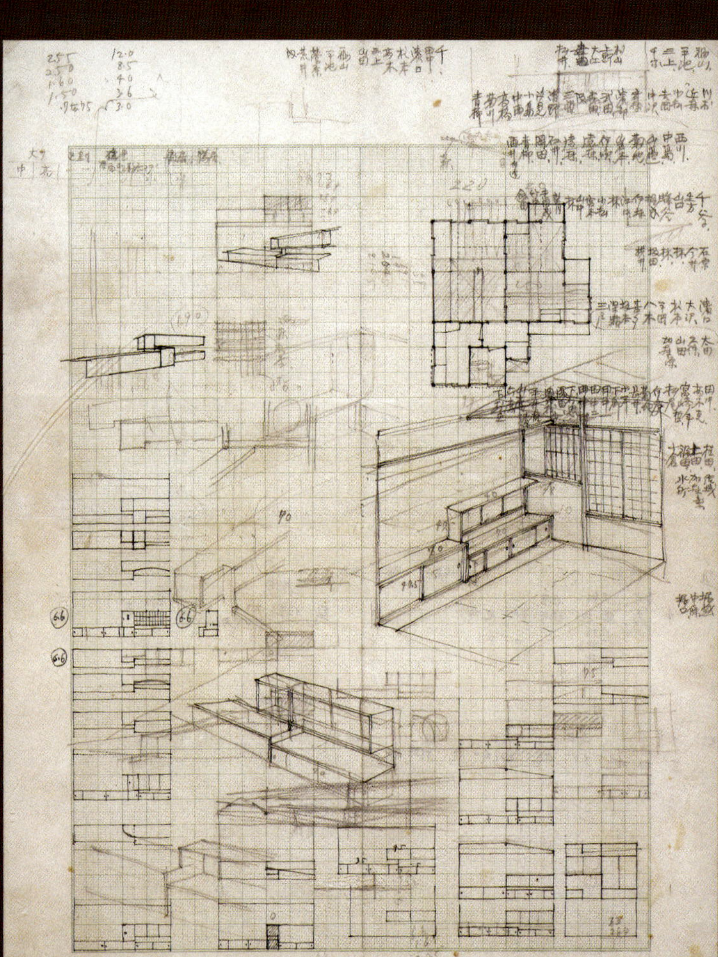

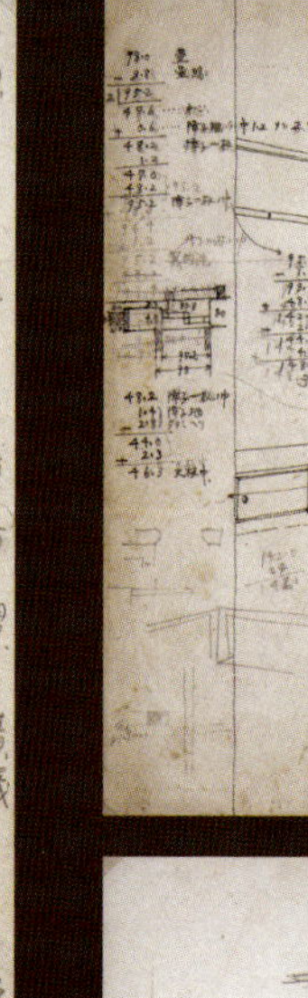

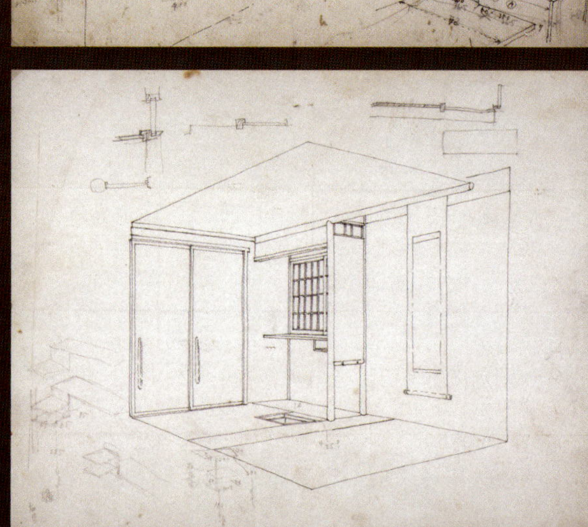

●3点とも、原図：下閑室（茶室）透視図

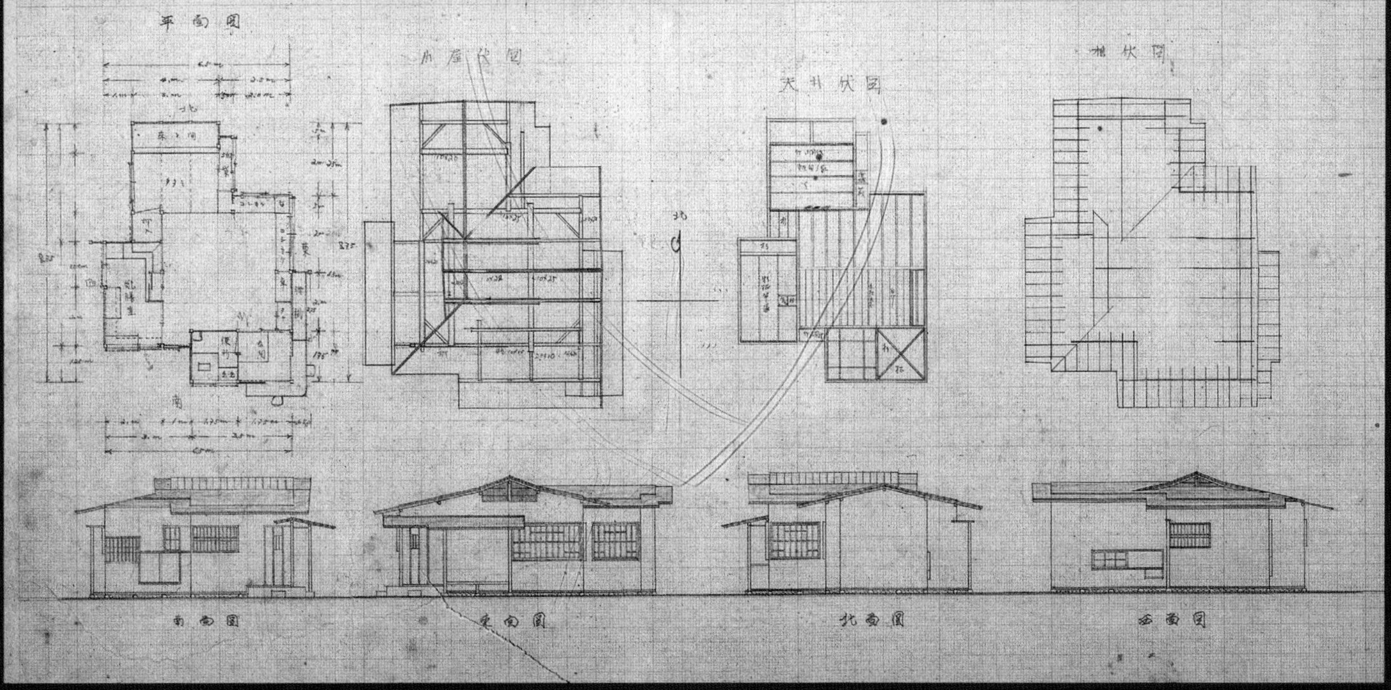

● 原図：閑室平面図・小屋組図・天井伏図・垂木伏図・立面図

●客室。手前のテーブルとイスはともにチーク製で藤井のオリジナルデザイン

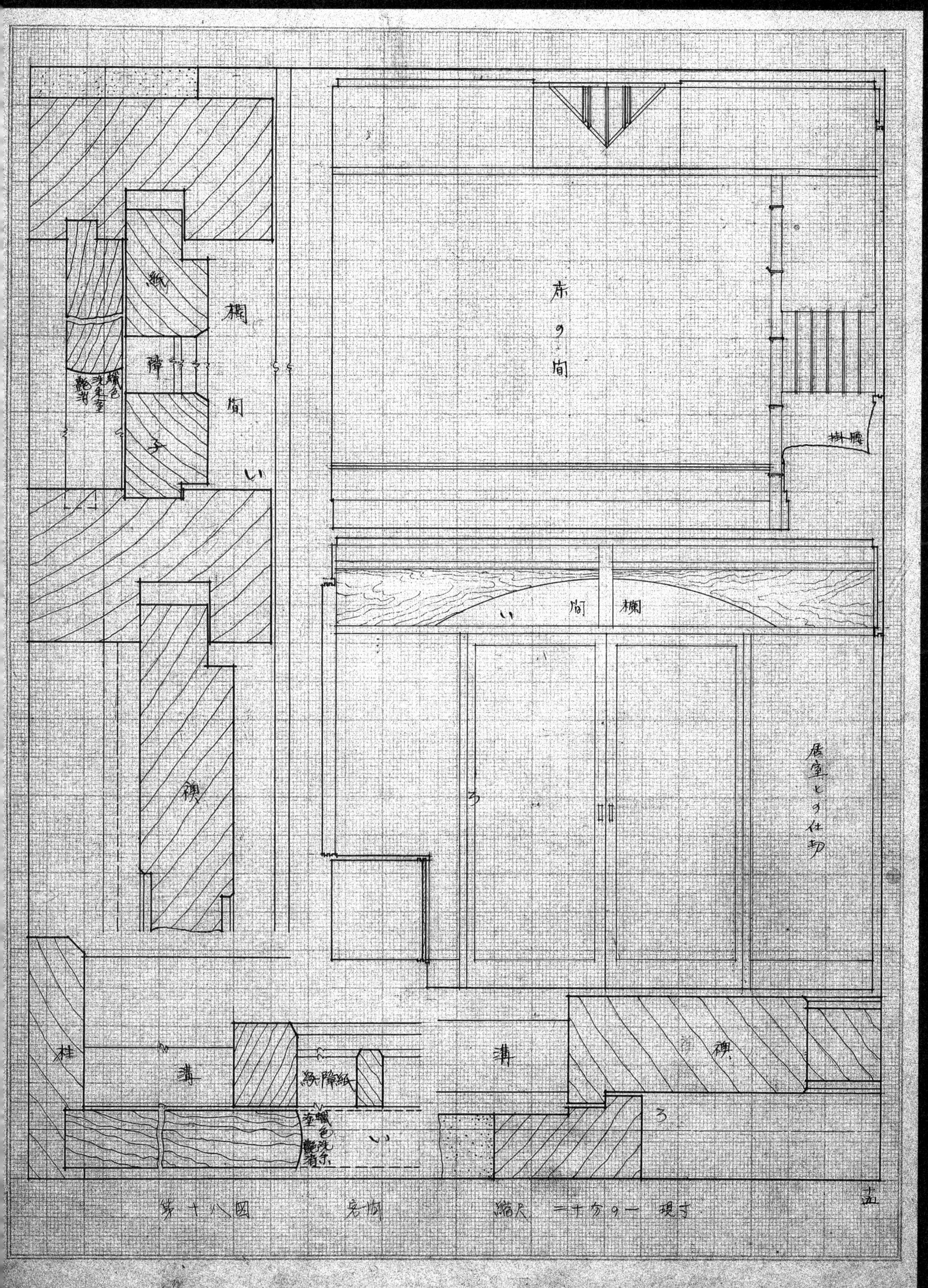

●原図：本屋客室、床の間枠廻り詳細図

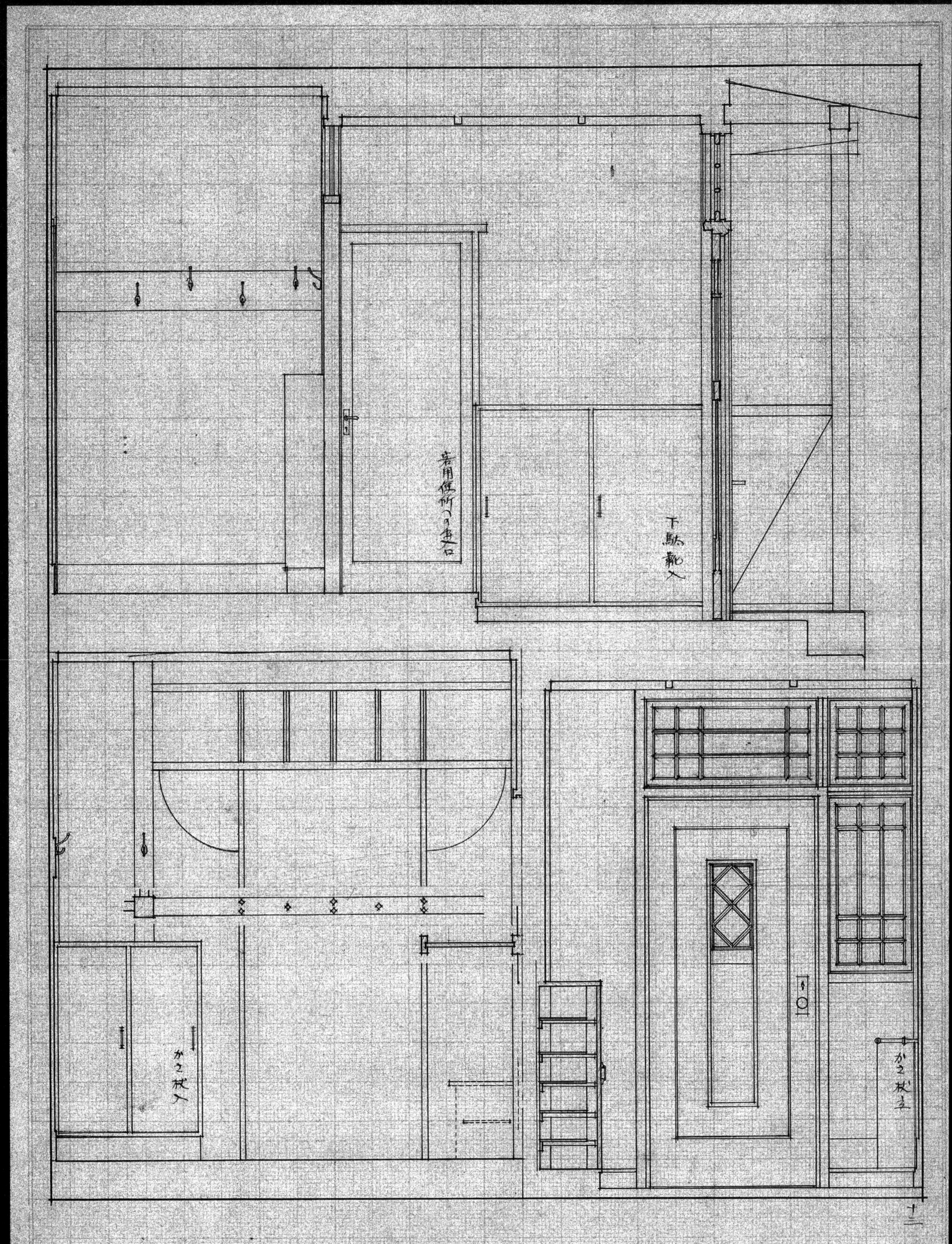
客用便所への入口
下駄靴入
かさ杖入
かさ杖立
十三

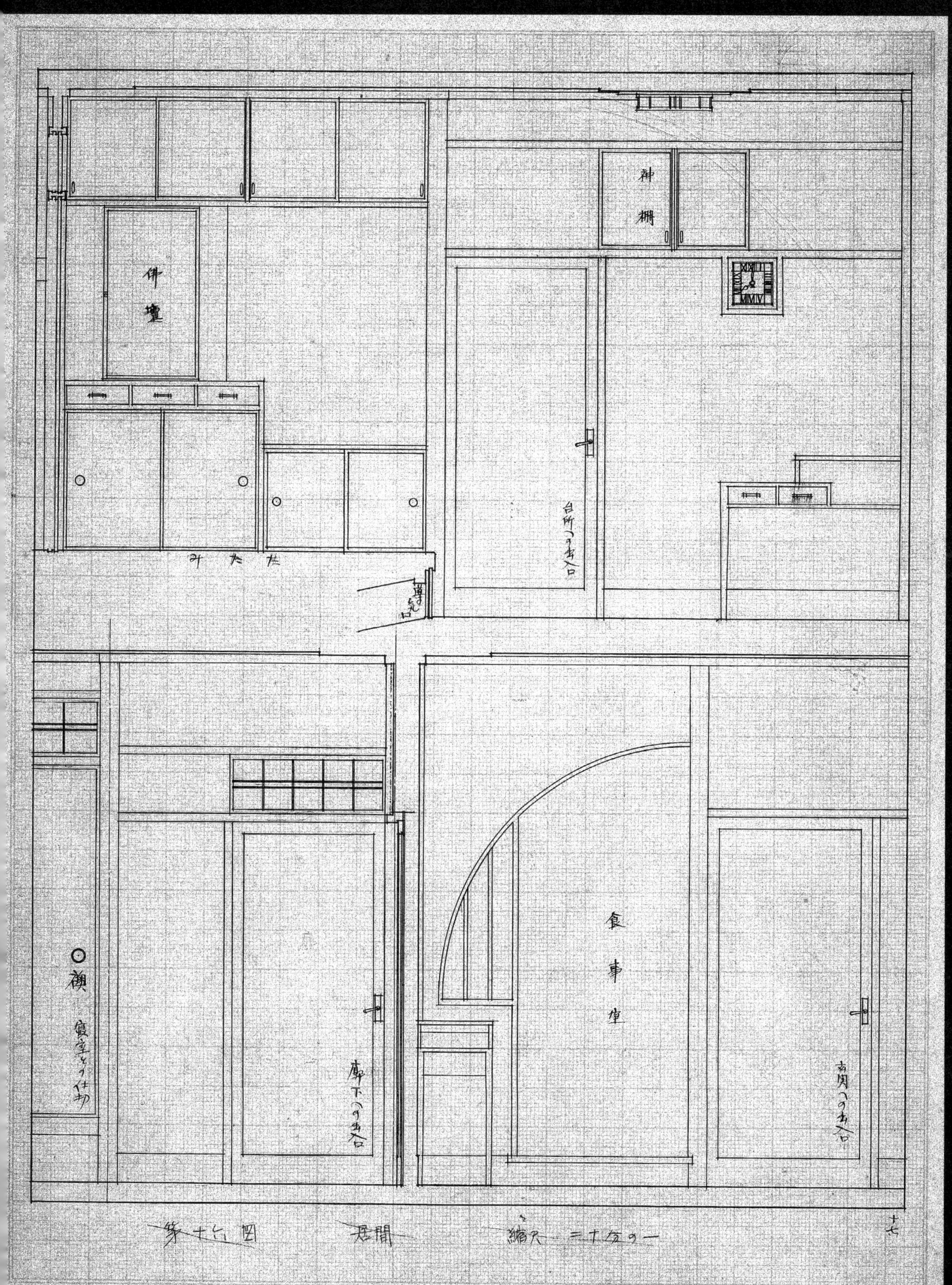

● 原図：本屋居室

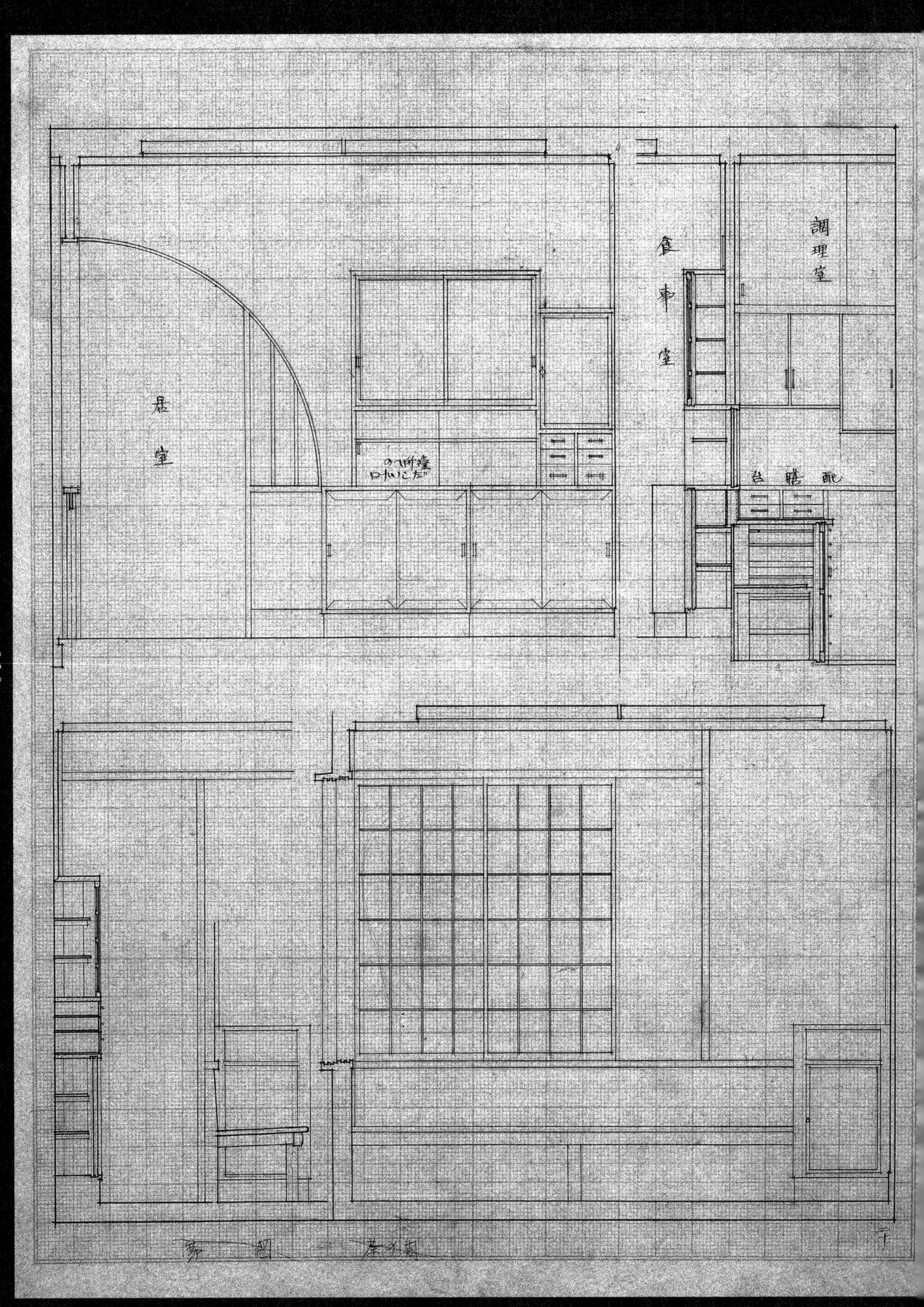
居室
食事室
調理室
配膳台

はじめに

京都府大山崎町の天王山の麓に、建築家・藤井厚二の自邸として「聴竹居」(ちょうちくきょ)と名付けられた、2018年で築90年になるひとつの木造平屋建ての住宅がある。知る人ぞ知るその名作住宅を、竹中工務店黎明期に在籍した藤井の後輩にあたる大阪本店設計部の有志が、2000年に自主的に実測調査を行った。幸運なことに、実測調査の結果を『「聴竹居」実測図集』として竹中工務店設計部で編集し、翌年の2001年3月に発行することができた。

—

2008年春からは、「聴竹居」を存続させていくために、定期借家として借り受けて、地元住民と結成した任意団体の聴竹居倶楽部で日常維持管理をしながら一般公開を続けてきた。そして、2013年には天皇皇后両陛下の行幸啓、さらに2016年12月には竹中工務店が藤井家から「聴竹居」の土地・建物を譲り受けた。そして、2017年7月に昭和の住宅としては初めて国の重要文化財に指定された。

—

「聴竹居」は、環境共生住宅の原点とも言われ、近年は新聞や雑誌、さらにはテレビで取り上げられることも多く、日本全国だけでなく世界各国からも多くの人々が訪れる「木造モダニズム建築」の代表格のひとつになった。今般、絶版となっていた本書が「聴竹居」竣工90年、藤井厚二生誕130年にあたる2018年に合わせて増補版として復刻されることになった。

—

竹中工務店設計部

藤井厚二(ふじい・こうじ)略歴

1888年、現在の広島県福山市に造り酒屋の次男として生まれる。11代続く藤井家は製塩業・金融業も営む素封家で、数多くの絵画や書、茶道具に囲まれた環境で育つ。

—

1913年、東京帝国大学工学科建築学科卒業。大学では「築地本願寺」などの設計を手がけた建築家・建築史家の伊東忠太に教わり大きな影響を受ける。同年、最初の帝大卒の設計社員として竹中工務店に入社。6年足らずの在籍時に、「大阪朝日新聞社社屋」「村山龍平邸・和館」をはじめ6つの建物の設計を手がける。

—

1917年、神戸に第一回藤井自邸を建てる。以後、第二回(1920)、第三回(1922)、第四回(1924)、第五回(「聴竹居」1928)と計5軒の自邸を実験住宅として建てる。

—

1919年、竹中工務店を退社。翌年にかけて欧米を視察し、欧米の最新のデザイン潮流とともに建築設備の最先端にも触れて影響を受ける。

—

1920年、建築家の武田五一が創設した京都帝国大学工学部建築学科に講師として招かれる。1921年助教授、1926年教授。大学では、はじめ「意匠製図」を担当し、その後「建築設備」「住宅論」「建築計画論」も教える。

—

1928年、日本の気候風土に合った住宅のあり方を環境工学の観点から考察した『日本の住宅』を出版。1930年には、同書と『聴竹居図案集』『続聴竹居図案集』を1冊にまとめ直して英訳した『THE JAPANESE DWELLING-HOUSE』を出版。

—

1938年、逝去。遺作「扇葉荘」(1937)まで、生涯で50余りの住宅の設計を手がけた。

［目次｜グラビア・テキスト］

●本屋食事室から見た居室の透視図

●閑室透視図（『続聴竹居図案集』より）

左から藤森照信(建築史家)、内藤廣(建築家)、松隈章(竹中工務店)の各氏

藤井厚二と茶室

藤森 聴竹居を初めて見たときからずっと、なぜこういうものが生まれたのかが謎だったんですね。というのは、伊東忠太がそうでしたが、インド風の社寺などはヨーロッパの歴史主義と同じように扱うことができるけれど、聴竹居は明らかに歴史主義の延長ではつくられていない。まぎらわしい問題として「数寄屋」があって、聴竹居は数寄屋を近代のなかで放っておけば自ずとこうなるのかなというような感じもあるけれど、でもそういうレベルじゃないと思ったんです。

それと、伝統の問題は、どこの国にとってもそうですが、実に扱いづらい。和風であればずっと数寄屋の大工がいるわけだし、宮大工もいてそれなりにわかりやすいんですが、そういうものではないし。

あと、藤井厚二を考えるときに、たとえば、「吉田五十八とどこが違うか」という問題がある。藤井厚二、堀口捨己、吉村順三という流れがありますが、これと吉田五十八とはどう違うのか。

そのあたりがずっと謎だったんですが、茶室のことを考えるようになって、解けたんです。要するに茶室によって、彼は伝統的な世界から脱して、ああいう伝統的のようにも見える新しい空間をつくることができたんだと。

一番難しかったのは、数寄屋ってもともとモダンだということ。数寄屋は桂離宮ができた段階でモダンなので、「数寄屋の影響でやりましたよ」というのは、吉田五十八の場合はいいし、村野藤吾もそれでいいと思う。だけど、どうも藤井厚二の場合は違っていて、それは何だったんだろうとずっと考えていて、数寄屋ではなく茶室の影響ということを自信をもって言えるようになって解けたんですね——特にあの角の出っ張りのところ。あんなことは世界の建築にはないですね。四畳半の食事室が飛び出している、聴竹居の一番有名なシーン。

内藤 平面的に雁行しているんですよね。

藤森 「居室」のこの北側の壁が、この家の正面なんですよ。なぜかというと、マッキントッシュの時計がここにあって、神棚もここにある。そこに食事室が右から飛び出している。こういう構成は世界にないので謎だったんですが、元は残月亭なんだと気がついた。

内藤 藤井はこれが残月亭と言っているんですか?

藤森 いや、言っていない。

内藤 藤森さんの解釈?

藤森 そうです。数寄屋はこういうことをしない。なぜかというと、残月亭の上段床は特別な人以外座ってはいけない。

内藤 太閤。

藤森 いや、太閤じゃなく天皇です。太閤が座る床のさらに上段に天皇が座る。

残月亭の原型は、色付九間といって堀口捨己が探し出した図面が残っている。それで、この構成は数寄屋ではやらなくて、茶室だけがやっている。だからこれは数寄屋の影響ではなく、茶室に直接学ぼうとしたということで、吉田五十八と切ることができる。

内藤 吉田五十八は本質を問わない引用だと?

藤森　そうです。

実は、聴竹居のいろんなところに茶室的な納まりがたくさんあるんですが、それは数寄屋でもやるので、茶室固有とは言えない。でも、残月亭の影響を見て、藤井が直接茶室から学んだということが証明できた。

それともうひとつ大事なのは、残月亭の空間は建築家を以後縛り続ける。堀口捨己もやるし、村野藤吾もやる。藤井厚二は他でもやる。

内藤　実は半年ぐらい前に、帝国ホテル内にある村野藤吾が手がけた東光庵にある残月床について書いたんです。ここは、残月亭から想を得たと言われていますね。そのとき調べたら、村野藤吾は自宅でもやるし、他の住宅でも何回もやっている。ただ、村野藤吾が面白いのは、その都度挑戦して形をいじっています。東光庵では床を下げて板間にして、フラットにして、奥に洞床をつくり……。

藤森　自邸では床を2つもつくる。

内藤　そう。2つもつくって、とても不思議なことをしている。床から派生する軸線を、幾重にも操作している。あらゆる建築家が残月床をいじっているけど（笑）、やっぱり村野さんは特別ですね。

藤森　その理由は、日本人に固有なことで、要するに部屋の正面に対して斜めに動く力なんですね。これはやっぱりやりたくなるんですよ。

内藤　さらに村野さんは、手前の垂れ壁をうんと下げるんですよ。これだと床を横から覗き込むようになる。

松隈　それは藤井の扇葉荘に近いと思います。

内藤　床から派生するヒエラルキーを、まともには見せない。言ってみれば、一癖も二癖もある意地の悪い空間です。あの空間を理解しようとすると、何かこちらがいじられているような妙な気がしてくる。

藤森　日本人には、対称形に対して斜めが入ってくることによる視線の動きを重視するこの非対称性は日本の伝統的住宅建築の本質なんですね。

ちょっとうるさいことを言うと、世界じゅうの建築はすべて、大事な場所は左右対称です。当たり前ですが。ところが、書院造りが成立する前、寝殿造りがヘンな問題を引き起こして、寝殿造りは左右対称にもかかわらず、アプローチは脇からなんですね。そこで混乱が起こる。その混乱は、光浄院客殿などの書院造りの初期のものに見ることができますが、その混乱が要するにいいほうへと向かう。

内藤　なるほど。

藤森　正面を設定しながら、それに斜めや横からこう……。

聴竹居。右側が食事室

残月亭

扇葉荘客間（出典：村田治郎・伊東恒治編『扇葉荘』新建築社、1940年）

それが最終的には雁行とかになる。言ってみれば、これは室内における雁行みたいなもの。

内藤　写真で見ると「なんていうことない」みたいな感じなんだけど、聚楽第から移してくる前は、床の上に押し上げ窓、つまりトップライトが開いていたんですね。それで、太閤がこの床柱に寄りかかって月を見たので残月亭、床柱を太閤柱というらしい。

藤森　それは利休が死んだあとですね。利休を殺したあと、利休の子の少庵のつくった残月亭へ来て、利休をなつかしんだ。

内藤　いまからでは考えつかないぐらい過激な空間ですよね。

藤森　それが藤井厚二の食事室になったという解釈にたどり着いた。彼はやっぱり新しい世界に行きたかった。そ

藤森照信氏

のときに何が手本になったか。吉田五十八は数寄屋で行けると思った。藤井は数寄屋ではダメだ、茶室からだという、そこが彼の本当にすごいところだということが最近わかって——私が自分でわかっただけだけど（笑）、それで心が安らいだ（笑）。

内藤 それまでは安らがなかったんですか（笑）。

藤森 吉田五十八とどこが違うんだと……。明らかに違うんだよ、入ってみると。だけど個別に見ると、わりと似たことをやっている。食堂は残月亭が元というのが私の最近の到達点。

松隈 それを裏づけることなのかわかりませんが、居間に飛び出している柱だけが檜なんですね。あとは構造材なので杉なんです。

藤森 気づかなかった。そういうふうに分けていたんだ！床柱なんだ。ということは貴人席ですよ。他の構造材は杉なの？

松隈 杉ですね、聴竹居は基本的に。ですけど、そこだけは完全に音が檜の音になっているので、やはり象徴的な空間にはしたかったんだと思います。

藤森 したかったんだろうね。

松隈 雁行ということは、藤井は文章のなかに書いています。「畳でつくるいままでの空間というのは四角四面で面白くない。だから変化をつけるんだ」と。

藤森 なるほど。たしかに、ここは畳を敷いてない。

松隈 畳は小上がりの3畳だけですね。基本的に雁行させるというような言い方をしています。藤森さんが言われるように、どこに新しさを求めるかということを相当悩んだんだとは思いますけどね。

藤森 造形というものの過去との関係で言うと、サバイバルとリバイバルの2つがある。吉田五十八はサバイバルの人で、藤井厚二はリバイバルだと思いますよ。利休にもう一度戻ってという。利休の茶室以後の歴史を見ると、いったん遠州が切ってますから。

利休と堀口、藤井

藤森 それともうひとつ大事なことは、近代の建築家で利休を消したのは、実は堀口捨己ですよ。

内藤 消した？

藤森 利休をやめたのは。

内藤 こだわらないようにした？

藤森 というか、利休の茶室で一番大事なことは「自閉性」なんですよ。外を絶対見てはいけない。相当注意深く障子の位置を決めている。開けたときに目が行かないように。

いまでもそうだけど、茶室は全部締め切って使うでしょう。茶室のなかの光景はあるけれど、茶室のなかを外から見た光景はない。もちろん外観はあるけど、茶室を外から見て、なかに人がいるという写真は絶対に撮らない。

それを私は自分がつくった茶室で撮ったら、ほとんどマンガみたいな感じがするんですね、プロポーションが。人がでかすぎる（笑）。だって、畳2枚のなかに2人ずつ座ってごらんなさいよ。

なぜ茶室は外を見ないかというと、それが利休の空間の本質で、自閉しなさいと。自閉するなかで4時間過ごしなさいと。それが堀口捨己はいやだった。だから、堀口捨己の茶室論は、利休の自閉問題について触れない。

松隈 触れないんですか。

藤森 触れない。堀口捨己は茶室のなかから外に向かって開くところが好きだった。つまり、利休の茶室でなくて、利休以降の茶室。遠州になって初めて開くわけ。2代目の織部や有楽斎までは利休を守って全部閉め切ったなかで過ごしている。遠州はそれがいやで完全に開いていく。それなんですよ、堀口捨己が好きだった茶室は。

堀口捨己が一番力を込めて茶室的なことをするときは、必ず桂離宮の竹すのこを敷く。あれは外へ出ていくという意味ですから。

内藤 月見台。

藤森 でも、利休は内閉しろと。外に向かって開くのはやっちゃいかん。だから、遠州以前はやらなかった。遠州の代表作の忘筌は開いています。遠州から平気でやるようになる。鎖の間をつくって外へ開くようにしていったんですが、利休の求めた自閉空間の問題に堀口捨己は触れないんです。これにはビックリした。

堀口捨己は、そういう点では利休を裏切った人なんですよ（笑）。あの人のお蔭でわれわれは茶室を知っているわけだけど、自閉性について彼は触れたくなかった。やっぱりモダニストなんですね。モダニストに自閉はない。

自閉問題は面白い問題で、空間が狭く自閉している中に人が入っているという状態は、一体何でそんな不自然なことをやるのかと……。

内藤　ややこしいことを何でわざわざするのかと。で、藤森さんはどうなんです？ 実際に閉じ込めてみて、どんな感じですか。

藤森　いやもう、ダメだね（笑）。僕はやらない（笑）。

内藤　最後は藤森さんのやさしさが、人を押し込めきれない。

藤森　やっぱりいやよ（笑）。利休の茶室は、そういうとんでもないレベルを考えていた。なぜそんなヘンなことを考えたか。

空間の問題としても、人間と空間の問題としても、いろいろ面白い問題があるんだけど、そのことは置いといて、普通、なんとなく僕らは利休の空間をリバイバルさせたのは堀口捨己と思っているけど、そうではなくて、本当の意味で利休と格闘していたのは藤井厚二じゃないか。

松隈　藤井と堀口は親交がありましたから……。

藤森　そう、藤井厚二がまず手をつけて、堀口がそれに学んだ。

松隈　堀口と藤井は書簡をやり取りしていますね。

内藤　でも聴竹居は、藤森さんが言うほど閉じてないですよ。

藤森　もちろん住宅は閉じていない。ただ茶室は閉じている。利休と本気で取り組んだ最初の人が藤井厚二で、それを継いだのが堀口捨己。

ライト、マッキントッシュ、ゼセッション

藤森　藤井は、明らかにライトのようなところがある。ライトだけがやったことを彼はやっているものね。

内藤　たしかにライトっぽいところがありますね、初期のオークパークの住宅とか。

藤森　そうそう。日本の建築家って、内部において木材を装飾として壁のなかに入れるということができないんですよ。でもライトは平気で入れる。それを、藤井は天井でやるでしょう。あれもライトのやり方です。普通だったら決まった位置にしか木材は入れられない。当たり前だけど。それを平気で天井に走らせたりする。

松隈　装飾的にしますよね。

藤森　あれはライトが編み出したやり方です。

松隈　まさに八木市造邸がそうですね。

内藤　あれはライトのまんまだから。

藤森　普通、日本の人はできない。

彼が影響を受けてたのは、利休とライトとマッキントッシュの3人か。贅沢というか、「それでどうするんだ、こんな人たちから影響を受けて」と（笑）。

内藤　ゼセッションはそれに加わらないんですか。藤井厚二を見るとなんとなくゼセッションで、分離派の影響があるような気がするんだけど。山口文象とか堀口捨己は縦長のプロポーションの窓をやったりするけど、彼らは最後はそれを捨てるんですね、ゼセッションを。それで、真っ白の住宅をやったり、そのあとは民家系へと舵を切る。堀口の自邸もそうだし、山口の自邸もそう。時代のスタイルと格闘しながら変わっていくんですが、藤井は捨てないで内省化したようなところがある。マッキントッシュみたいな時計があるけど、ゼセッションとマッキントッシュは兄弟みたいなものだから……。

藤森　そういう一種のくねくね系の、いかにものアール・ヌーヴォーはやらない。

内藤　（写真を見ながら）縦に割っていく、こういう感じとか、この窓もそうでしょう。なんとなくゼセッションぽいなあと。

松隈　これが発見された藤井のスケッチブックなんですが、いろんなデザインを志向しながら、こんなわりとデコラティブなこともやっています。

八木市造邸の食事室

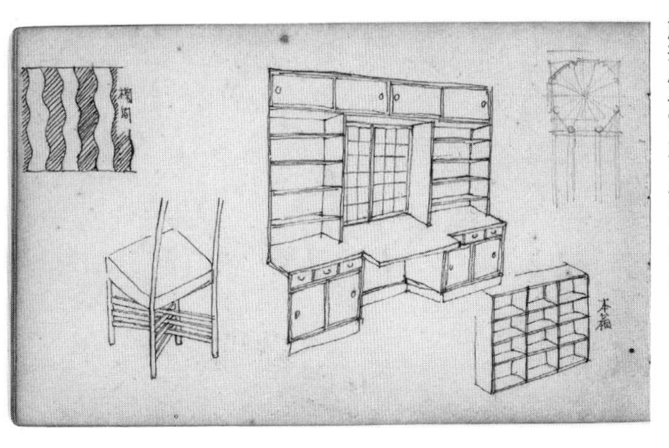

藤井厚二のスケッチブックより

内藤廣氏

内藤　ウィーン工房みたいなスケッチもあるね。

松隈　ですけど、これは全部、実は聴竹居につながるスケッチなんですよ。だから、いろんなことがいっぺんに動いていることがわかる。これは読書室ですね。

内藤　これはマッキントッシュがつくっているのに似ている。

藤森　似ています。マッキントッシュ、それからアメリカのアーツ&クラフツの代表者であるライト。それから、直線形のウィーン・ゼセッション。でも、フランスやベルギーのぐにゃぐにゃは入らない。
ぐにゃぐにゃが入らない流れは、そのままずっと行くとバウハウスまで行くのが普通だけれど、藤井はそこに行かないで止める。日本のモダニズムのなかで、僕がもっと慎重にやってほしかったと思うのは、堀口捨己たちが平気で表現派やゼセッションを捨ててモダニズムに移ってしまうんだ。

内藤　変わるんですね、ポンと。

藤森　あれは転向なんだけど、日本では「転向」とは思われてない。なぜかというと、ヨーロッパもそういうふうに変わったから。
だけど、造形の質が違うものに変わるときは、なぜ変わるのか言ってほしいし、ズルッと変わっちゃいかんだろうと……。ズルッと変わったのが、変われなかった人から見ると気になることで、村野藤吾はズルッと行けなかった。つっかえちゃうわけ。今井兼次もつっかえる。
日本にはアール・ヌーヴォー的、ゼセッション的、アーツ&クラフツ的からズルッとモダニズムへと行けなかった人たちがいる。その人たちが実は日本のモダニズムの豊かさを支えている。その代表が村野藤吾、今井兼次で、他にも何人かいますが、表現派の影響を受けた一部の人たちは行かない。
山田守も行けなかった。山田はあのヘンな曲線、意味不明の曲線をやり続けて、ヌルっと白タイルを張るでしょう。堀口捨己はスーッと行ってしまうけれど、藤井厚二はそこで止まる人なんだ。

内藤　止まるというか、心の内側に整理されないまま内省化しちゃったみたいな感じなんですね。

藤森　そうそう。

内藤　さっき言ったゼセッションも、マッキントッシュも、数寄屋も……。

藤森　内省化というか内在化したからこそ、止まらざるを得ないです。時代が動いたからって、自分のなかまで入ってしまったものをそう簡単には変われない。戦後、村野藤吾も、今井兼次もいないとなったら、日本の戦後建築は貧しいというか、さびしかったかと思いますよ。
そういう人は、ヨーロッパにもいるんだけど、若干ですよ。たとえばメンデルゾーンは止まる。モダニズムの途中まで行きながら止まる。歴史家の目にはそこが止まった人たちの面白いところですよ。

内藤　ヘルツベルハーとかね。

問題を内在化した上で解く

内藤　変われなかった人というのは、内省化した人。

藤森　なるほど。

内藤　だからいろんなものが混在しているというか、それこそ残月床から始まって、利休の求めていたものも、モダニズムも、ゼセッションも、アーツ&クラフツも、見てきたものが全部内側にたまっていくタイプの人で、普通はそれを取捨選択するんだけど、藤井の場合は、それぞれなかで発酵させてこれ（聴竹居）に突っ込んだという感じがありますね。
だから、非常にいろんな見方ができる。この中に日本的なものを読むこともできるし、ヨーロッパ的なものを読むこともできるし、万華鏡みたいな建物なのかなという気がしています。

松隈　そうですね。DOCOMOMOインターナショナルのアナ会長が2度ほど日本に来ているんですが、2回とも聴竹居に行っているんですよ。やっぱりすばらしいと。モダニズムとしては面白いものが残っていると評価している。
時代がそうさせたのかもしれないですね。当時、欧米を回ってきたというのも含めて[*1]、日本は明治・大正が終わって、違うものじゃないと日本というのはおかしいんじゃないかということに気づいた人たちが、昭和の初めぐらいはたくさんいたと思うんですが、そういうものがちょうど全部重なったときに、藤井がこういうものを出してきた。時代そのものが結晶化されているような不思議な建物ではあると思います。

藤森 止まった人とズルッと変わった人の差って何かというのは、内藤さんの言われたように内省化、内在化したかどうかで、大切な指摘だと思う。

内在化させるって大変なんですよ。日本がル・コルビュジエを内在化させたと、丹下さんを振り返って思ったんだ。どうやって内在化したかと。答えのわかっている練習問題を学習として解くわけじゃない？ でもそうである限り、内在化してない。答えのわからない自分固有の問題をそのやり方で解いたとき、初めてちゃんと身につく。

内藤 なるほど。

藤森 だから応用問題を解かないとダメ。応用問題は、国ごとにとか、その人の置かれた状況によってあるわけで、丹下さんがすごいのは、日本的なものをどうするかという形の応用問題をコルビュジエで解いた。逆に言うと、応用問題で解いた人だけが世界に行ける。あとから行った人なんだから。原理は向こうにあって。

応用問題を解くということは、簡単に言うと内在化ということです。だから、丹下さんがえらいと思うのは、丹下さんが途中で止まるでしょう——と言うと丹下さんに悪いけど、新しい表現をしなくなる。

応用問題を解いた人は、内在化してしまったから、時代がポストモダニズムになったからといって、変われるものじゃない。藤井厚二もちゃんと解いた。それで、いまだに発信力がある。見た人に何か伝えるんですね。

伊東忠太の教育

内藤 伊東忠太とはどういう関係だったんですか？

松隈 藤井は伊東忠太が東大で教えているときの教え子ですね。

内藤 先生と教え子の関係なんだ！

松隈 はい。それで、なんと伊東忠太の講義録で、藤井が書いたものが残っていたんですね。それを見ると、伊東忠太は3年かけて世界一周しているんですが、当時は教科書がないですから、ある意味ダイレクトで板書で教えている。それで、その講義録も英語と日本語が混じったものになっているわけですね。

伊東忠太は日本建築史もつくったし、世界を回ってきて、それこそアール・ヌーヴォーまで見てきて、それを数少ない学生に教え込んでいたわけですよね。そのひとりが藤井厚二だった。だから、おそらく藤井が欧米を見て回ろうと考えたのは、伊東忠太からの影響があると思うんですね。

藤森 それと日本の伝統への着目というのは、伊東が始めたことで、藤井はおそらく、茶道を子どものときからやってきたから、「わあっ」と思ったと思う。自分の育ってきたものが、ばかにするものでもないし、劣ったものでもなくて、正面から取り組むべきものだというのは、伊東忠太から学んだ。

だって、コンドルと辰野金吾がつくった帝国大学建築学科へ入って、伝統の話を聞くとは思ってないからね、普通（笑）。

内藤 普通は最新のヨーロッパの話をすると思う。

藤森 そう思っていたら、伊東は伝統の話をする。

松隈 日本建築史。だからある意味ですごいですよね。伊東忠太がすごいと思うんですけど。

藤森 伊東忠太の歴史観は非常に特殊で、「日本の伝統はギリシャと兄弟だ」という独特の世界観ですから。

松隈 相当影響を受けていると思いますよ。

藤森 だから聴竹居の玄関前に伊東のデザインした怪獣の石彫が置いてあるのは明らかにオマージュだと思います。

藤森 あの石彫はいろいろ転々としているんでしょう？

松隈 転々としていますね。

藤森 以前、松隈さんからそれを聞いてビックリした。

松隈 聴竹居のためにもってきたのではなくて、第三回住宅の写真にも写っているんですよ。

藤森 あれと一緒に動いているんだ。

内藤 ほんと！？

松隈 それぐらい伊東忠太の教育をたたき込まれた。伊東は社寺仏閣を近代化しようとした人ですが、藤井は「そうじゃない。俺は住宅をやるんだ」という、本当にそのときから使命感をもっていたんだと思います。

聴竹居の玄関前に置かれた怪獣の石彫

藤森　石彫は必ず予備をつくるから、それを藤井がたまたま京都の石工の店頭かどこかで見て、これは自分の先生のものだと思って、拾ってきて置いたと思ったけど、そうじゃない。あれとともに移っているという……。

内藤　面白い。伊東忠太をリスペクトしていたんでしょうね。

松隈　むしろ、洗脳されている感じだと思う(笑)。

内藤　そうすると、築地本願寺の住宅版みたいな感じなわけ?

松隈　あれはちょっとインドに寄っちゃっていますから、本願寺伝道院のほうに近いと思うんですね。ただ、伊東忠太は、部分的にサラセンが混ざったり、イギリスのビクトリアが入ったりと、全部組み合わせちゃっているんですが、藤井はそれを絶対やらなかった。

内藤　さっきの内省化というか、いったん自分の胃袋を通さないと形にできない人だよね。

藤森　伊東忠太は、内在化をやるまで大変だったと思う。

内藤　消化不良を起こしている(笑)。

藤森　あの消化不良性がいまだに築地本願寺の衝撃というか、何なんだこれは? というものを生み出している。

内藤　それを見るわれわれも消化できない(笑)。

藤森　でも、伊東忠太が伝統の大事さ、茶室の大事さを武田五一に教えたわけだし、武田五一がその藤井を京大に引っぱる。だから、伊東、武田、藤井、そして堀口とかずっと……。

内藤　その系譜があるんですね。

松隈　だからまさにこの図(右上)の系譜ですよね。これには伊東は書かれていないですが、武田がいて、藤井がいて……。

藤森　最後は吉村順三だね。

松隈　はい。やっぱり吉村だと思いますね。
そういう意味では、現代はどうなの? という話になると、実はいまおとなしいデザインというのがなかなかなくなってしまっていて、フォトジェニックになってしまった現代から見ると、聴竹居もある意味フォトジェニックではあるんですが、ただ根本的にそういうことをやろうとしたわけではない。吉村で途絶えている感じがするのが、僕は残念ですけどね。

内藤　藤井のこの聴竹居を見せてもらうと、入っていける感じがある。わかるというか、ああそうかと気づかされるというか。

松隈　腑に落ちていくということですかね。ひとつひとつが。

内藤　そう。たとえば、吉阪隆正の建物は、考え方も含めて謎が多すぎる。でも、藤井は建築家として親和性があるというか、こちらが理解できる筋道をいくつももっているような気がしますね。だから、聴竹居に行くと気持ちがいいし、「あ、こういうやり方があったのか!」みたいな感じがある。

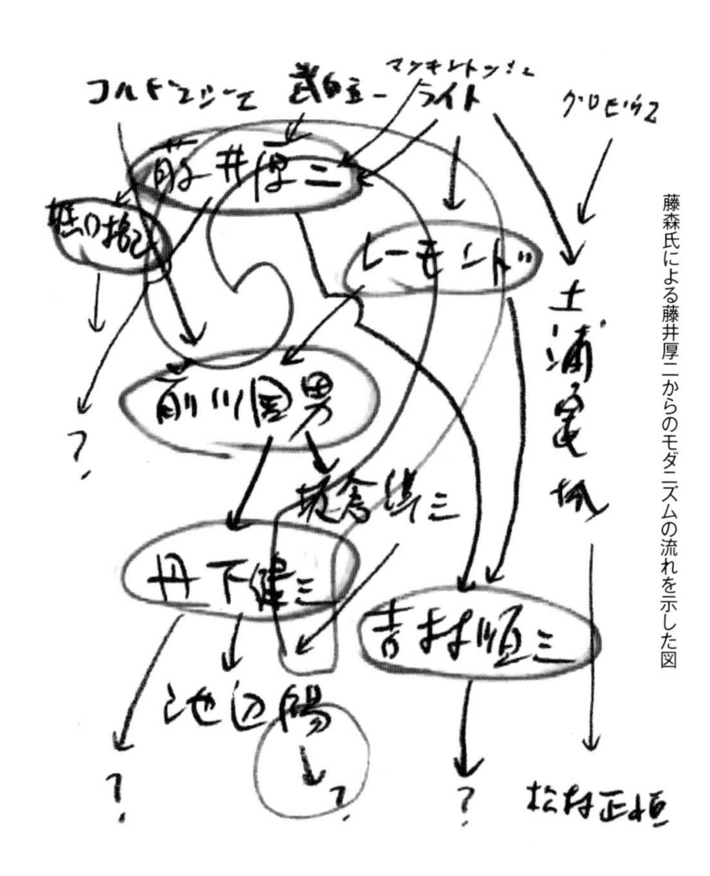

藤森氏による藤井厚二からのモダニズムの流れを示した図

松隈　私が1996年に最初に行ったときに、それを感じました。日本と西洋のライフスタイルを統合するというのは、こういう解決があったのか!と。椅子なのに床があるとか。そういうのは見たことがなかったので、その辺が藤井のすごいところかなと思います。
ちなみに、これが建ってから約90年ですからね。

内藤　古いという感じがしないね、全然。

藤森　まったくしない。それは利休の茶室を見て、古いと思わないのと同じですよ。

内藤　あと、プロポーションがきれいですね。これは才能の問題だからなんとも言えないけれど。

藤森　抑えぎみのプロポーションで。

松隈　プロポーションは確かにすごいですね。

世界への発信

松隈　1930年、藤井は『THE JAPANESE DWELLING-HOUSE』という英文の本を明治書房から出します。亡くなる8年前ですね。

藤森　その頃、堀口捨己たちも直接ヨーロッパに訴えかけようとしている。堀口の岡田邸の本はドイツ語ですから、はっきりバウハウスに向けて「バウハウスの皆さん見てください。あなた方が気づかないことを私はやっていますよ」と。
藤井もそういう意識があったのかもしれない。自分たちのいろいろやってきていることが世界の問題と向き合っているし、解けているという……。

松隈　解けているという感じの、自信をもった文章の言い回しにはなっていますよね。序文に書いたりしています。「日本の固有の解を俺はつくった。それは参考になる部分があるんじゃないか」と。

藤森　おそらくその固有解は、暖房ではなくて、冷房の問題だと思う。

暖房は、全部電気でやろうとしているでしょう。暖房はお湯を回せばいいから簡単だけど、冷房はもう大変だった。まず世界で冷房というのはアメリカにしかなかった。ところが、赤坂離宮にそのアメリカの最新式を入れてみたら、日本では役に立たない。冷房で一番大事なのはセンサーなんです。でもセンサーに結露する。日本では、その結露で暴走が始まる。それで赤坂離宮はやめてしまう。

内藤　それは何年ぐらいですか。

藤森　明治40(1907)年。ニューヨークにしかなかったから、あわてて宮内省が入れたんですが、日本の湿度で暴走した。アメリカの機械は湿度のないところでやっているので。当時、冷房の問題は、解決していないというか、解決策がなかったんじゃないかと思う。ヒートポンプができる前だから。

そんな時代に、自分はそれを解いているという。だから、彼の工夫は冷房系でしょう。

松隈　「夏を旨とすべし」というのはずっと言い続けていますね。

藤森　設備問題について言うなら、それは冷房を解いたという、自分のやり方で冷房はちゃんとなるぞ、機械なしでもやれるぞということではないか。

内藤　聴竹居でこういうことをやりました、ということを自信満々で語っている感じがありますね。

松隈　そうなんです。「どうだ、日本にはこれだけすごい歴史もあるし、文化もあるし、こういう建物ができるんだ。気候風土に合わせたんだ」みたいな発信をしているわけですが、これはだから実はいまもやらなきゃならない話なのかな、という気はしていて……。

藤森　彼はそこを英語で発表する自信があったんじゃないの?まだヒートポンプがないわけだから。暖房の問題って、原始時代から解決している。火を焚けばいい(笑)。ヒートポンプができて初めて、冷暖房を同じ機械でできるということになる。

松隈　そういう目のつけ方はしていたかもしれないですね。とにかく風通しをよくすることと、熱をとにかく早く家のなかから取り出してしまえと。

内藤　実際、どうなんですか?

松隈　確かに聴竹居は夏は涼しいですね。クールチューブの効果はあるので、風さえ吹いていれば、やはり涼しいです。もちろんいまも冷房を入れていませんから。

内藤　風がやむとちょっと苦しい?

松隈　湿度があって、気温が高いときは、確かに厳しいですが、それ以外のときは涼しいです。当時考えたことがうまくいっているし、あと、卓越風とか、岬の突端みたいなところで一番風がのぼるところにクールチューブの穴が開いていたりする。かなり周到に風は読んでいたと思うんですね。

藤森　いま思いついたのは、堀口さんが岡田邸をドイツ語で紹介したという理由は、ただひとつなんだ。それまでライトの影響でバウハウスの建築家が空間の流れ、連続性って実現しているでしょう。だけど内外の連続性というのは、彼らはやらなかった。

堀口さんはあそこで初めて、内外にすっと出ていけるし、美学的にも連続させるでしょう。特に茶室って彼が名づけている部屋で大事な働きをしているのは、軒先ともうひとつは竹すのこですよ。あれで実際に出ていけるし、空間もスーッと外へと流れる。おそらく彼は、室内と室外の空間の連続性は俺が最初に解いたということをドイツ語で言いたかった。バウハウスに対して。

地中に埋め込んだクールチューブを通して室内に風を送る

小上がりの床下に設けられた給気口

そこは似ているんだ、藤井厚二の風の問題と。

松隈　まあ、そうですね。風が通る問題と、外とつながっておくという感覚というのは、もともと日本の伝統的にはあるわけで。

藤森　それを20世紀の条件のなかでちゃんとやってみせるぞという。

松隈　そういうふうに藤井は書いていますね。

藤森　堀口さんが藤井さんの影響を受けていたというのは、そういうところもあると思いますよ。

内藤　その場所の空気を取り入れていくというのは、結局、ローカリティの問題だから、モダンテクノロジーがめざす普遍性とは最終的には矛盾するんですね。藤井はそれを自己矛盾として抱えていた可能性があると思う。だけど、90年経って、いまはコンピュータによってローカリティを解けるようになってきている。そういう時代がめぐってきているとも言えますね。

家を建てる前に聴竹居を見る

松隈　今回、重要文化財になったこともあって、聴竹居の見学者の数はうなぎのぼりです。これから若い人にこういう建物を見てもらうことが大事だろうということで、学生にはいっぱい見てもらっていますし、一般の方々にもたくさん見てもらっているんですね。藤井が日本を意識しながら、実は新しいスタイルをつくっているということが注目され、もっともっと広がってほしいなと思っていますね。

藤森　僕は八木邸を見たとき、普通の住宅に見えてしまうぐらいに一般化してきていると思いました。

松隈　八木邸ができたのは聴竹居のわずか2年後ですね。

藤森　外から見ると普通の住宅ですよ。

内藤　ちょっと文化住宅みたいですね。

藤森　中を見ると、独特なところがありますけど。

内藤　フランク・ロイド・ライト風（笑）。

藤森　そうそう。八木邸は浸透過程という感じがしましたよ。

松隈　実際、プラン集をつくって配っていたんですよ。それがなんと20坪ないんですよね。平屋建てで。つまり、住まいは20坪でいいじゃないかというプランですよ。

藤森　エッ、藤井が？

松隈　藤井が。まさに聴竹居がモデルハウスであって、聴竹居は50坪ありますが、お宅は20坪だからこんなプランですよというのを客人に渡していた。だから、藤井は忠太が果たせなかった日本の古来のスタイルみたいなことを住宅で確立して、住宅の普及をしよう、スタンダードモデルをつくろうとしたというところまでいこうとしていたんじゃないかなと思うんですが。

藤森　そういうところはバウハウス的だね。ジードルングという小さな家をつくって、それを普及させようと。

松隈　実は、聴竹居を見た一般の人には、「聴竹居みたいな家を建ててくれませんか」と言う人がいるんですよ。あと、これから家を建てようという人は「すごく参考になった」と。逆に建ててしまった人は、「見とけばよかった」と言う人もけっこう多いですね。

これは僕の妄想ですけど、日本で住宅を考える人は聴竹居は必ず見てくれと。建築家であろうと発注者であろうと。少なくともある時代にきちっと全部考えた人がいて、それが現代にとってはどういう意味があるのかというのをちゃんとわかったうえで、新しい住宅を建てなさい、みたいな認識が広がっていけばいいと思っているんです。せっかく竹中工務店が取得して、重要文化財として残ったわけだから、お金をかけてでも残さなきゃいけない（笑）。

藤森　竹中は大工の棟梁の出ですから。大工の棟梁はそういう世界にかつて生きていたんですから。

内藤　でも、竹中と通ずるところもある。大工道具館の庭に残した茶室――先々代の奥さまが愛していたという、あの簡素な感じとハイセンスな感じというのは、聴竹居と通ずるものがあるような気がしますけどね。

松隈　藤井は竹中に6年しかいませんでしたけど、やはり影響はあったと思いますね。

藤森　竹中の初代の本格建築家ですから。

松隈　はい。それで、東大から後輩を入れていっている。まあ、石本喜久治みたいな社員もいましたけど。やっぱり設計のスピリッツをつくってくれたと思いますね。

そういう意味では、聴竹居の実測をやったのが竹中のメンバーだったというのもよかったなと。さらに、実測図のCADデータが今回の重要文化財の添付図面として全部復元できた。2000年に実測したものがようやく日の目を見たというか、重要文化財の資料になったというのは、本当によかったと思います。めぐりめぐってですけれど。そして、実測から17年を経て、お2人から貴重なお話をお聴きできました。ありがとうございました。

[*1]　藤井は1919年に竹中工務店を退社後、翌年にかけて欧米に視察旅行を行っている。11月にサンフランシスコに到着後、アメリカ各地を巡り、翌20年3月にイギリスを皮切りにフランス、イタリア、スイスなどを旅行。7月にアメリカに戻りふたたび各地を巡った後、帰途についている。

増補版注記｜●本書初版刊行の際に「下閑室」と設定した部屋は（43頁）、2017年の重要文化財指定にあたり、「茶室」と称された。増補版では、初版時の表記のままとしたが、指定名称を考慮し、新たに作成した頁では「下閑室（茶室）」と併記した（14・146・148頁）。｜●実測時、「本屋」と「閑室」の間にあった「増築」（43頁）は当初のものではないため、実測後、解体・撤去された。｜●「本屋」居室の小上がりにあった戸襖と欄間は当初のものではないため、撤去された（61頁）。

「聴竹居」実測図

原図／本屋・南立面図

実測調査の概要と実測スケッチ集

竹中工務店設計部

実測調査とは

竹中工務店設計部として近代建築の本格的な実測調査するのは、1995年阪神・淡路大震災時の「武田五一・芝川邸」に続いて、今回が2度目である。実測とは具体的にどのように行っていくか？　ご存じない方のために簡単に説明すると、「スケッチ」して「採寸」し、「スケッチに寸法を記入する」の繰り返し、それはきわめてシンプルである。とにかく平面、展開、天伏、立面、断面・矩計と見たままをありのままスケッチすることからすべては始まる。36ページ～41ページに実測メンバーのスケッチ集の一部を掲載している。それらを見ると、パースやアクソメをとりいれたものがあったりして、メンバーそれぞれの個性あるスケッチとなっている。

設計をやっている者が実測調査をすることの意義については、4年半ほど前に故・村松貞次郎氏（当時：博物館明治村館長・東京大学名誉教授）が「芝川邸の実測調査に感謝して」と題した文章の中に名文がある。以下それを引用する。

『古き良き建物の実測調査は、建築を学び知る上での必須の作業だ、と私は信じている。1797年にパリに創設されたボ・ザールでは、卒業設計の金・銀・銅の獲得者を在ローマのフランスアカデミーに派遣して、みっちりと古典の実測調査をさせ、帰国後、アーキテクトの称号を授与したと言われている。日本の大学でも、かつて日光や奈良の古建築の実測を行っていたが、近ごろそれがなおざりにされているようで悲しい。医学の教育に解剖学を欠くようなものであろう。実測調査することによって、建物にこめられた先人建築家の心を感得し、職人の手の痕に触れ、モノの本性とその使われ方を知ることができる。建築史学を専攻している私も、古い建築の保存・再利用の計画に当たって、自らメジャーを手にして建物に触れた時、「ああ、久しぶりに建築に会えた」と、胸がふるえたことを、たびたび経験している。建築を理解するには、まず触覚が大事だ。社会的遺産としての文化財建造物の保存には、市民共通の理解が必要だが、まずそれを実測調査するプロとしての建築家の、触覚からくる心のときめきが原点になるものだろう。その感激なくして、良き保存・再利用はけっしてできない。芝川邸は、それに充分に応えうる名建築家の名作である。』

（『芝川邸と武田五一展図録』1996より）

実測の作業工程

	3月		4月				5月	6月	7月～
	18·19·20	25·26	1·2	8	15·16	22·23	13·14	10·11	29·30
実測調査	本屋 内部	本屋 内部	本屋 外部 閑室 内部	本屋 外部 閑室 内部	本屋 外部 屋根 閑室 外部	本屋 外部 屋根 閑室 外部 屋根	閑室 外部	下閑室 内部	下閑室 外部
写真撮影				内観 外観（和木）	4/21	4/26 内観 外観（古川） 4/28 外観（吉村）			9/6、7 下閑室・内外観（吉村） 10/11 外観（吉村） 10/31 下閑室・内外観（畑） 12/8 ディテール 外観（古川）
その他					4/16 石田潤一郎先生によるレクチャー			下閑室 洗い	下閑室 足場設置 10/3～6 本屋 ｽｲｯﾁ等改修

聴竹居実測調査団を組織して

聴竹居を自邸として設計した藤井厚二は、大学卒業後、初代アーキテクト（帝大卒エリート）として短い間ながら、竹中工務店設計部に在籍し、その基礎を築いた建築家である。数年前から、縁があって聴竹居そして現在の持主である小西さんとのつながりができ、現地を何度か訪れる機会をもてた。そのたびにそのすばらしさに感銘を受け、ぜひとも現地で保存し、後世にきちんと受け継いでいかなければと漠然と考えるようになっていった。そんなおり、長い間借家人としてお一人で大切にお住まいであった方が一昨年末に亡くなり、聴竹居（本屋）は空家となる。持主の小西さんとの話合いの中から、今のところ存続させていこうということになり、再び借家として誰かに大切に住んでいただくことになった。その際、築70年余りたちあちこちに傷み等あるため、ある程度補修や改造をして、借家として住みやすくしておきたいとのお話があった。改修や改造等、何かを検討するにもまずは図面が必要、それでは我々後輩（竹中工務店設計部）がそれをやりましょうと、小西さんに申し入れ、了承を得、社内の有志を募り、監修者として滋賀県立大学の石田潤一郎さんをお迎えし、実測調査団を組織することになったのである。ドコモモ20選にも選ばれ、モダニズム建築としてあるいは環境共生住宅の原型としてここ数年評価の非常に高まっている「聴竹居」。その実測調査を空家の状態の中で自由にできるまたとない機会を与えられたのである。

3月18日、まだまだ寒く、スケッチする手をカイロで温めながらの実測スタート、蚊に邪魔されながらの暑い夏の日のスケッチ、そしてそれらのCAD図面化が終わる頃、紅葉の秋を迎えていた。藤井厚二がどういうことを考えながら設計していたか？その謎解きをしながら実測したスケッチでは多くのすばらしいデザインやディテールに出会い、いくらスケッチしても足りないくらいで、その数は200枚を超えた。

我々の実測期間中、どこからか漏れ伝わった情報を手がかりに、数多くの建築家あるいは歴史家が見学に押しかけて来た。確かに現代を生きる我々が日頃忘れかけているものを藤井厚二の「聴竹居」は教えてくれているからである。21世紀の始まった今年刊行されたこの本が、建築に携わる多くの人々が新しく創造していく際に、藤井厚二が問い・訴えた「其の国の建築を代表するものは住宅建築である」を再考するきっかけになればと思えてならない。またそのことこそが、約70年前に藤井厚二自身が『図案集』と『日本の住宅』という著作を通して実現しようとしたことの「再生」と言えるのではないだろうか。

（文責：松隈章）

■ **聴竹居実測調査概要**

□ 建物名称　聴竹居（本屋、閑室、下閑室 ）
□ 設 計 者　藤井厚二
□ 施 工 者　酒徳金之助（宮大工）
□ 竣 工 年　昭和3年（1928年）
□ 実測調査監修
石田潤一郎（滋賀県立大学助教授）
□ 実測調査団
竹中工務店大阪本店有志
［コアメンバー］

松隈　章	野田　隆史	有田　博	尾関昭之介
北村　仁司	河合　哲夫	潮崎　有弘	志柿　敦啓
田中　英樹	東野　忠雄	富永　隆弘	柳　博通

［メンバー］

窪添　正昭	合葉英二郎	上田　忠司	植田　道則
大谷　幸典	酒井　道助	菅　正太郎	橘　保宏
土井　宏悦	藤井　俊洋	村岡　寛	北濱　亨
國本　暁彦	中村　圭祐	藤田　華子	米津　正臣
山本　あい			

□ 写真撮影
和木　通　　畑　拓（彰国社）
吉村　行雄　　古川　泰造（竹中工務店）
□ 協　力　山田　正博（竹中工務店作業所）
水上　優（京都大学大学院博士課程）
□ 実測期間　平成12年3月18日〜7月30日
□ 作業期間　午前9時〜午後5時
（原則として土・日・祝祭日）

実測の作業風景

実測スケッチ１ ［本屋①］

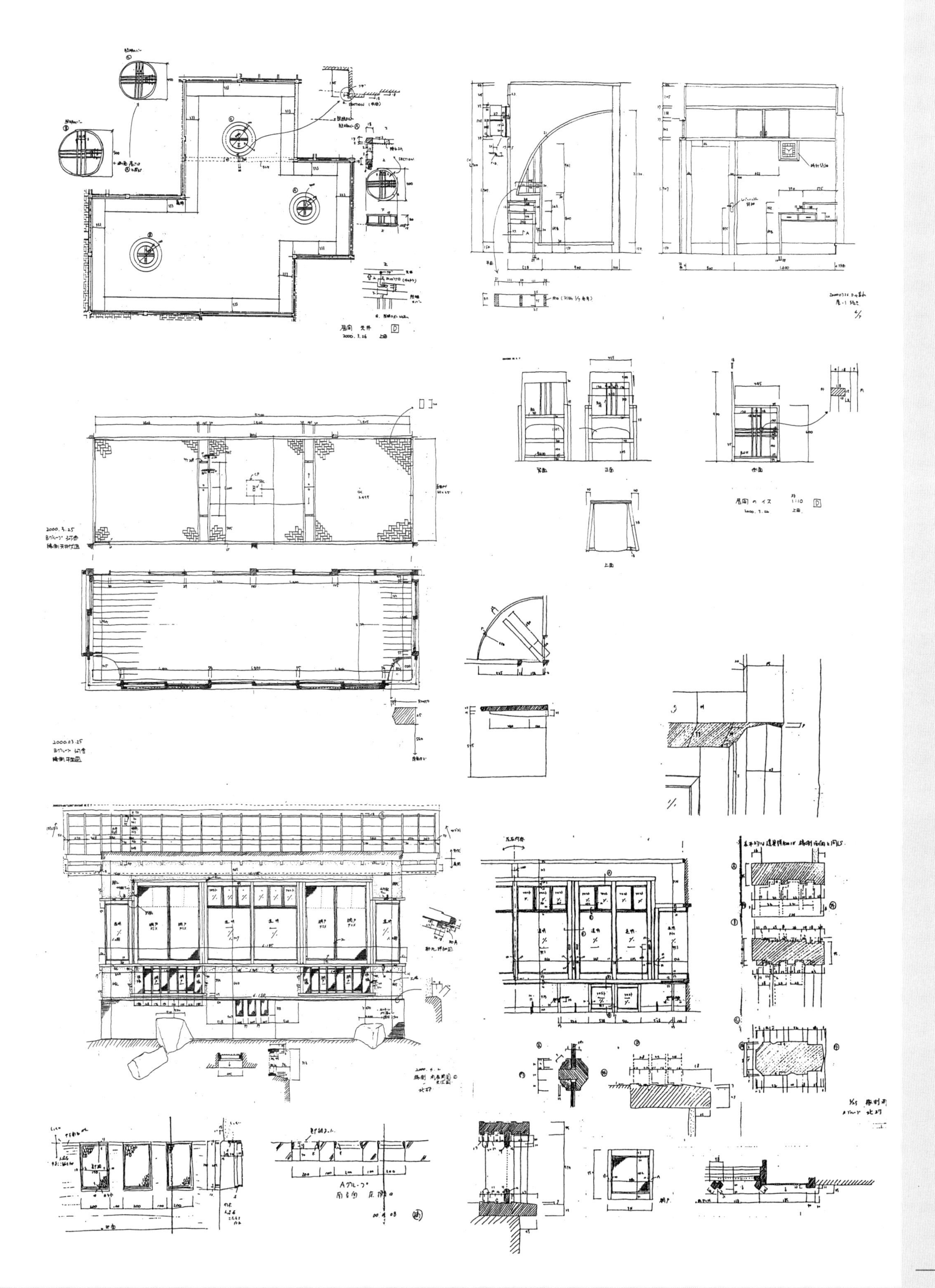

実測スケッチ２ ［本屋②］

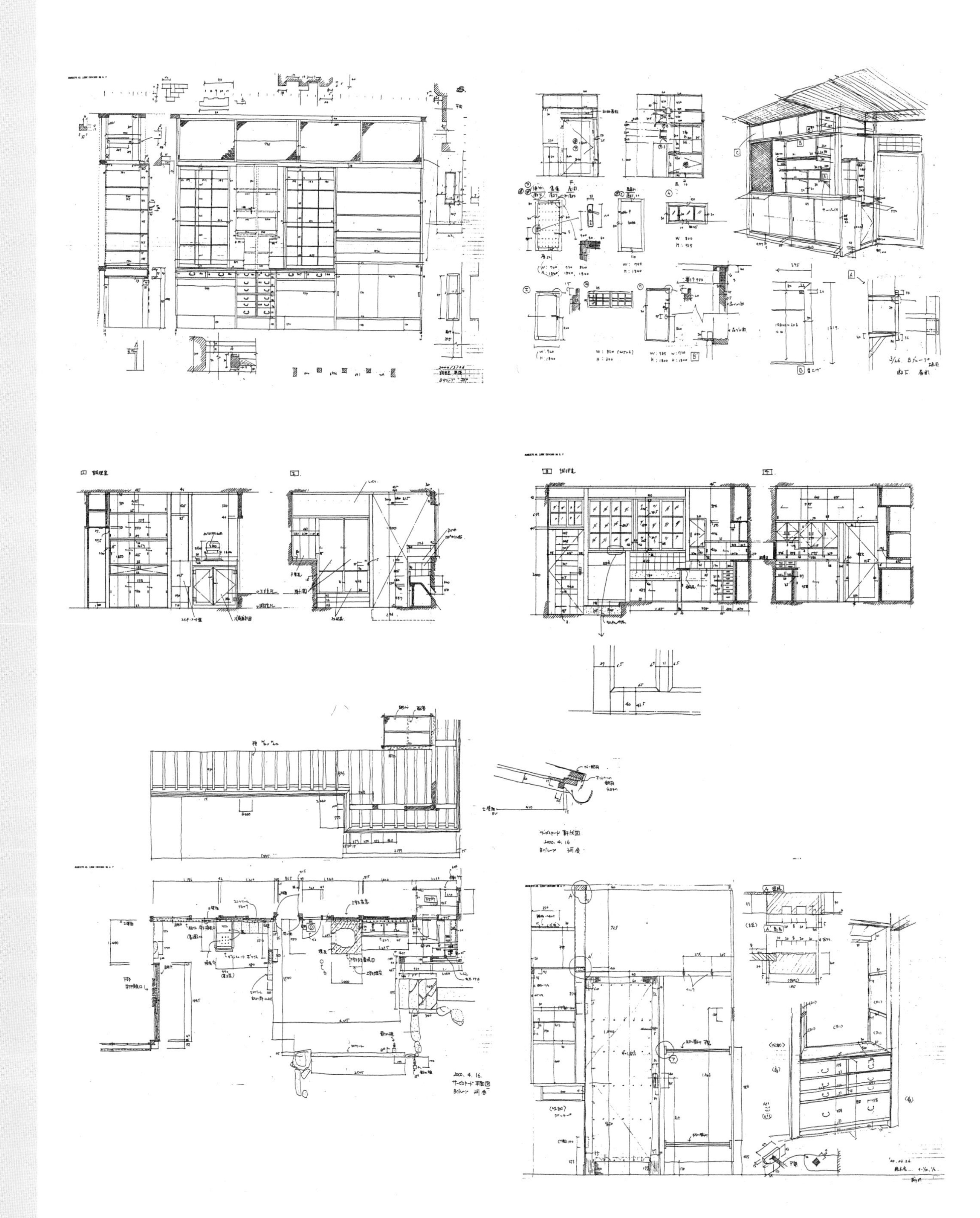

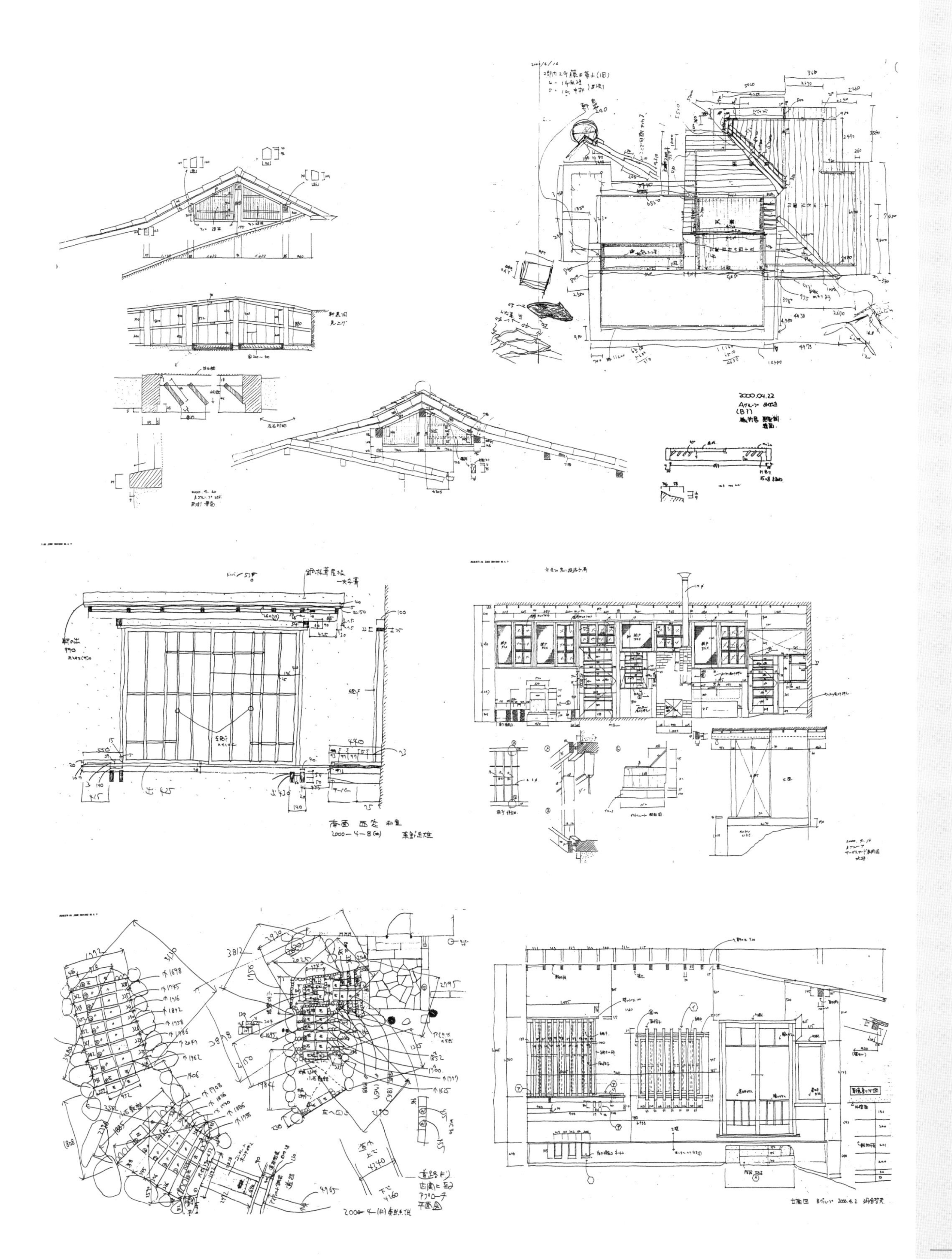
2000.04.22

実測スケッチ 3 ［閑室］

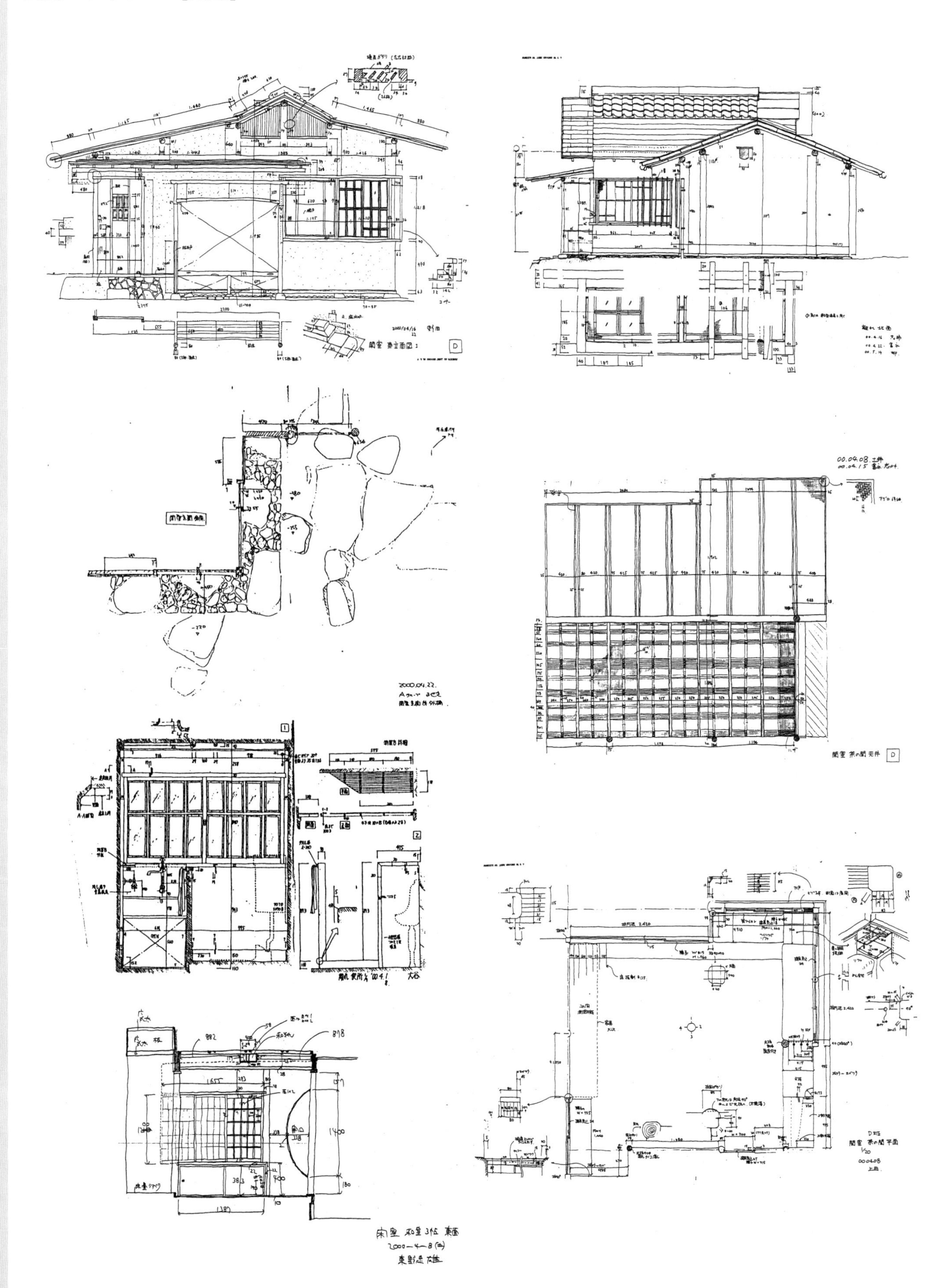

実測スケッチ 4 ［下閑室］

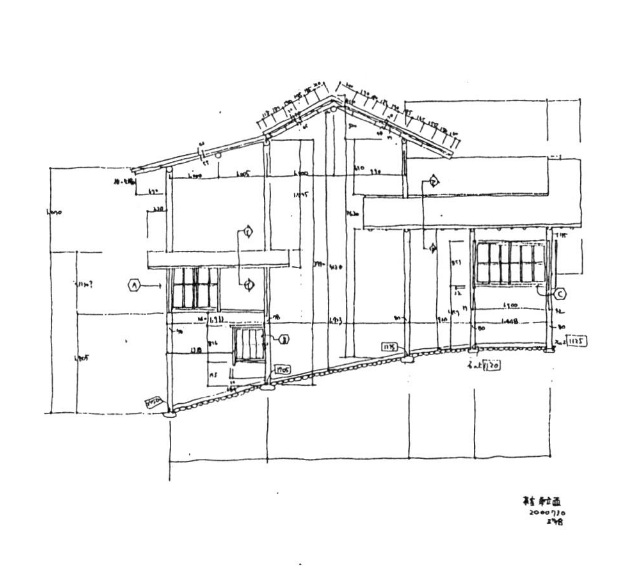

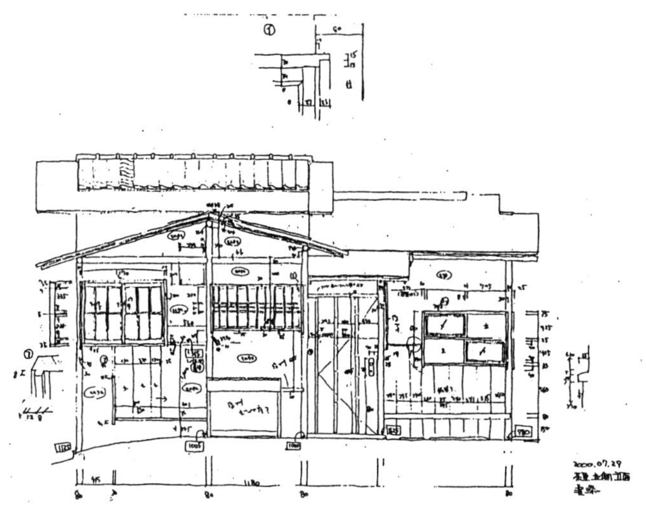

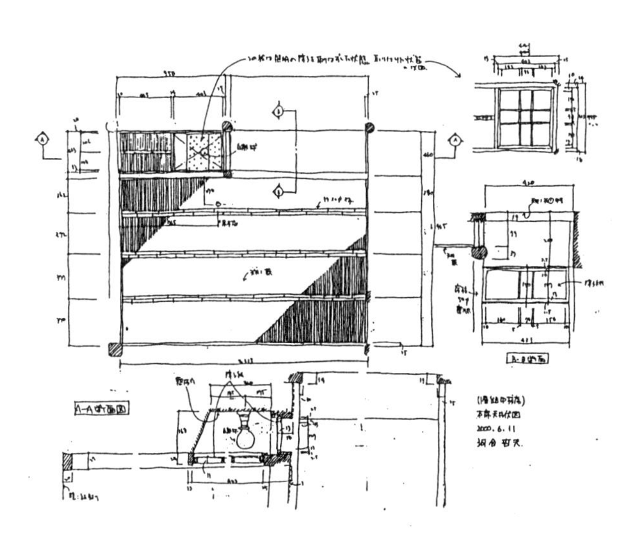

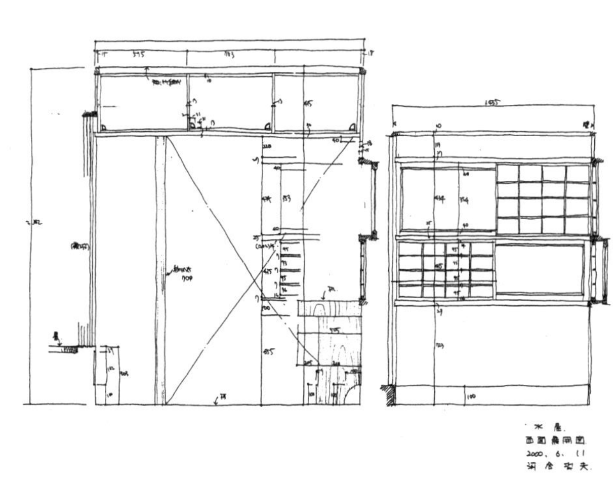

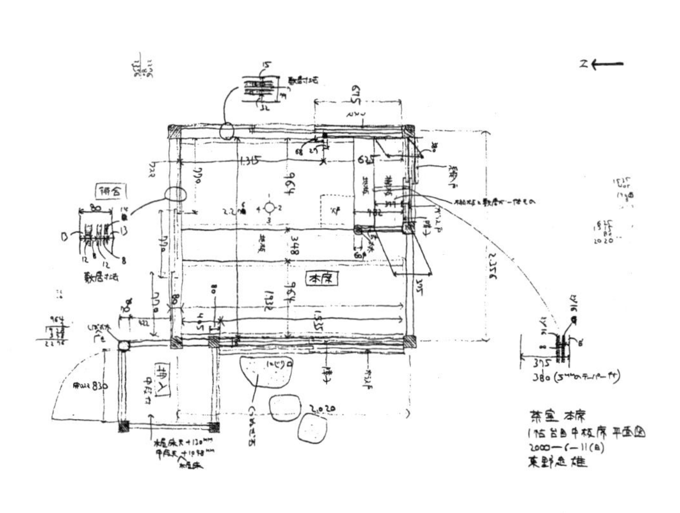

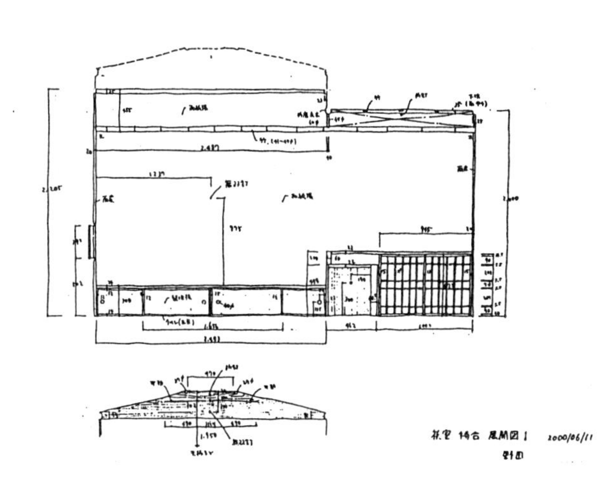

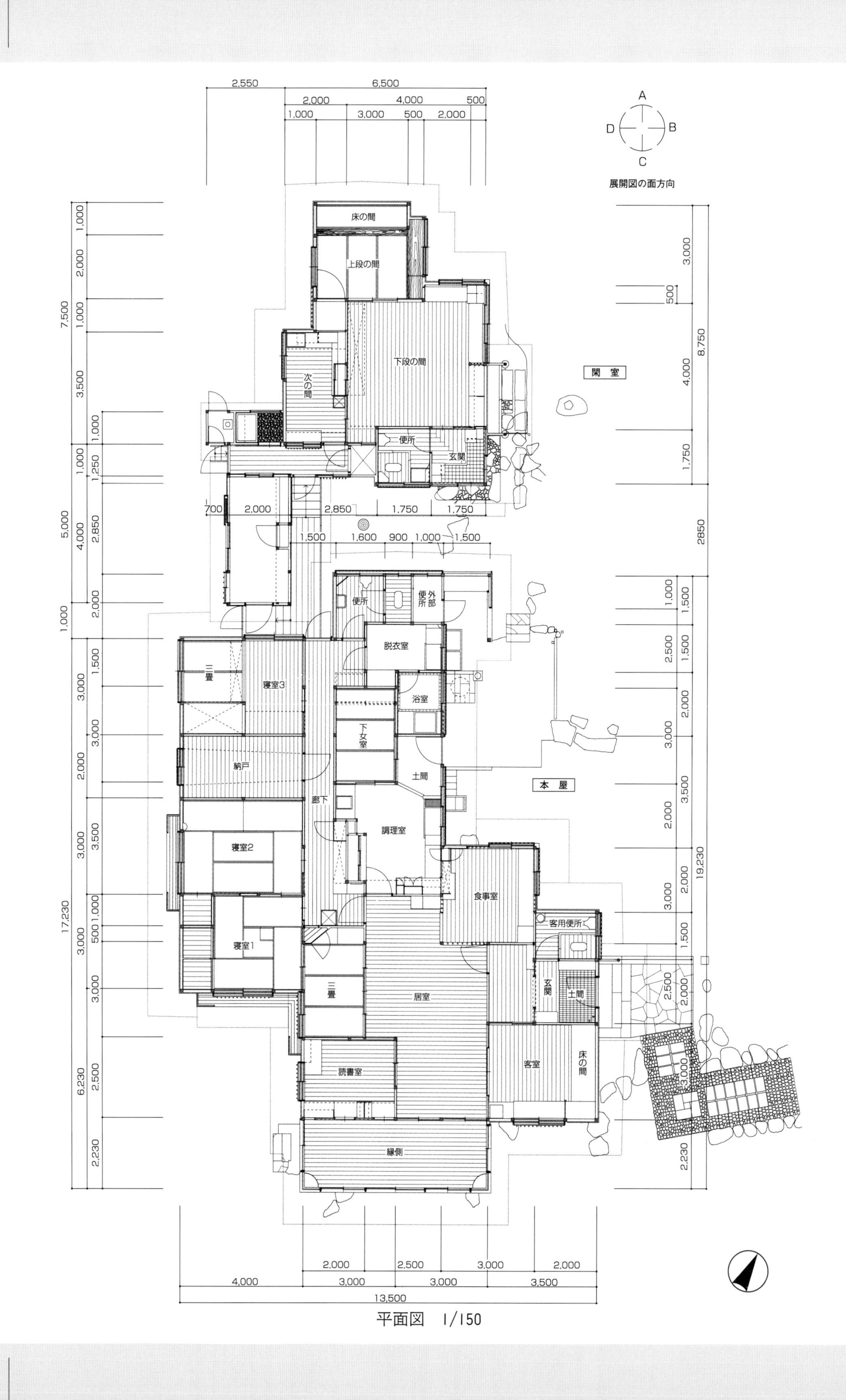
展開図の面方向
A
B
C
D
床の間
上段の間
下段の間
次の間
便所
玄関
閑室
便所
外便所
脱衣室
浴室
下女室
土間
本屋
三畳
寝室3
納戸
廊下
調理室
寝室2
寝室1
食事室
客用便所
三畳
居室
玄関
土間
読書室
客室
床の間
縁側

平面図 1/150

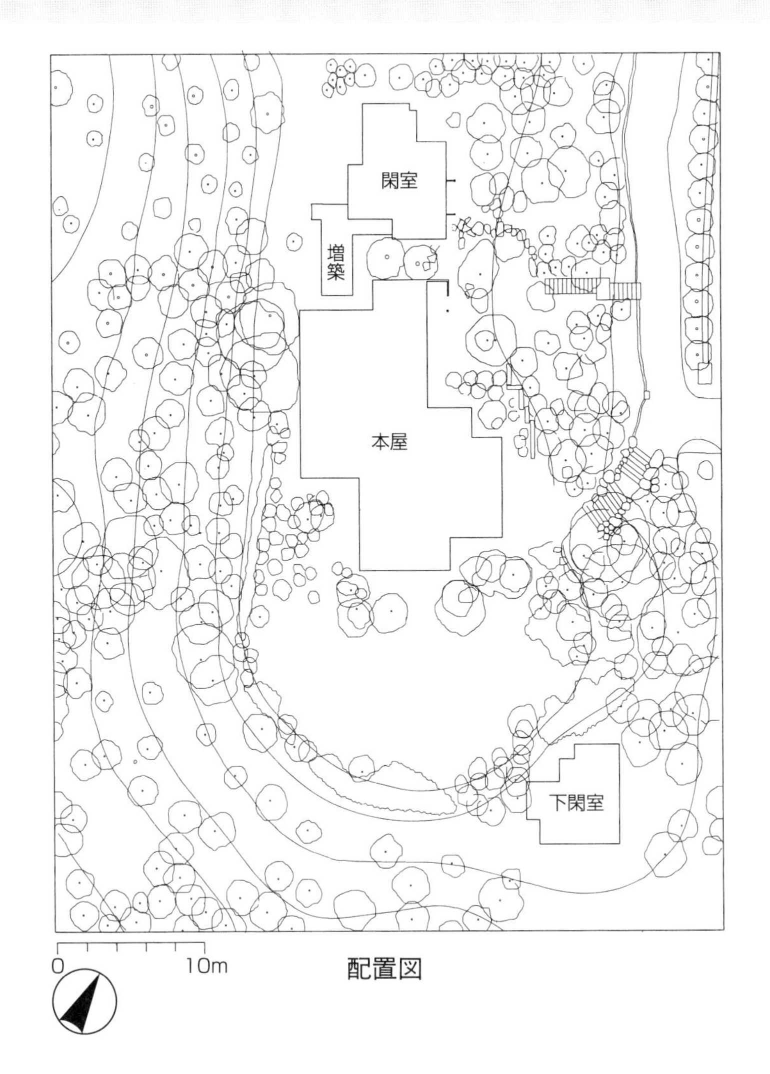

配置図

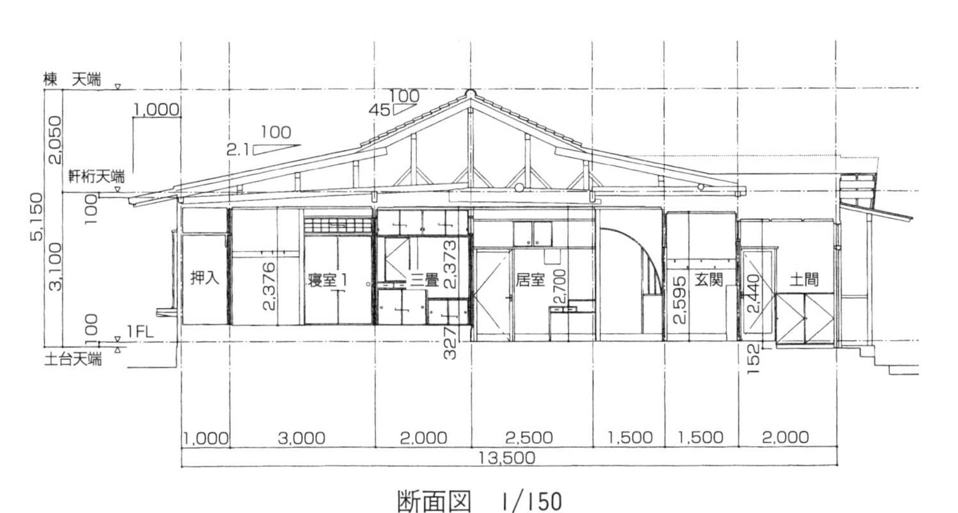

断面図 1/150

(解説文注記)
建物名および室名は原則として下記2〜4に掲載されているものを採用した。同じ室名が複数ある場合は編集者にて番号を付した。「下閑室」は下記資料に記載されておらず、また藤井の記した他の文献からも確定できないため、建物名については通称を用い、その他の室名については編集者にて設定した。

1. 日本の住宅：藤井厚二著／昭和3年・岩波書店
2. 聴竹居図案集：藤井厚二著／昭和4年・岩波書店
3. 続聴竹居図案集：藤井厚二著／昭和6年・田中平安堂
4. 床の間：藤井厚二著／昭和9年・田中平安堂

本屋・閑室

配置図 1/500
平面図 1/150
断面図 1/150

昭和3年(1928)春に竣工した「聴竹居」は，第4回実験住宅の南側，尾根筋の南端に位置し、「本屋」と「閑室」の2棟からなっている。また、それとは別に昭和5、6年ごろ、南に少し離れた所にもう一つの「閑室」が建てられている。
第5回実験住宅「聴竹居」は最後の実験住宅として、全体で約1万坪ある敷地の中でも平屋建ての建てられるいちばん見晴らしの良い場所を選んでいる。1回から4回までの実験住宅において、2階建てと平屋建ての居住経験を通じ、生活の能率性の高さから、平らな場所が少ない敷地にもかかわらず平屋建てを選択したと藤井は述べている。
玄関までには道路から高低差4mほどの石段がある。その石段はゆっくりと右にカーブし、玄関の手前でいったん南側の景色を一望させた後、直角に曲がっている。シークエンスの変化を十分に考慮したアプローチである。
建物は南北に細長く雁行したプランをもつ居室(居間)を中心にして、客室(客間)、食事室、調理室、縁側、読書室等生活の公の部分が配置され、その奥に中廊下に面して私的な寝室、浴室、便所、納戸等がある。
南北に細長く雁行させている理由の一つは西風の多いこの土地の特徴において、風通しを良くするためである。いま一つは自身の著書『床の間』の中でも述べているが、平面によって区画した種々の凸凹のある空間をつくることによって、四角四面で単調になるのを防ごうとしたからと思われる。
周囲は建具だらけで、居室は落ち着かなくなってしまってはいるが、それを中心にした空間の流動性や見え隠れするシーンの面白さを獲得している。玄関を入ってすぐに客室や客用の便所を設けている。それは客の使用する部分を可能な限り減らし、家族のための居住空間を大きくとりたいとの意志の表れである。

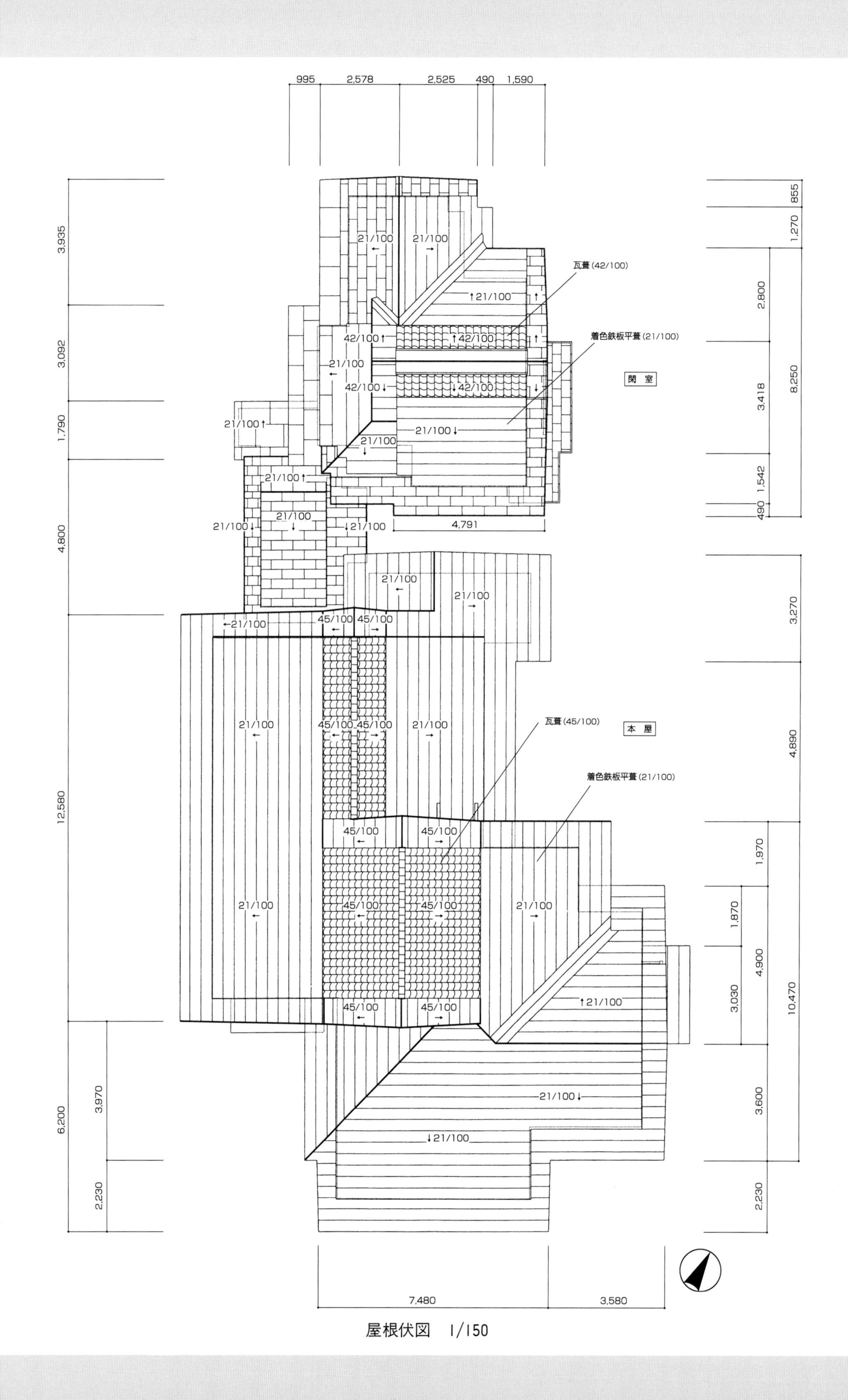
995
2,578
2,525
490
1,590
瓦葺(42/100)
着色鉄板平葺(21/100)
閑 室
21/100
42/100
4,791
本 屋
瓦葺(45/100)
着色鉄板平葺(21/100)
45/100
3,935
3,092
1,790
4,800
12,580
6,200
3,970
2,230
855
1,270
2,800
3,418
8,250
1,542
490
3,270
4,890
1,970
1,870
4,900
3,030
10,470
3,600
7,480
3,580

屋根伏図 1/150

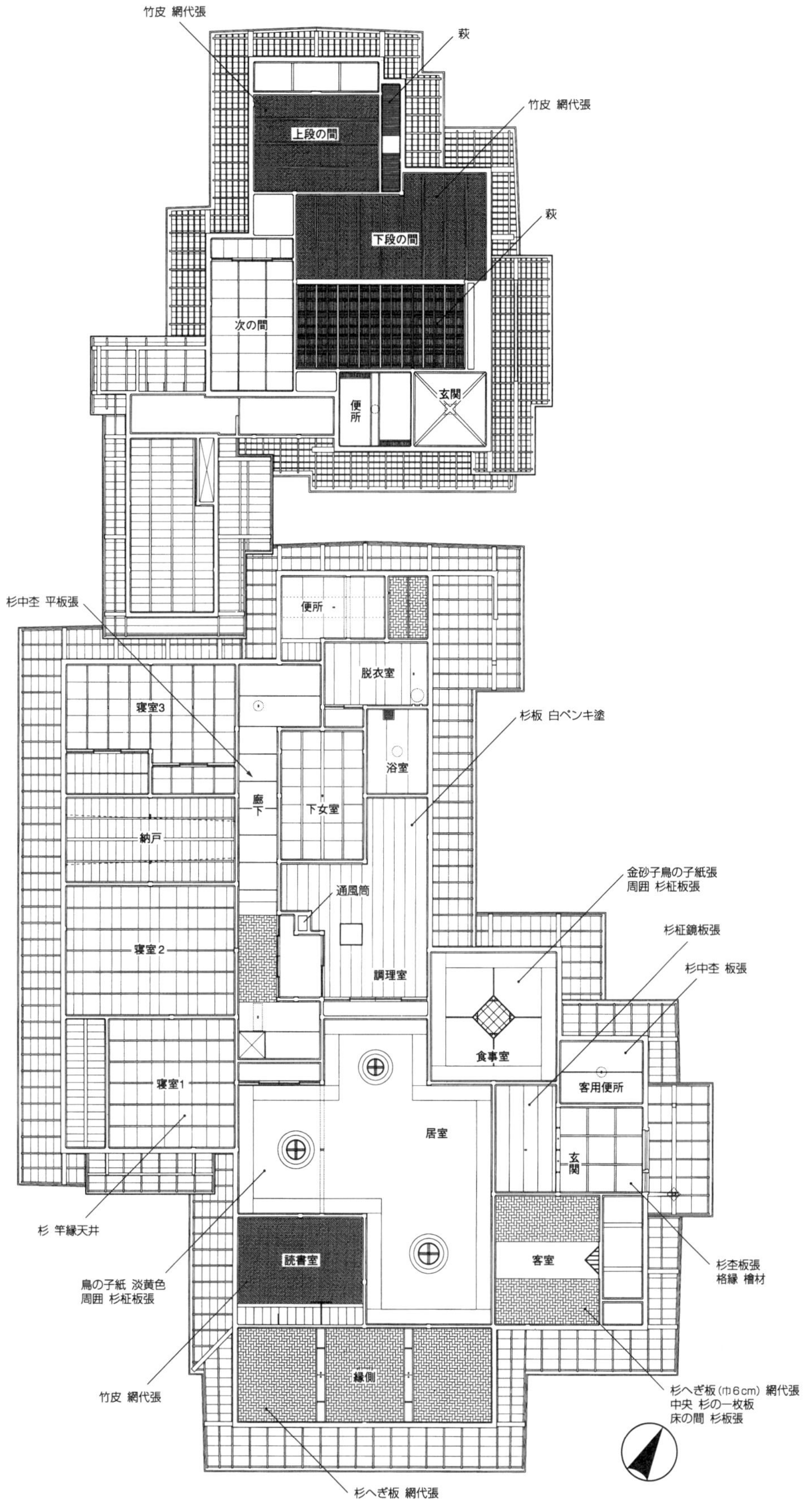

本屋・閑室

屋根伏図　1/150
天井伏図　1/150

藤井は屋根についても壁と同様に室内環境に大きく影響を与えると考えていた。『日本の住宅』では実際にいくつかの材料で実験を行い、その断熱性能を比較している。聴竹居では緩い勾配の銅板葺の軒先部分と少しきつい勾配の瓦葺部分の二つに分かれる。

現在は銅板の上から着色鉄板が葺かれているが、軒先部分に銅板を用いたのには二つの理由が考えられる。まず、軒を深くするために軽くする必要があったため。深い軒は夏季における熱負荷を下げるのに効果的である。そしてもう一つの理由は、『聴竹居図案集２』によると、周辺の環境を考慮して勾配を緩くしたかったためである。しかし、銅板葺は断熱性能が良くないので、室内部分は野地板を二重にして断熱性能を確保している。また、木造軸組の屋根には銅板葺は軽すぎるため、断熱性能にも優れ適度な重さのある瓦葺きを棟部分に配している。黄色い釉薬をかけたこの瓦は、藤井自ら焼いたと伝えられている。

妻面には通風窓を設け、夏季に高温になる屋根裏の換気や室内の汚れた空気の排気に利用された。天井には屋根裏に通じる排気口が縁側、廊下、調理室、浴室に設けられている。調理室と廊下の間に隠された通風筒は、床下と屋根裏の温度差を利用して空気を流動させ、屋根裏の熱負荷を軽減しようとしたものである。

天井は杉杢板、杉柾板、杉へぎ板の網代、竹皮の網代、鳥の子紙…など多くの材料を様々な形で使い分けている。

竹皮 網代張
萩
竹皮 網代張
上段の間
下段の間
萩
次の間
便所
玄関
杉中杢 平板張
便所
脱衣室
寝室3
杉板 白ペンキ塗
浴室
廊下
下女室
納戸
通風筒
金砂子鳥の子紙張
周囲 杉柾板張
寝室2
調理室
杉柾鏡板張
杉中杢 板張
食事室
客用便所
寝室1
居室
玄関
杉 竿縁天井
読書室
客室
杉杢板張
格縁 檜材
鳥の子紙 淡黄色
周囲 杉柾板張
縁側
竹皮 網代張
杉へぎ板（巾6cm）網代張
中央 杉の一枚板
床の間 杉板張
杉へぎ板 網代張

天井伏図　1/150

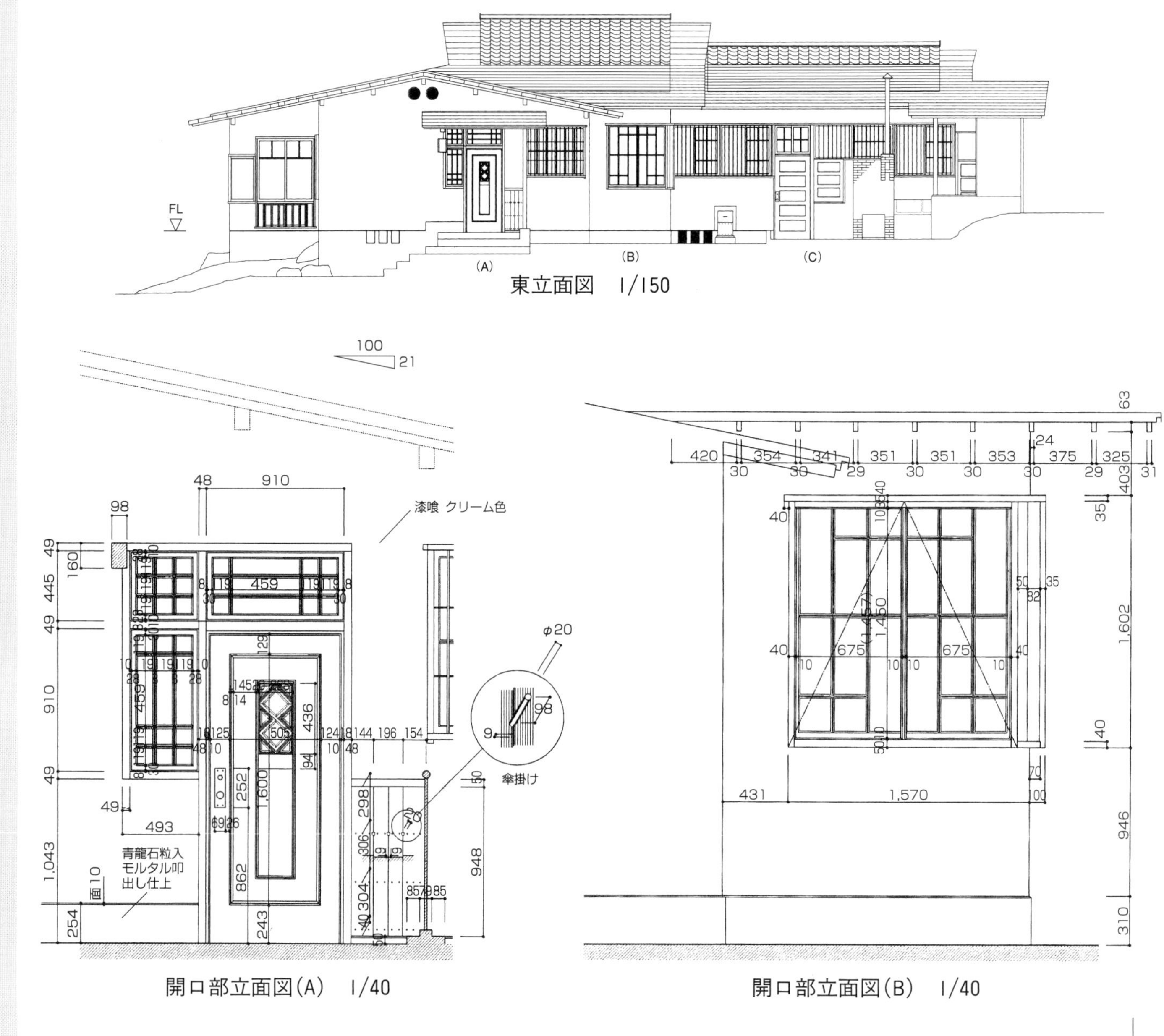

東立面図 1/150

開口部立面図(A) 1/40

開口部立面図(B) 1/40

ごみ捨て

炊き口

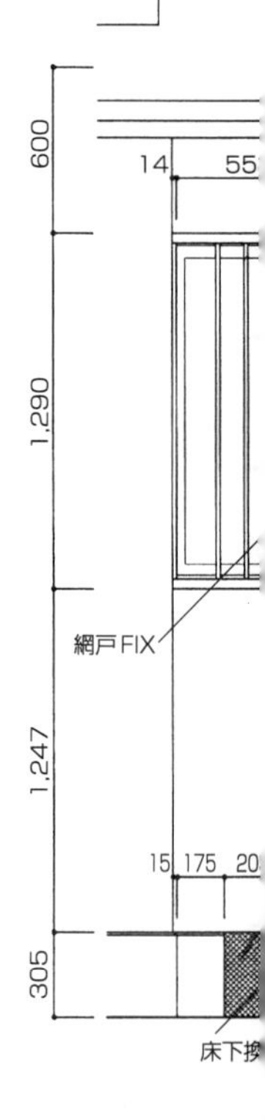

玄関

東面外観(本屋)

立面図　1/150, 1/40

玄関回りのデザインの密度はきわめて高く、そのディテールは『聴竹居図案集』にも原寸で載っている。幾何学的な格子割のサッシュはシンメトリーを崩し、庇の支えも向かって右は柱、左は腕木になっており、人をやさしく迎える雰囲気を作り出している。

その腕木の所には、現在は裸電球となっているが、四角い平面をした照明器具が取り付けられていた。

玄関扉の右、板張りの所には三つの杉丸太棒が突起している。それは濡れた傘を掛けるために用意されたものである。

調理室の出入口の左には当時としては画期的な今で言うダストシュート―ごみ捨てが取り付けてある。衛生学にも造詣の深かった藤井ならではの工夫である。

さらに右には木製浴槽を出入れする扉、さらにれんが積みの薪を使う湯沸しがあり、洗濯用流し、調理室の流し、浴槽に給湯していた。

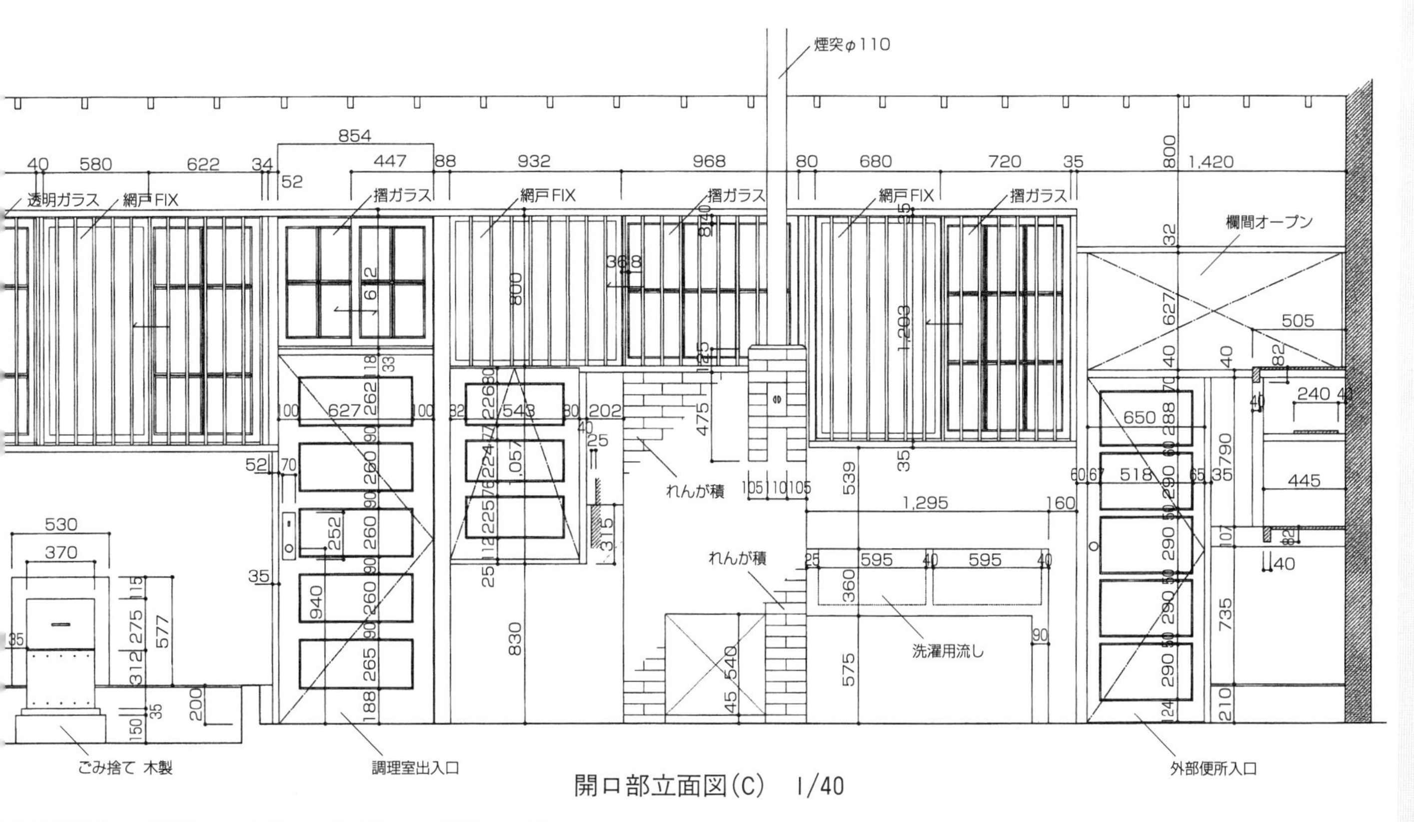

開口部立面図(C)　1/40

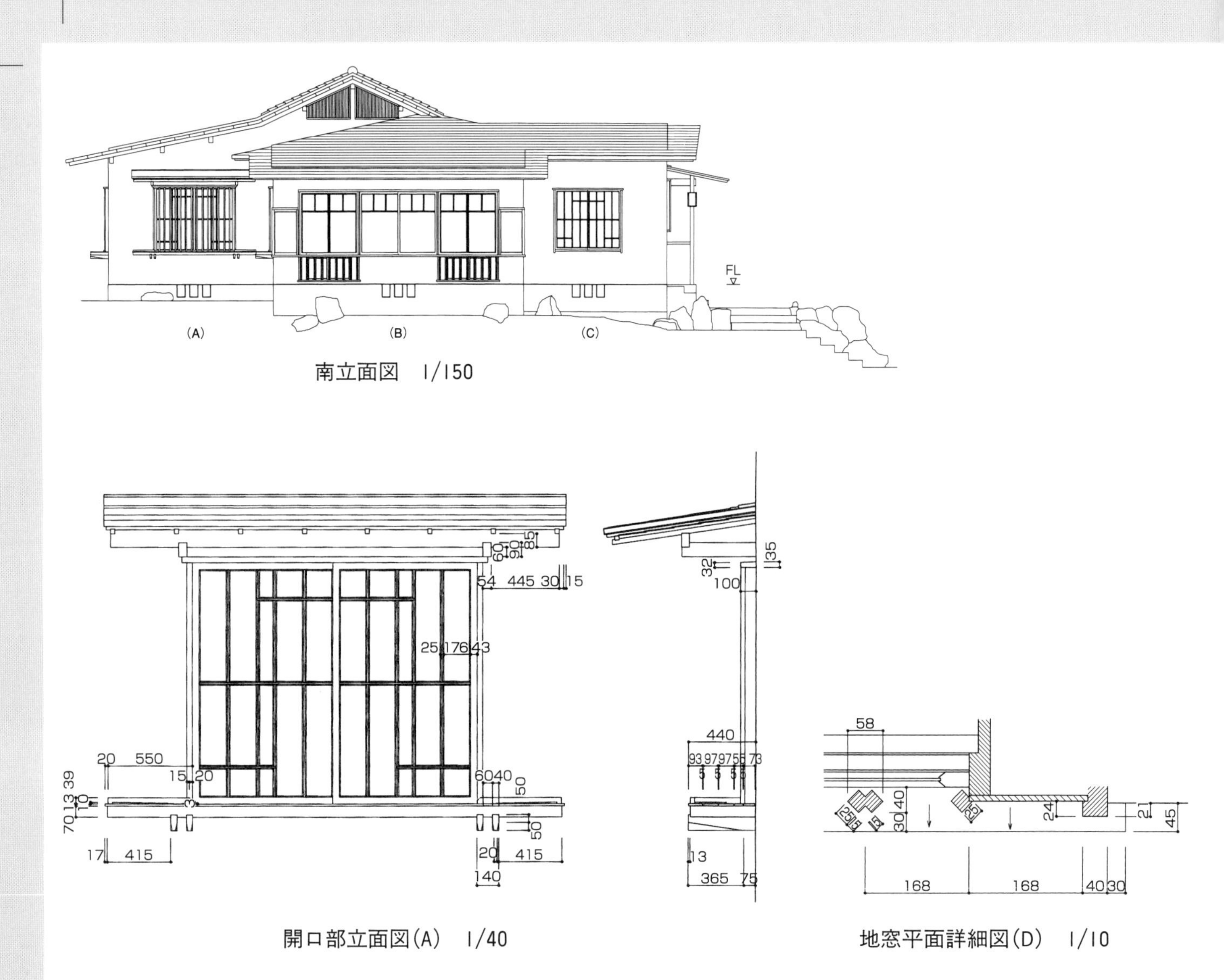

南立面図　1/150

開口部立面図(A)　1/40

地窓平面詳細図(D)　1/10

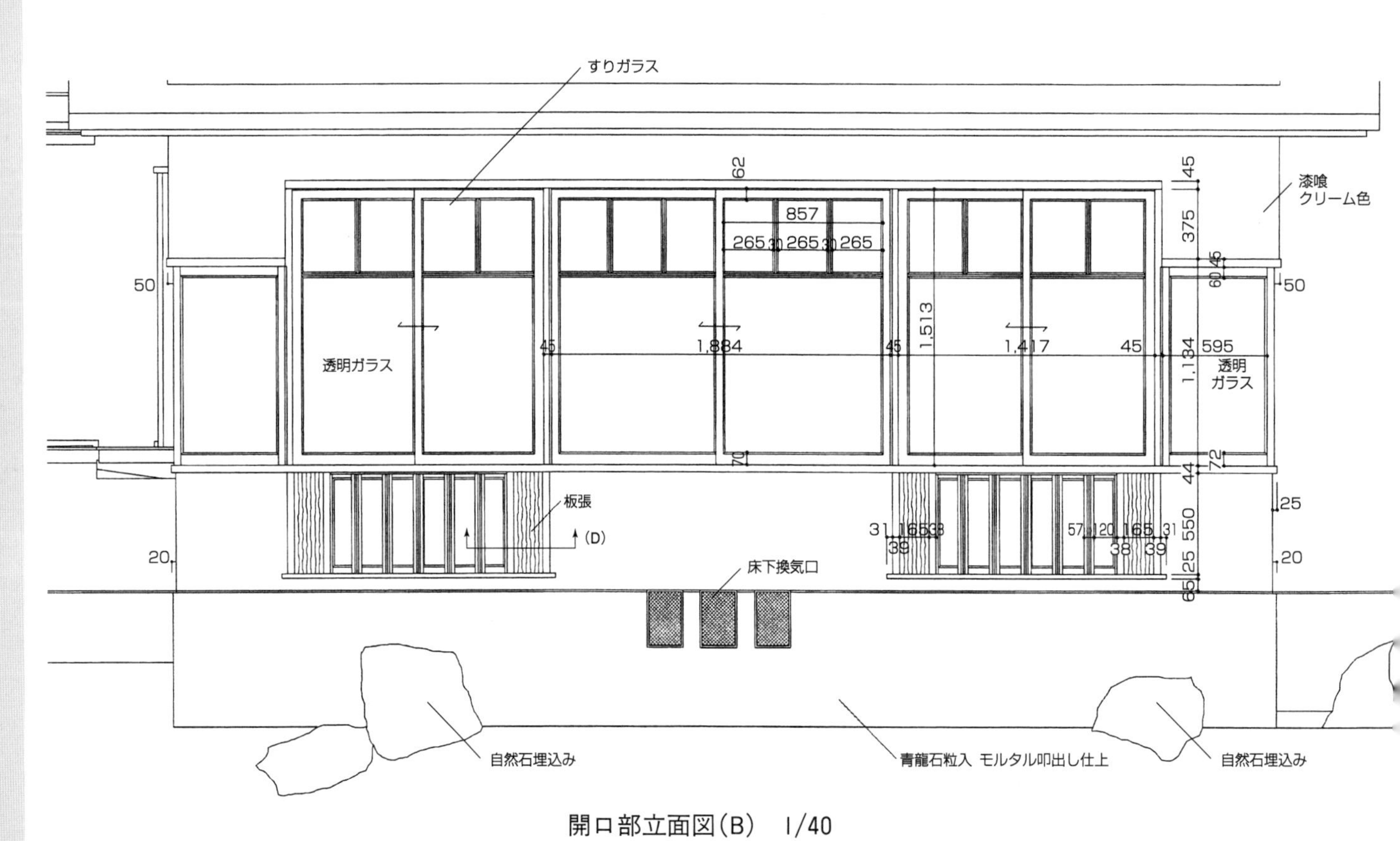

開口部立面図(B)　1/40

南西コーナー部

南面外観(本屋)

立面図　1/150，1/40
詳細図　1/15，1/10

正確には南南東に面しているこの外観は聴竹居の顔となる部分である。水平線を強調し、かつ透明感のある縁側の窓を中心に、右側は客室、左側には寝室1の窓が並ぶ。妻面には屋根裏換気用の通風窓、腰回りには床下換気口が設けられている。腰回りは鉄筋コンクリートの上に青龍石粒入モルタルを塗り叩出したもので、部分的に大きな自然石が半分埋め込まれたようになっている。縁側の引違窓の下には格子付きの換気用小窓が設けられ、あたりの緑に冷やされた空気を室内に取り込めるようになっている。防虫のために読書室と客室の窓には全面に網戸が丁番で吊り下げられる。

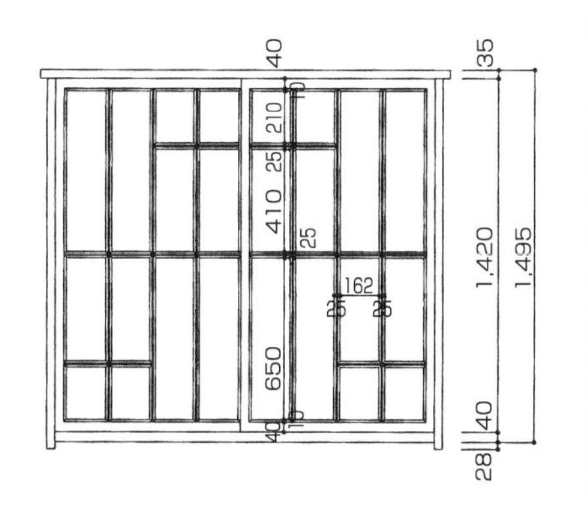

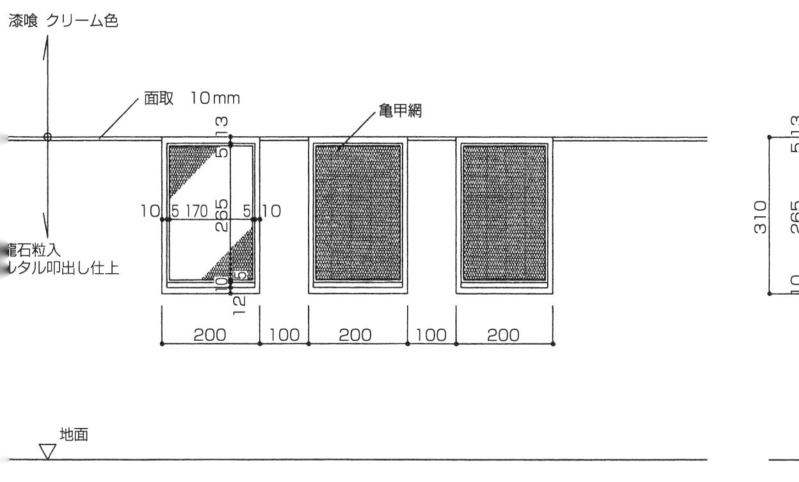

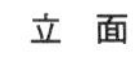

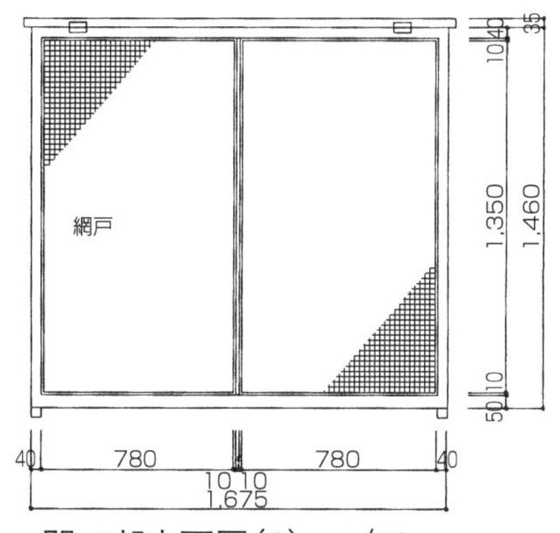

開口部立面図(C)　1/40

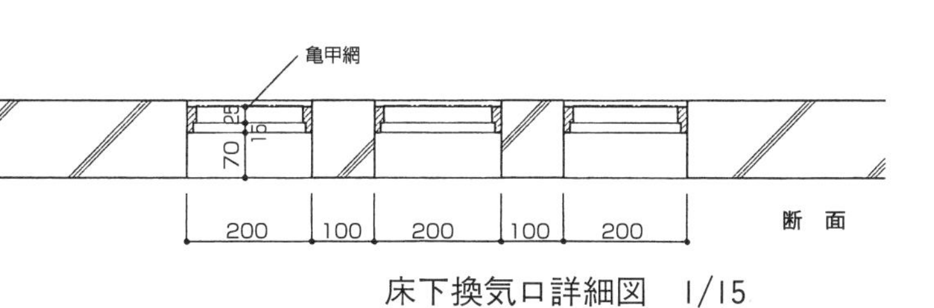

床下換気口詳細図　1/15

床下換気口

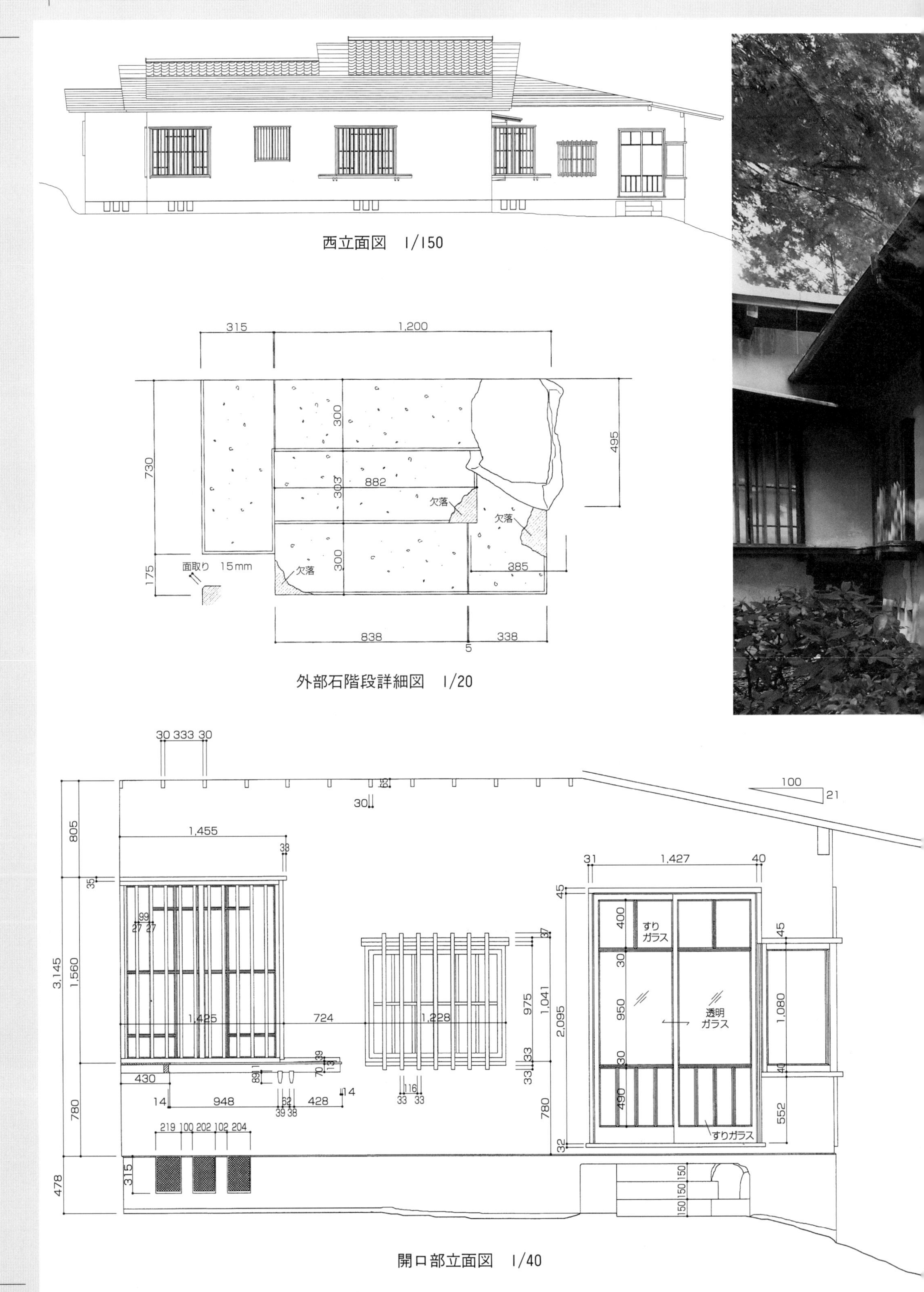

西立面図 1/150

外部石階段詳細図 1/20

開口部立面図 1/40

西面外観(本屋)

立面図　1/150, 1/40
詳細図　1/20, 1/15, 1/5

右から縁側の出入口、読書室、畳三畳、寝室1、納戸、寝室2の窓が並ぶ。回りが緑に覆われているとはいえ、西面にこれだけ窓があると西日がきつそうに思える。『日本の住宅1』によると関西地区では西よりの風が吹くことが多いので西日対策を行ったうえでできるだけ窓を設けた方が良いと述べている。確かに腰まわりには床下換気口が三つ一組で4カ所にあり、他の面より数が多い。つまり、風上になることの多い西側から新鮮な空気を各室に採り入れ、廊下に面する欄間から廊下を通じて屋根裏に抜けて妻面の通風窓から排気するという一連の空気の流れを読み取ることができる。三畳と寝室1の窓には肘掛が造り付けられている。手摺をなくすために付けたという。端部にはすべり止めを付けて、水が溜まらないように下端が部分的に斜めにカットされている。

南西全景

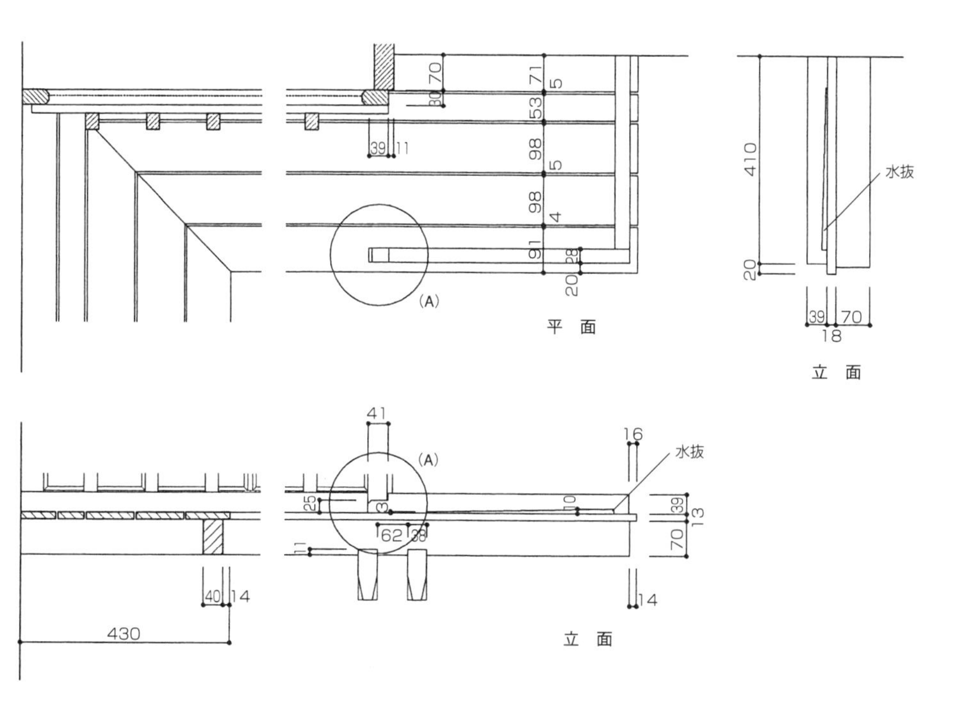

窓台詳細図　1/15

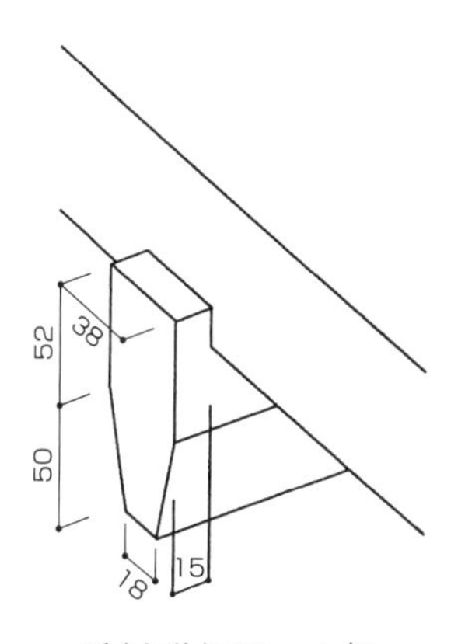

受材詳細図　1/5

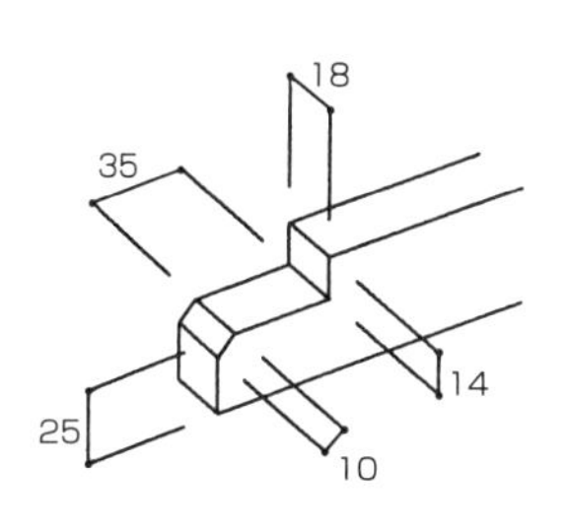

部分詳細図(A)　1/5

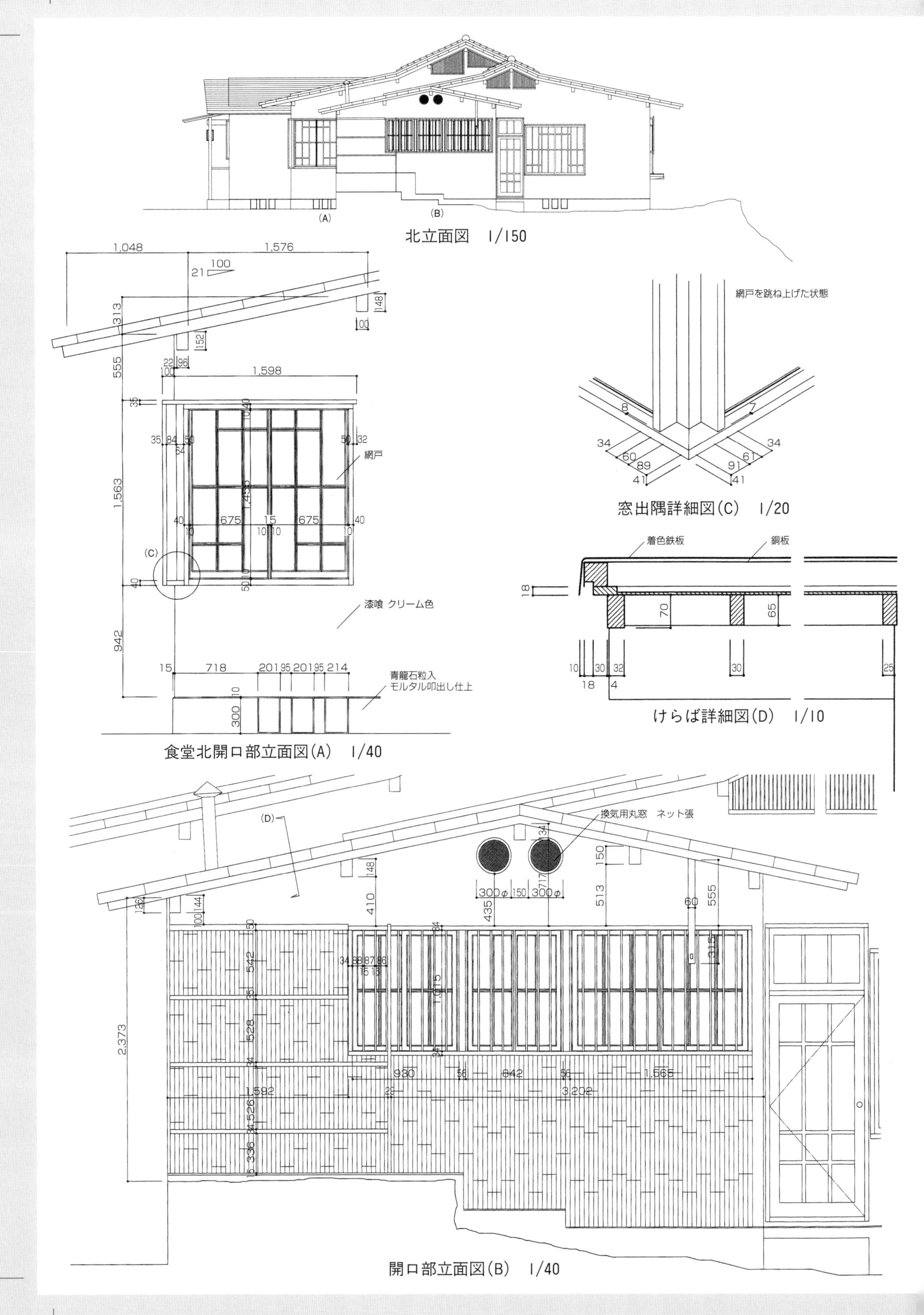
北立面図　1/150
(A)
(B)
網戸を跳ね上げた状態
窓出隅詳細図(C)　1/20
着色鉄板
銅板
けらば詳細図(D)　1/10
網戸
漆喰 クリーム色
青龍石粒入
モルタル叩出し仕上
食堂北開口部立面図(A)　1/40
換気用丸窓　ネット張
(D)
開口部立面図(B)　1/40

食事室北面東端部

北面外観(本屋)

立面図　1/150, 1/40
詳細図　1/20, 1/10

右から寝室の窓、廊下の出入口、便所の窓、そして東側奥に食事室の窓が見える。
屋根勾配の緩い便所部分の屋根裏換気は、東側玄関上部と同様の丸窓によっている。
廊下の出入口上部およびちょうど調理室上部にあたる妻面には屋根裏換気用の通風窓がそれぞれ大きな口を開けている。
淀川と平行方向の東西面からの導気、そして斜面傾斜方向である南北両妻面からの排気という設計思想は平面計画から屋根形状の決定へと貫かれ、気候風土と整合性をもった聴竹居の骨格をなしている。

通風窓

換気用丸窓

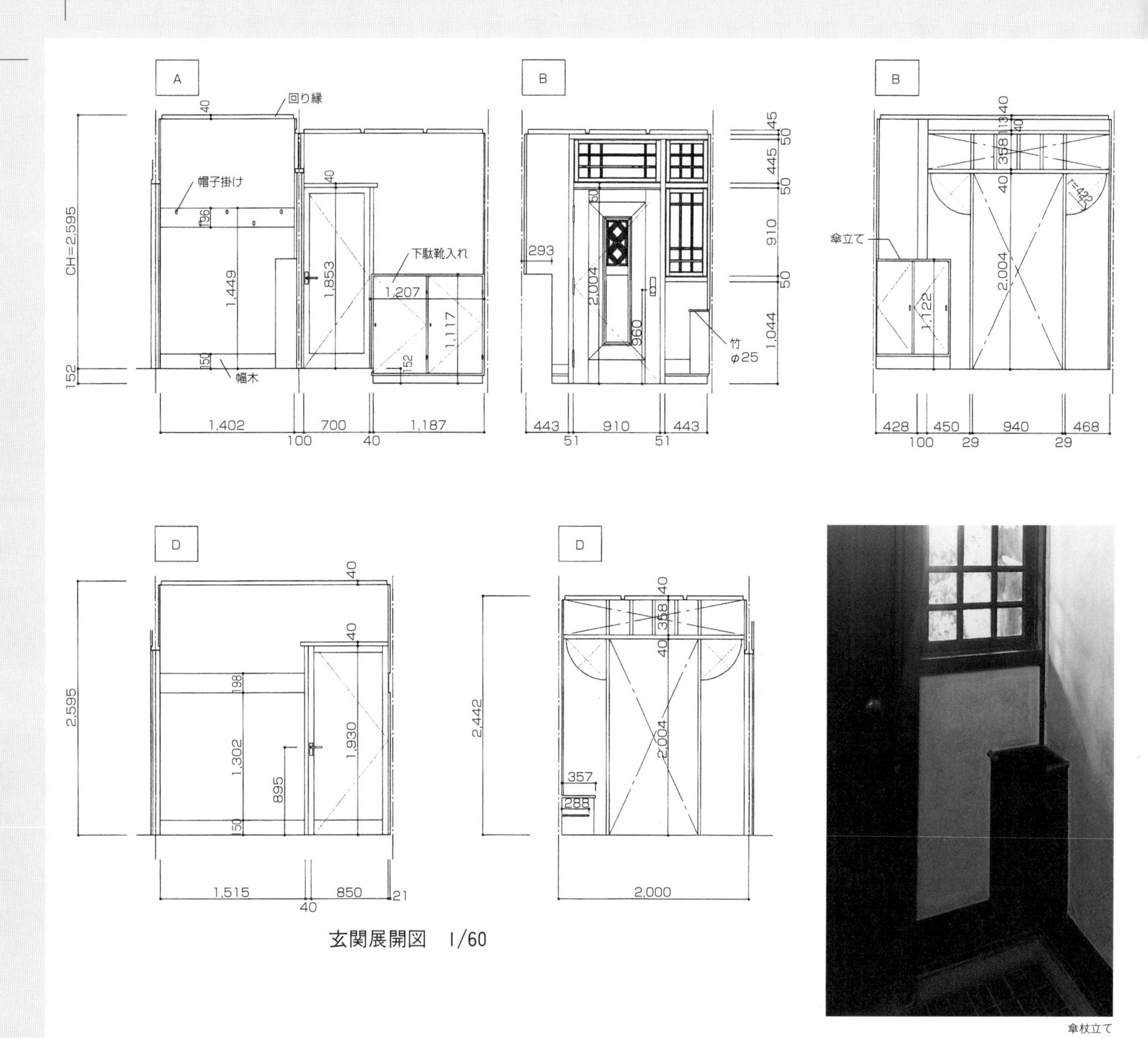

玄関展開図 1/60

傘杖立て

玄関(内観)

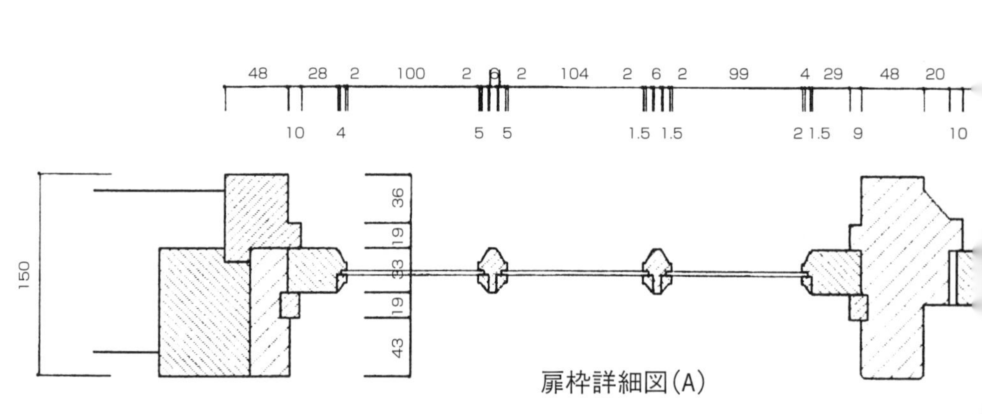

扉枠詳細図(A)

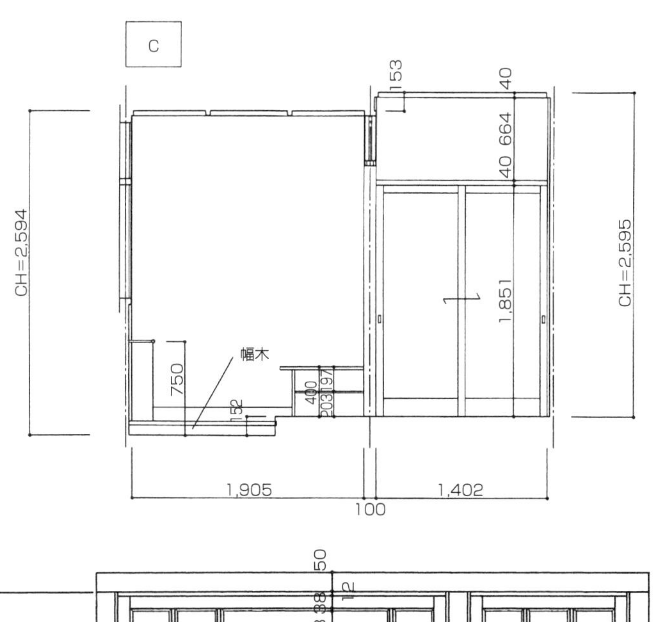

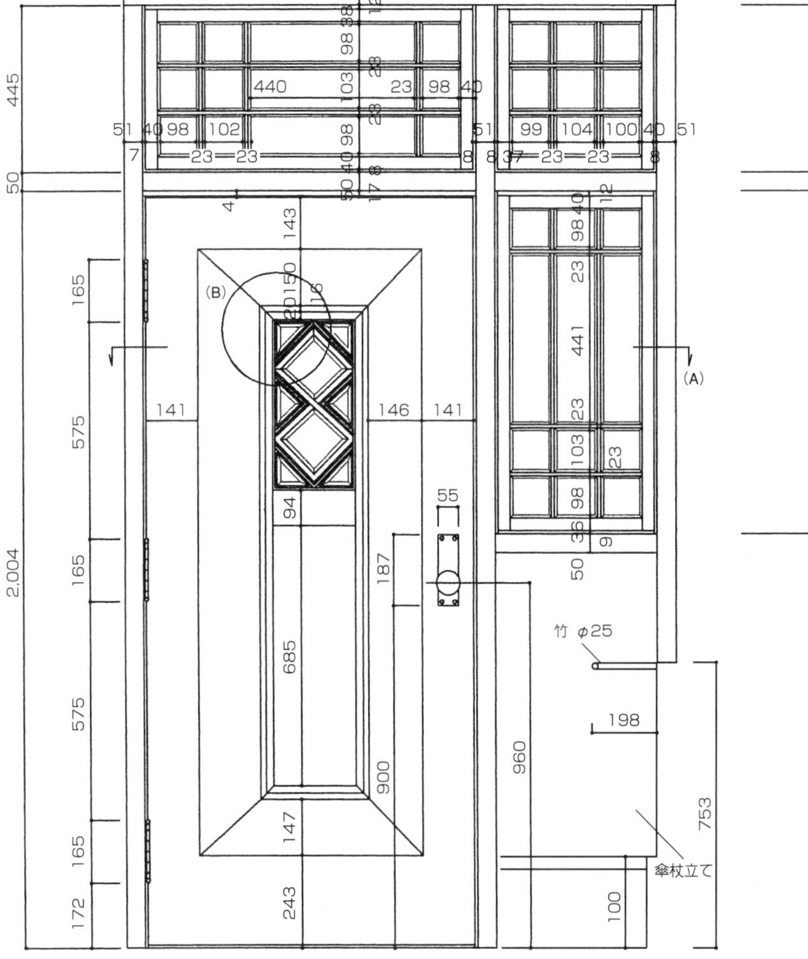

扉立面詳細図(内観)　1/20

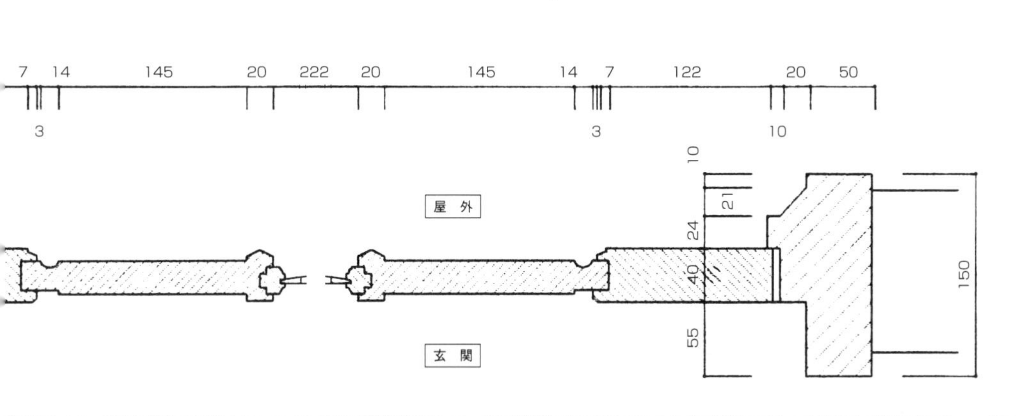

玄関(本屋)

展開図　1/60
立面図　1/20
詳細図　1/20，1/10，1/5

内開きの扉のついた玄関は外部と直に繋がる土間とそれに連続する板の間の部分と、隣室(客室と居室)へ繋がる部分の二つの空間が木製の仕切りによって緩やかに隔てられている。
それは藤井によると、伝統的な和風住宅の土間と畳の間に設けられた紙障子に相当する。ここでは障子に代わるやわらかい結界のデザインとして半円形のモチーフが採用されている。
土間の部分には、濡れた傘を立て掛けておけるよう杉丸棒のみのシンプルな傘杖立てと、一見、靴がきちんと入るか疑問をいだくぐらい奥行きが浅い下駄靴入れ、靴を履き替える際に重宝するスリッパ入れを兼ねた腰掛等が用意されている。仕切りの奥には傘杖入れやコート掛けが設けられ、シンプルな中にもきわめて機能的な設計になっている。

玄関ドア(外観)

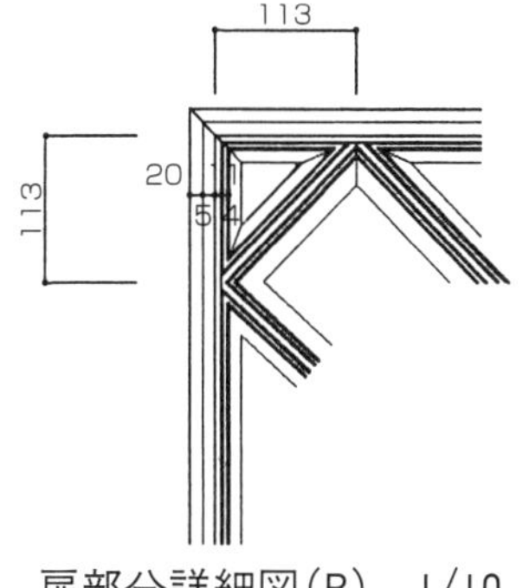

扉部分詳細図(B)　1/10

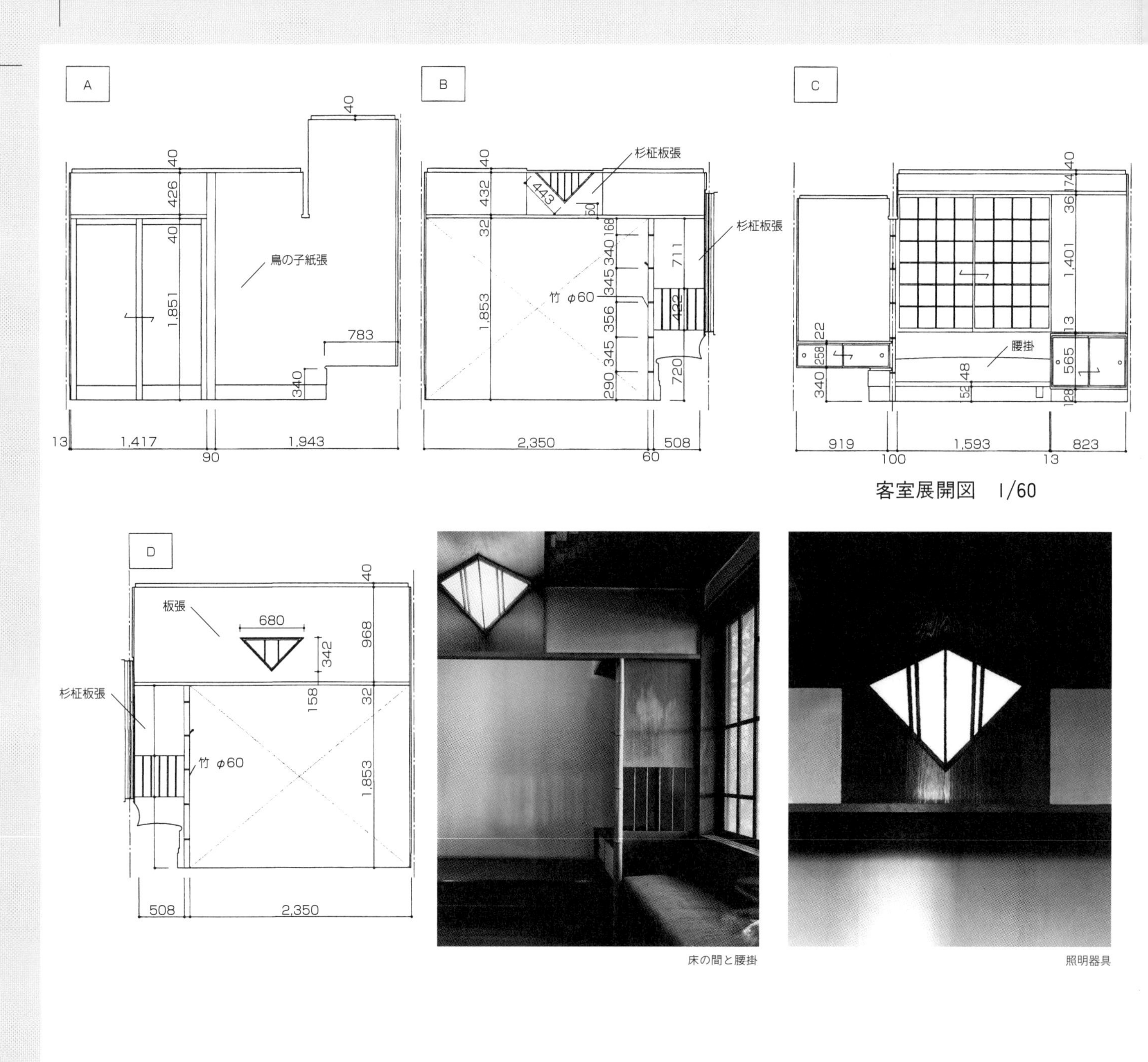

客室展開図 1/60

床の間と腰掛

照明器具

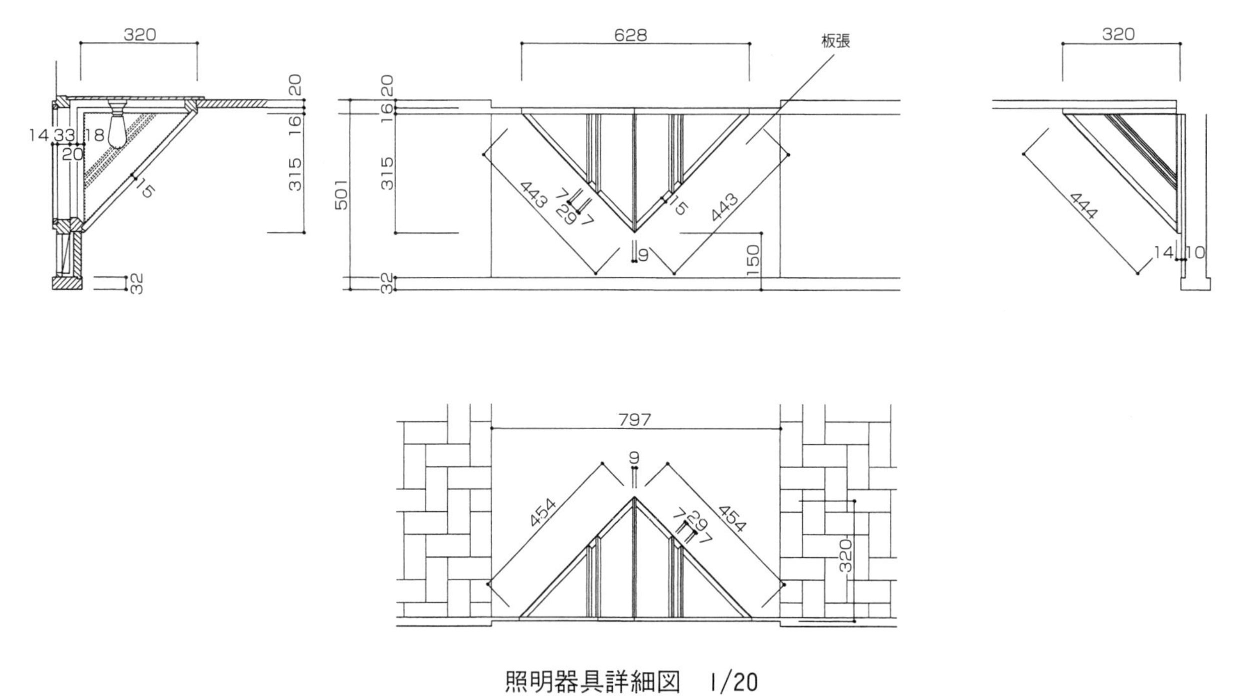

照明器具詳細図 1/20

D

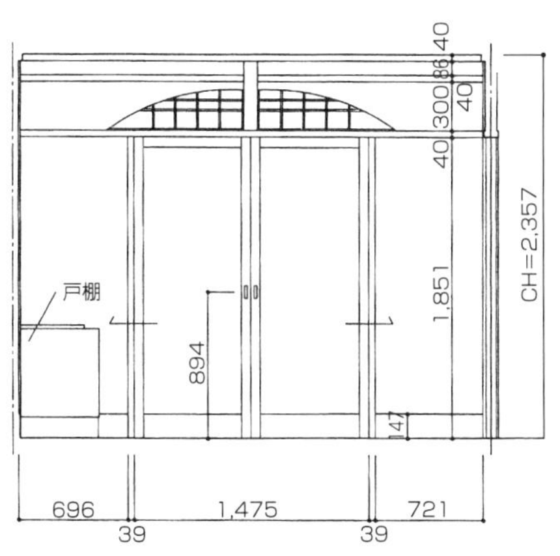

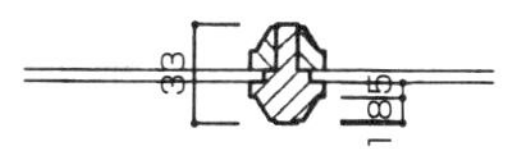

開口部詳細図(A)　1/5

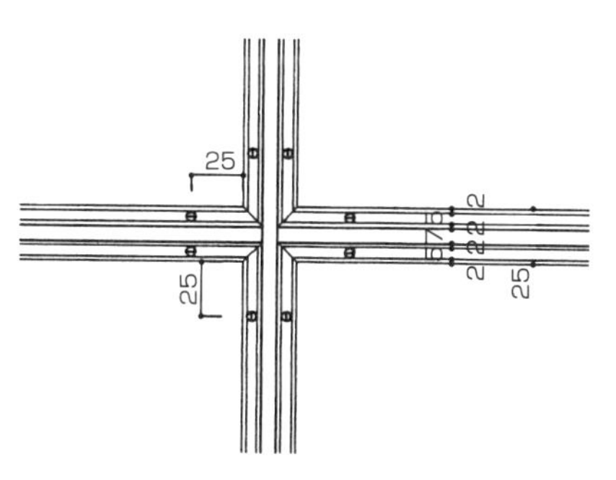

開口部詳細図(B)　1/5

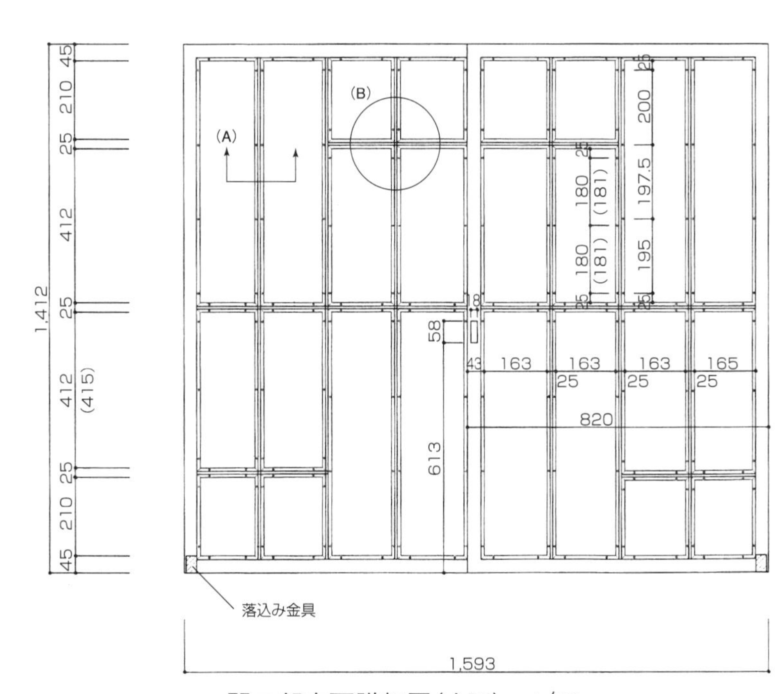

開口部立面詳細図(内面)　1/20

居室を見る

客室

客室(本屋)

展開図　1/60
立面図　1/20
詳細図　1/20, 1/5

接客のために設けられた床の間のある椅子式の客室(応接室)である。

わずか10.5 m² の広さではあるが、聴竹居の中で最もデザイン密度高く、和と洋の要素が凝縮された空間といえる。使われている材料は木、竹、紙という日本の伝統的な材料でありながら、様式としては椅子式の洋風、床の間という和の空間要素、それらが絶妙のバランスで融合されている。

床の間は椅子式に対応し目線を意識した高さが採用されている。玄関から引戸を開けて入った時に目にとまる位置にある腰掛横の小さな床と、腰掛や椅子に座った時に眺める大きな床の二つが組み合わされている。

部屋全体を照らす和紙張りのモダンな照明器具は同時に裏側の床に光を当てるよう工夫された床照らしでもある。

腰掛と小さな床との間に設けられたスクリーンは、目の美しい杉板柾目と腰掛からの目線を遮らない位置に設けられた細い竹のたて子そして竹の床柱で構成されている。

床の間の向かい側には現在は色あせているが縦ストライプ模様の布張りの両引戸と、その上部には換気を目的とした桐板と障子で構成された弧のデザインが美しい欄間がある。この引戸と読書室の引戸を開け放すと居室の空間をはさんで、読書室の藤井の机と床の間が向かい合う。読書に疲れ、ふと後ろを振り返った時に、床の間が見えるように考えられている。

腰掛の後ろの障子とガラス戸で構成された窓は視界が開けるように、2枚の障子はいずれも右側に寄せることができる。細部を見るとガラス戸のガラスを留めている押さえぶちの釘までもきちんと割り付けられ、また召合せ部分は隙間風を防ぐような工夫がされているのには驚かされる。腰掛の右には今は失われているが蓄音機が仕込まれていたという。

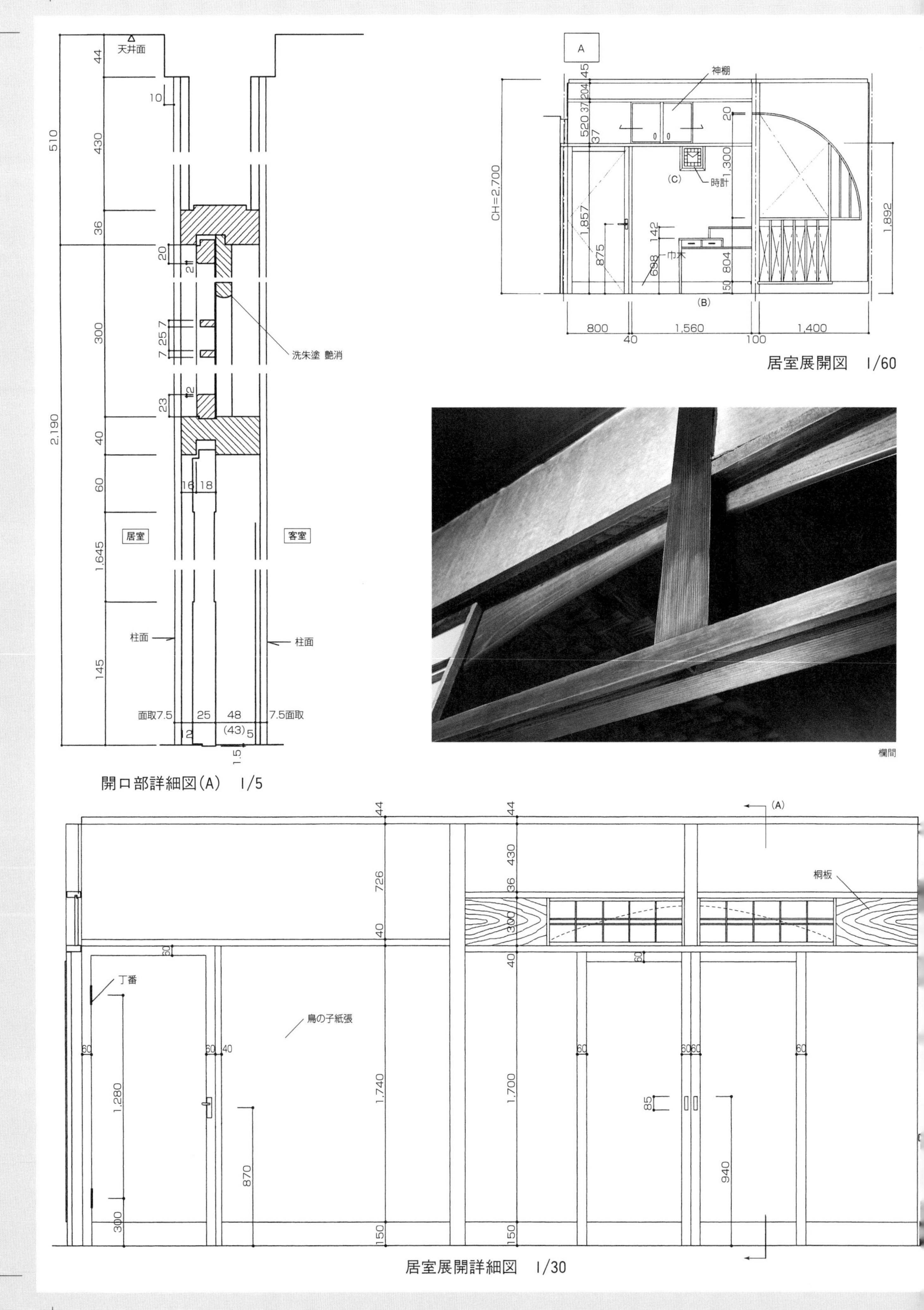

開口部詳細図(A) 1/5

居室展開図 1/60

欄間

居室展開詳細図 1/30

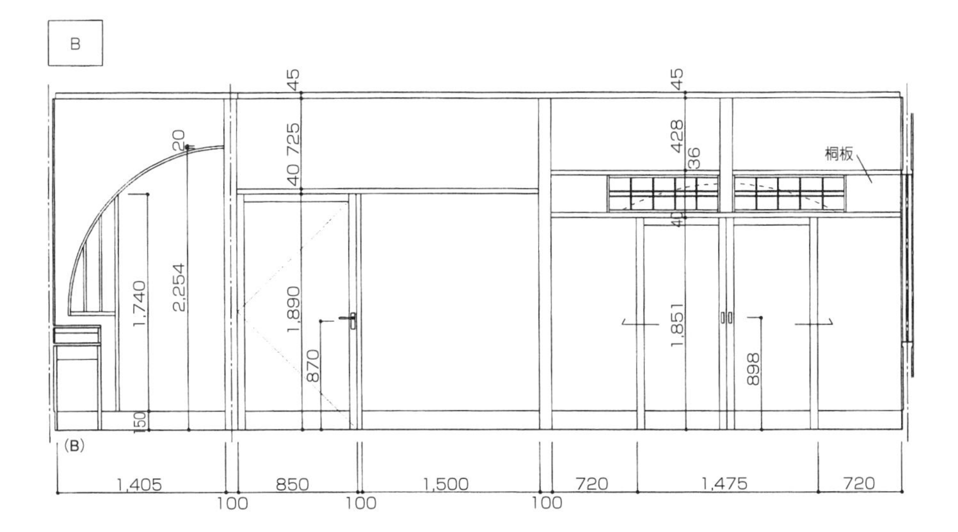

居室(本屋)

展開図　1/60
詳細図　1/30，1/5
家具図　1/15，1/10

玄関、客室、食堂、調理室、読書室、縁側に囲まれたこの住宅の中心ともいえる室である。柱と回り縁、幅木によってフレーミングされた雁行する壁面の構成の中で食堂の1/4円のアーチと、桐板の木口に朱色の漆塗りを施した欄間の緩やかな円弧が空間を特徴づけている。

北側の壁面には、神棚、時計、飾り棚が造り付けられている。西洋趣味の模倣を非難した藤井であるが、この時計のデザインはマッキントッシュのデザインと酷似している。

また飾り棚は生花などを配することで床としての使用も考慮されている。

照明器具は黒漆塗りのフレームに薄美濃紙を張った円形のシーリングライトである。器具の取り付く台座はエッジに黒漆塗りを施した大きさの異なる2枚の円形の板を重ね、金と銀揉鳥の子紙張りという凝ったデザインとなっている。また天井の広さとのバランスを考慮したのか、取り付ける位置によって器具の大きさを変えている。

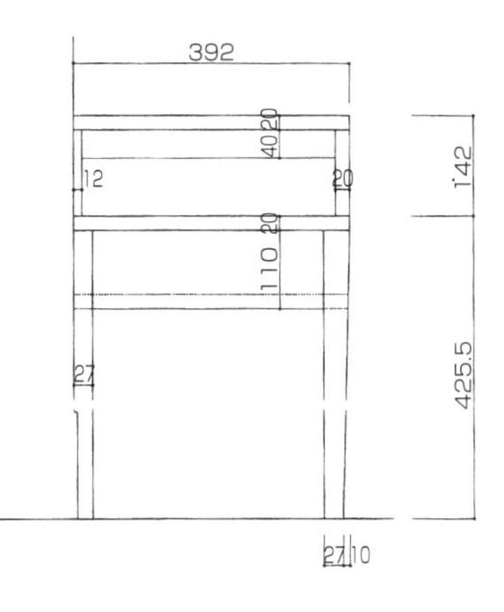
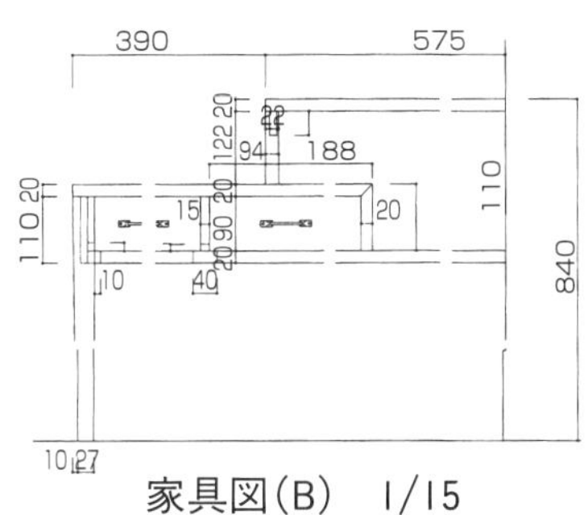

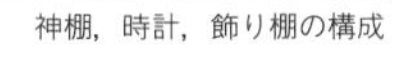
神棚，時計，飾り棚の構成

家具図(B)　1/15

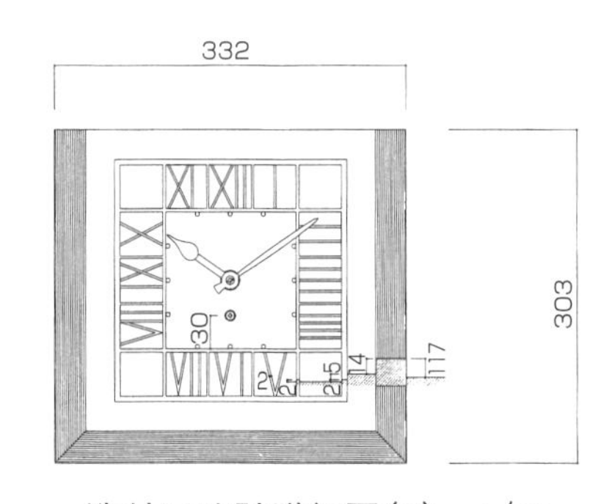

造付け時計詳細図(C)　1/10

照明器具

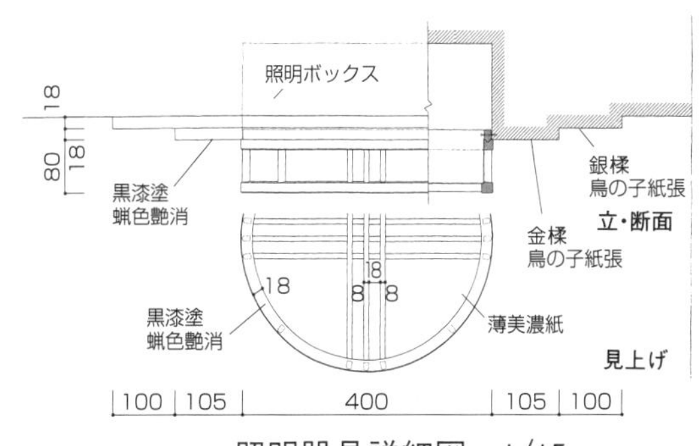

照明器具詳細図　1/15

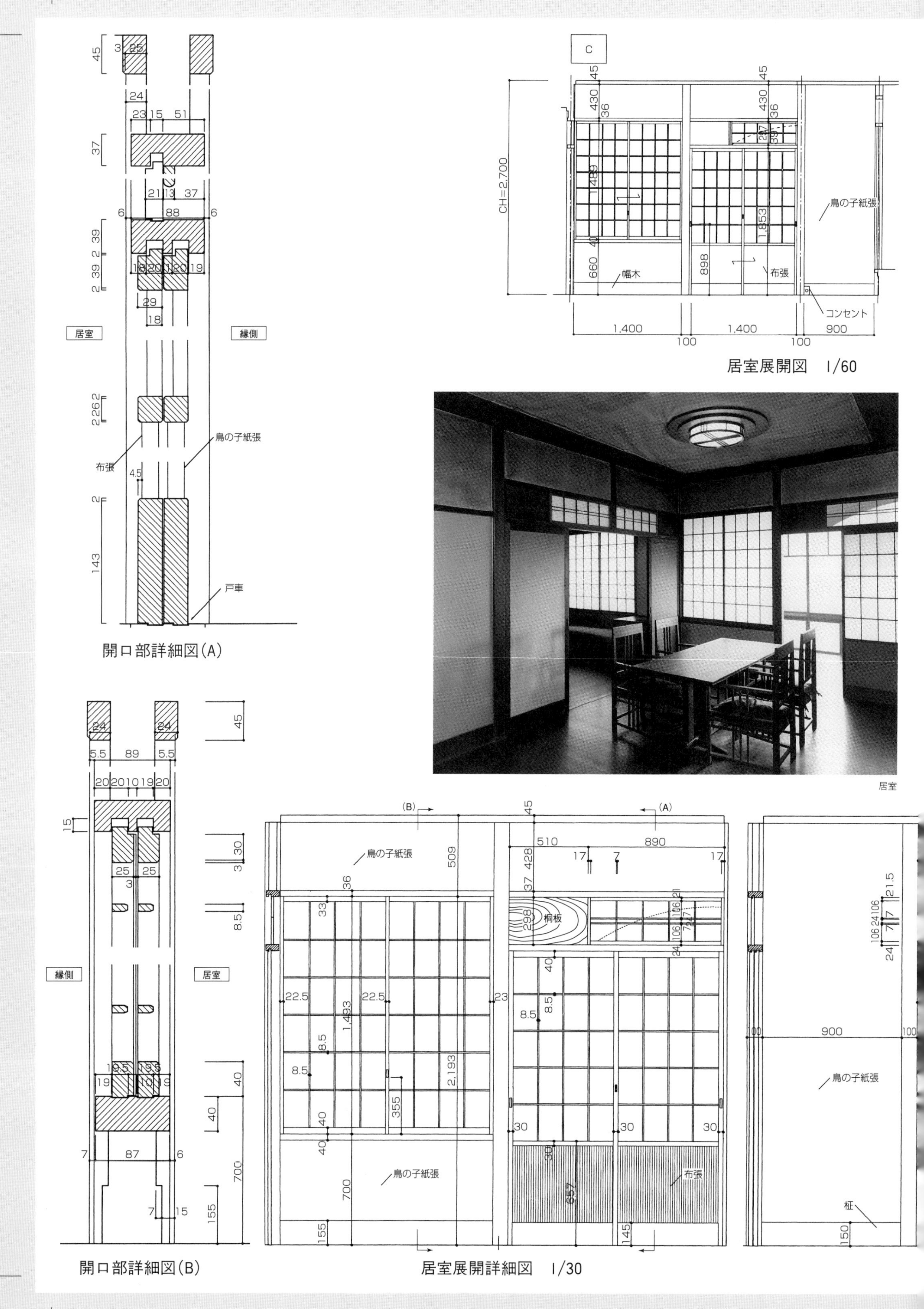

開口部詳細図(A)

居室展開図 1/60

居室

開口部詳細図(B)

居室展開詳細図 1/30

居室（本屋）

展開図　1/60
詳細図　1/30，1/5

居室と、隣接する三畳は当初は一体の空間であり、藤井の主張する腰掛式と座式の共用空間であった。目線の高さを合わせるためにつけた327 mmのレベル差は、夏季に床下から涼しい外気を取り入れるための導気口としても利用されている。この導気口は床下で地中埋設された導気筒に接続され、西側の傾斜地に設けられた外気取入口につながっている。実測時には三畳への上り框に溝が切られ、鴨居と欄間が追加され、4枚引違いの襖が建て込まれていたが、実測終了後ほぼ元の状態に復元された。

縁側に面する開口は、客室側は腰壁を設けて欄間の高さまで1枚の障子、読書室側は欄間付きの引違い障子を建て込んでいる。先の導気口から流入した空気はこの開口部を通って縁側天井の排気口から天井裏へと抜けるように考えられている。

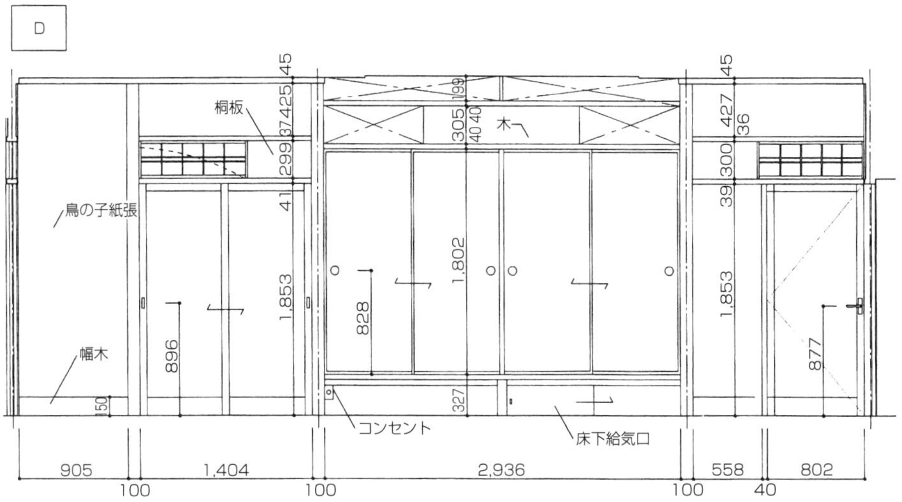

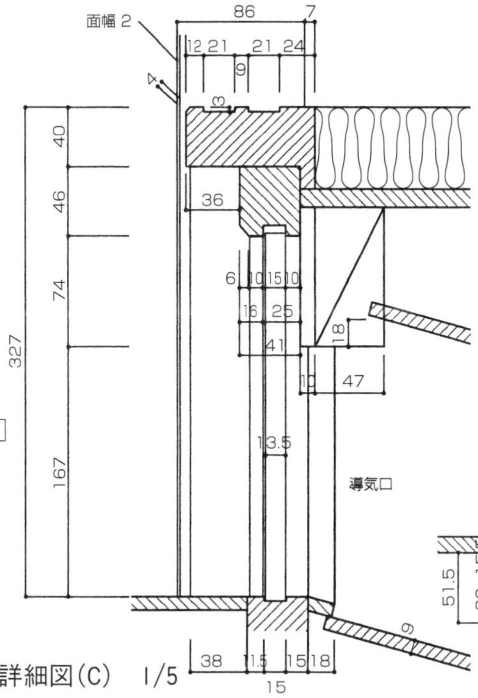

導気口

導気口詳細図（C）　1/5

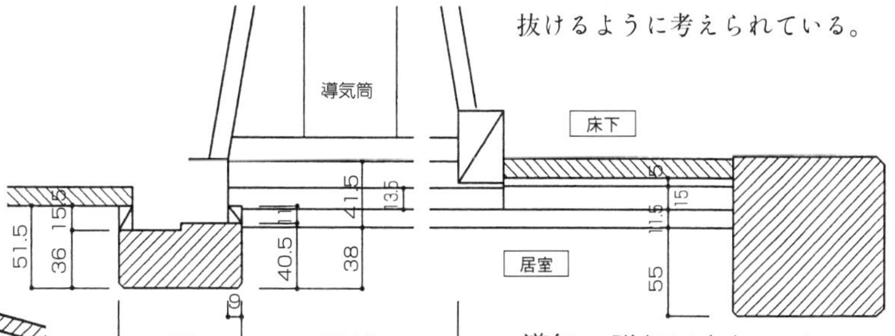

導気口詳細図（D）　1/5

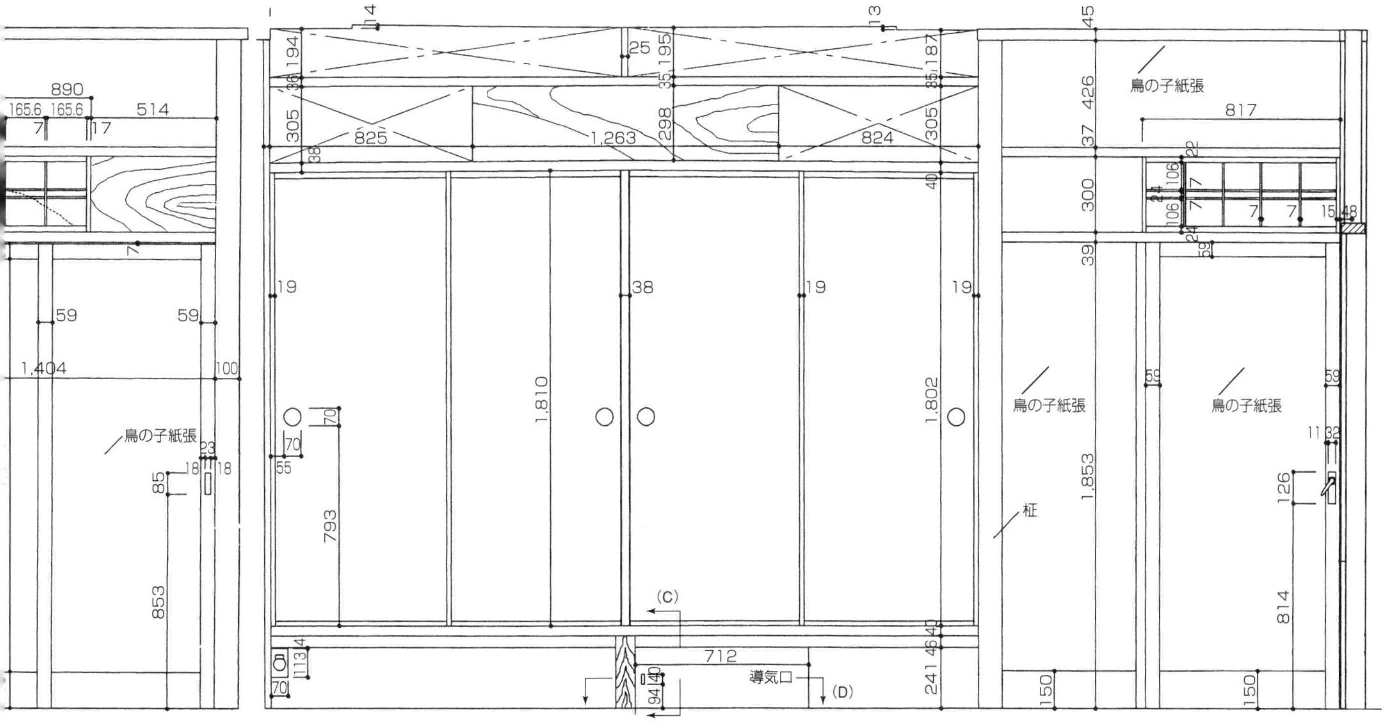

居室展開詳細図　1/30

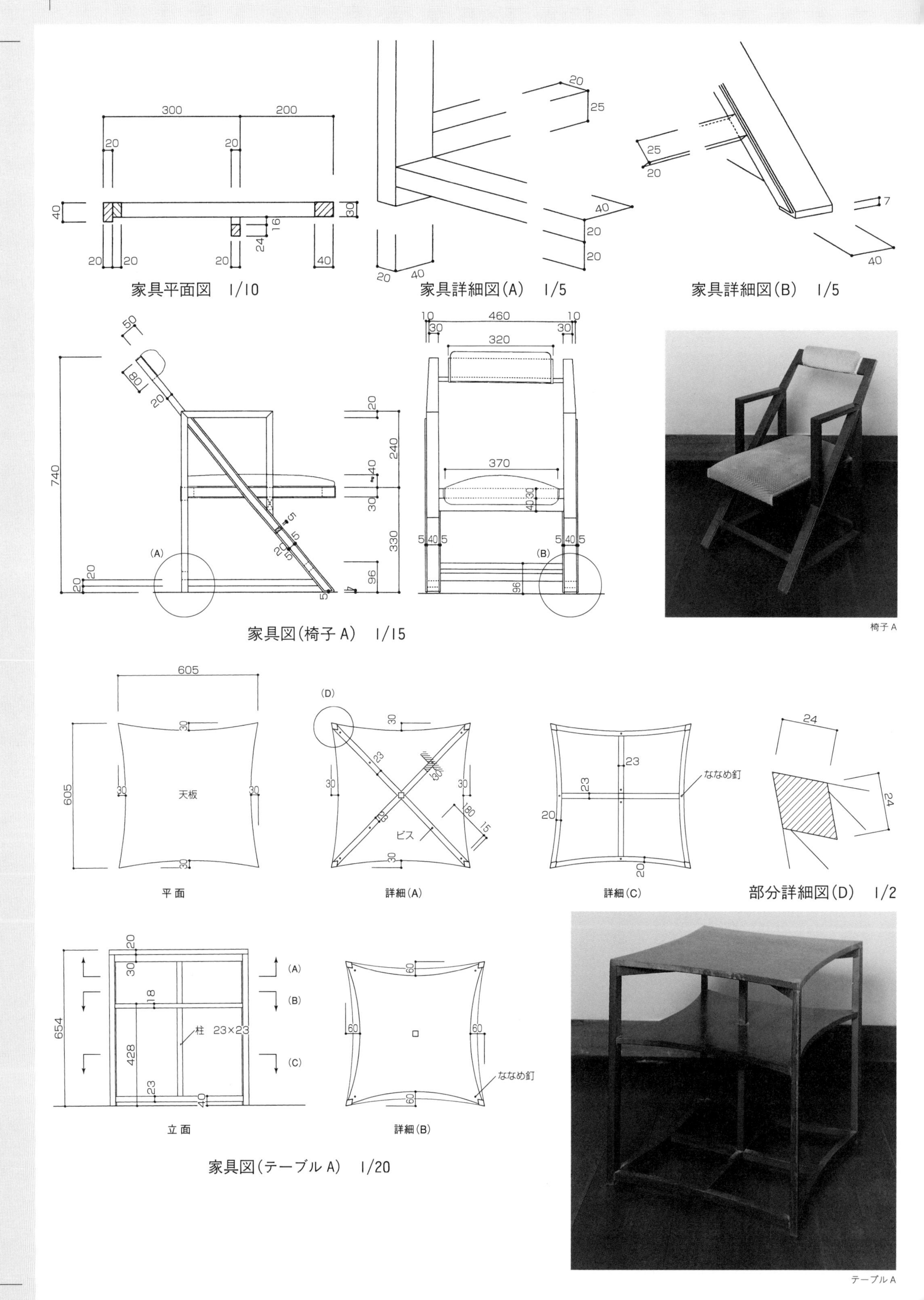
家具平面図　1/10
家具詳細図(A)　1/5
家具詳細図(B)　1/5
家具図(椅子A)　1/15
天板
平面
詳細(A)
ビス
詳細(C)
ななめ釘
部分詳細図(D)　1/2
柱　23×23
立面
詳細(B)
家具図(テーブルA)　1/20

椅子A

テーブルA

客室・居室(家具)

家具図　1/20, 1/15, 1/10, 1/5, 1/2, 1/1

椅子(B)とテーブル(A)は竣工当時から客室に置かれていたものである。テーブル(B)は、聴竹居の食事室で使用されていたものであるが、椅子(A)については竣工写真を見る限り聴竹居(本屋)には存在せず、閑室や第4実験住宅以前の住宅で使われていたものと思われる。
これらの椅子もすべて藤井自身の設計によるものであり、モダンでシンプルな中にもどことなく格子のデザインを取り入れることによって「和」の雰囲気をもち、インテリア全体とうまく調和している。

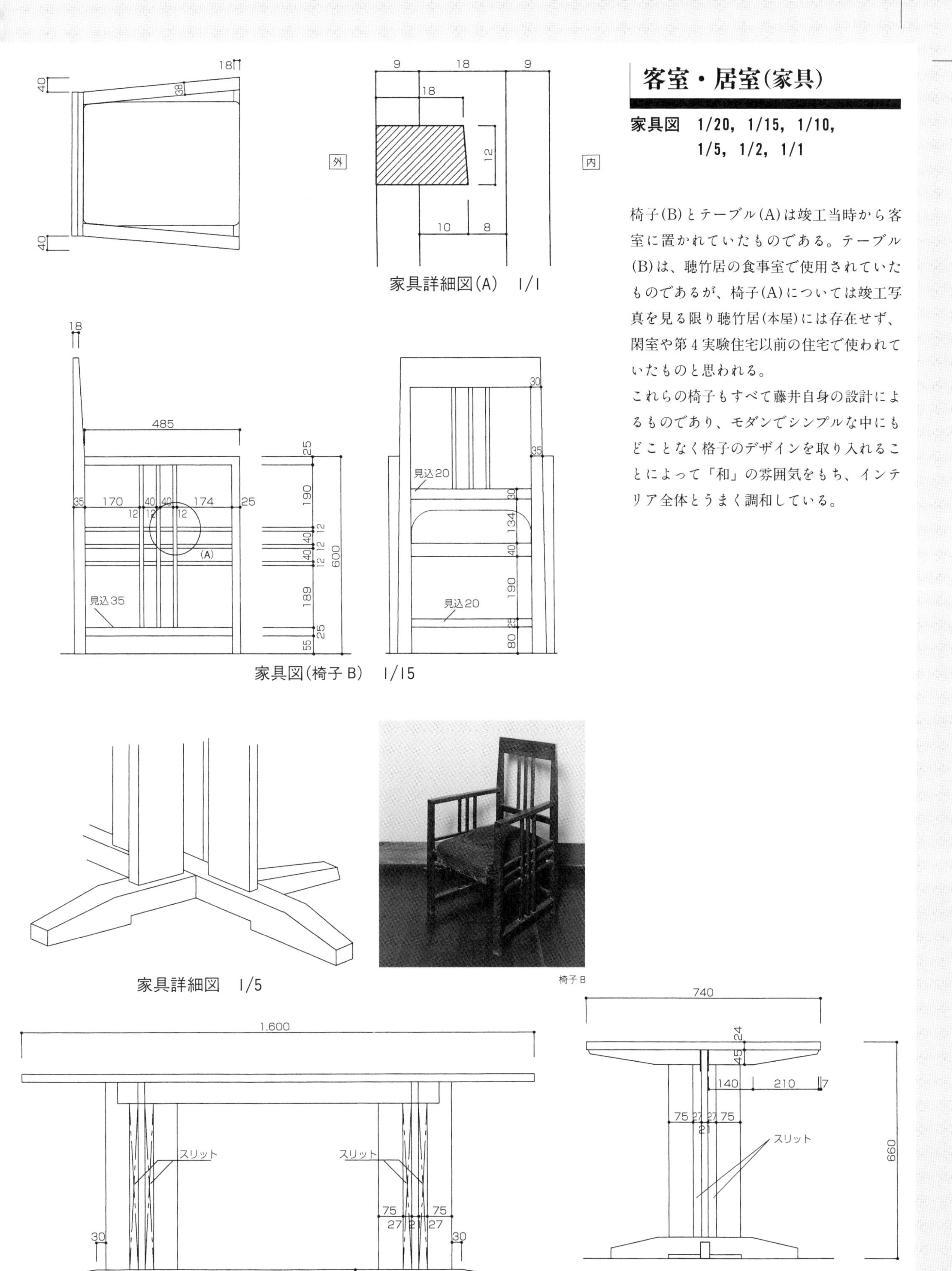

家具詳細図(A)　1/1

家具図(椅子B)　1/15

家具詳細図　1/5

椅子B

家具図(テーブルB)　1/15

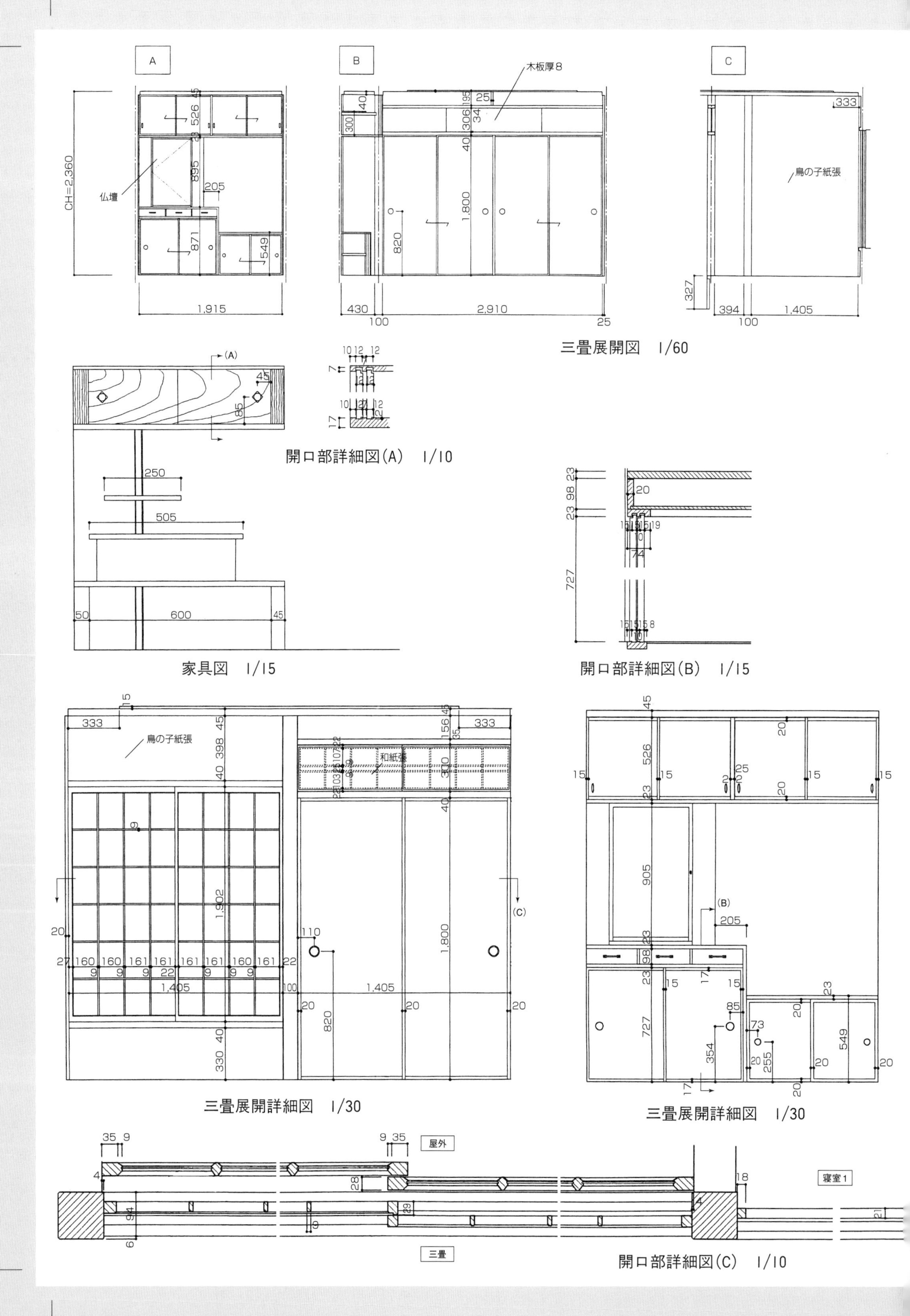
A
B
C
木板厚8
仏壇
CH=2,360
鳥の子紙張
三畳展開図　1/60
開口部詳細図(A)　1/10
家具図　1/15
開口部詳細図(B)　1/15
鳥の子紙張
和紙張
三畳展開詳細図　1/30
三畳展開詳細図　1/30
屋外
寝室1
三畳
開口部詳細図(C)　1/10

三畳(本屋)

展開図　1/60
詳細図　1/30, 1/15, 1/10
家具図　1/15

当初、居室と一体の空間としてつくられた座式の部屋である。北側の壁面には飾り棚と仏壇、天袋が造り付けられている。仏壇の扉は片開きで斜めに振っており、内部には三角形平面の棚が三段と、天袋が設けられている。いかにも使いにくそうな形状ではあるが、これは単に意匠的な面白さだけではなく、居室からも仏様がよく見えるようにとの配慮の結果であろう。

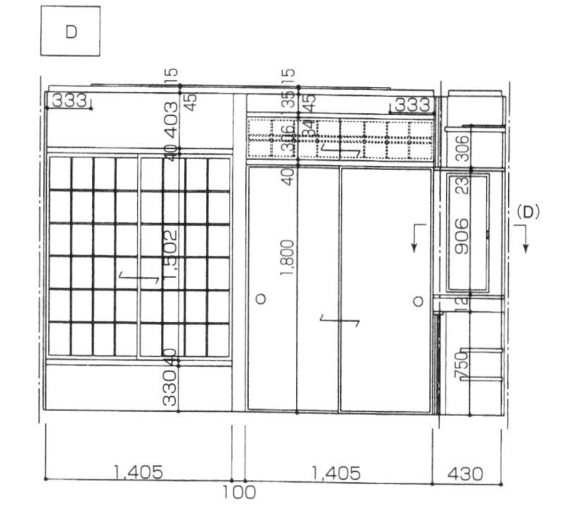

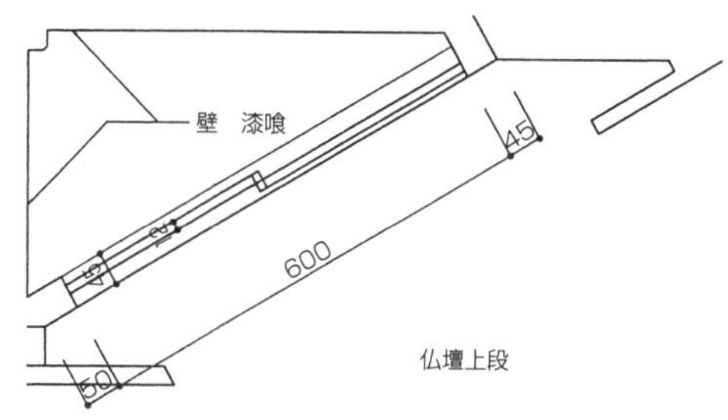

仏壇上段

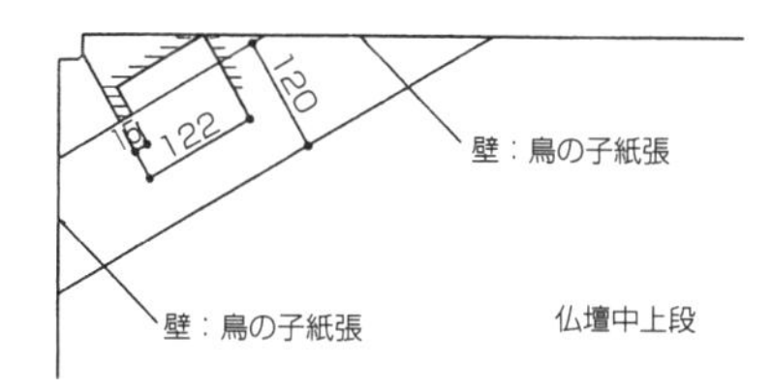

仏壇中上段

上部　棚
119
150
壁：鳥の子紙張
壁：鳥の子紙張
仏壇中下段

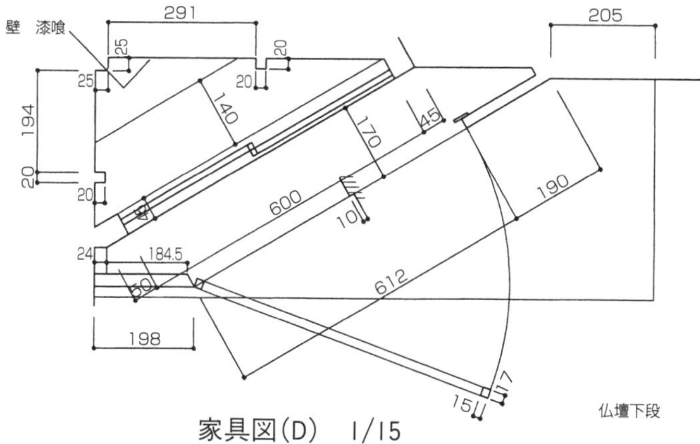

仏壇下段

家具図(D)　1/15

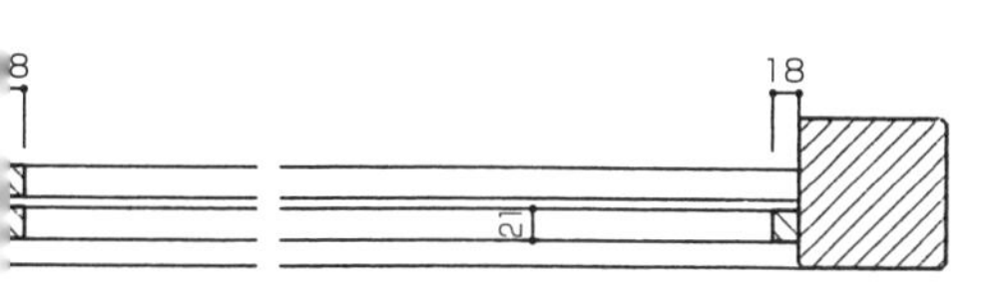

飾り棚と仏壇

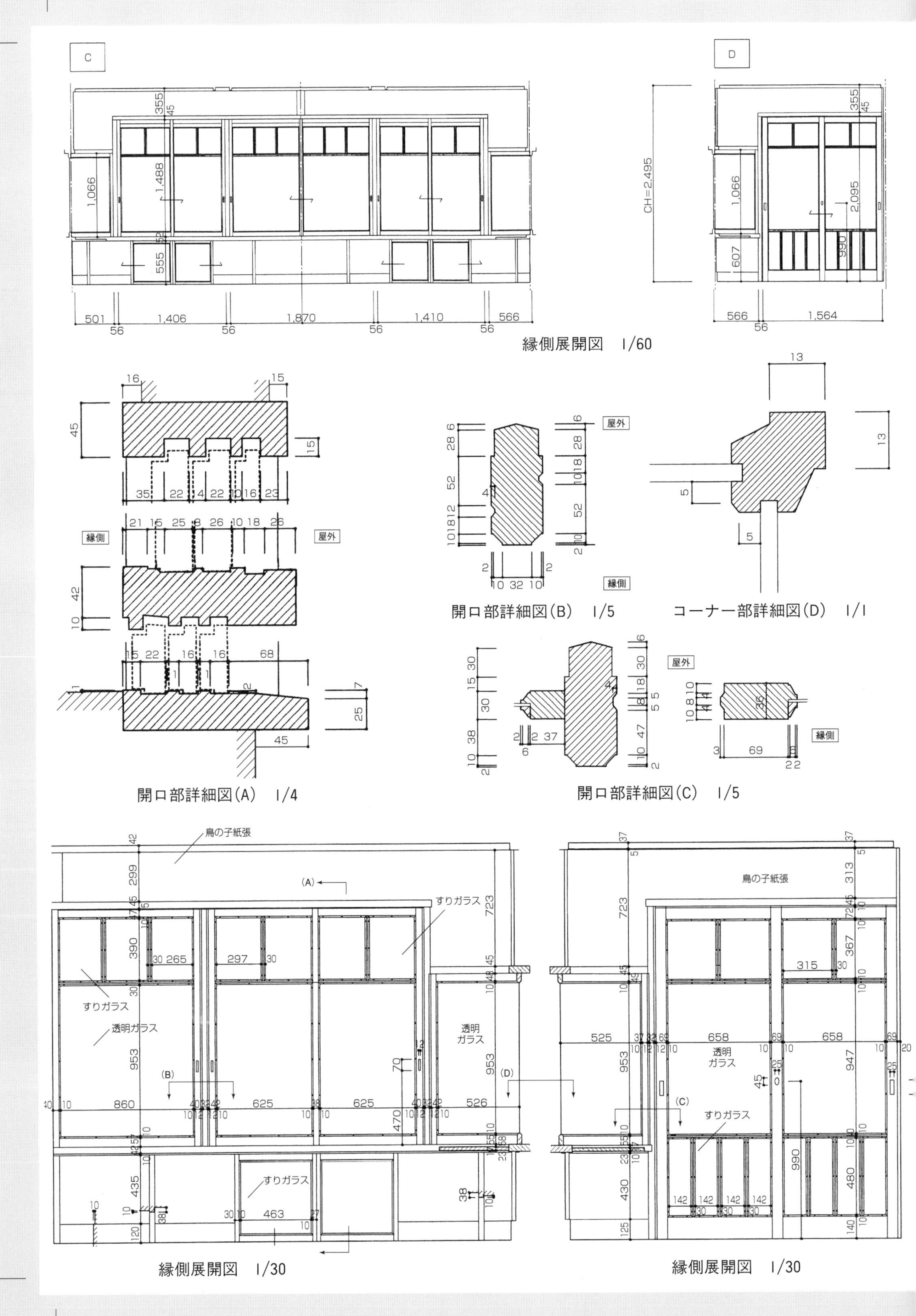

縁側展開図 1/60

開口部詳細図(A) 1/4

開口部詳細図(B) 1/5

コーナー部詳細図(D) 1/1

開口部詳細図(C) 1/5

縁側展開図 1/30

縁側展開図 1/30

コーナー部

縁側(本屋)

展開図　1/60，1/30
詳細図　1/5，1/4，1/1

聴竹居の建つ大山崎の尾根からは南側にゆったりと流れる淀川を望むことができる。藤井がそのパノラマを得るために腐心した形跡をこの縁側に見てとれる。まず、嵌殺しのガラスが付き合わされるコーナー部分のディテールは、室内からの視線を妨げないような断面になっている。次に、柱をなくすために軒をはね木でもたせている。この部分の屋根の材料には軽くするためにも、また、勾配を緩くするためにも銅板葺が用いられている。さらに、ガラスの種類についても工夫が見られる。嵌殺しの窓の上枠と引違窓の障子の高さをそろえて、床から600～1,700 mmの部分のみを透明ガラスにし、残りの部分をすりガラスにしている。室内から余分なものを見せない視線操作をしている。

南の庭を見る

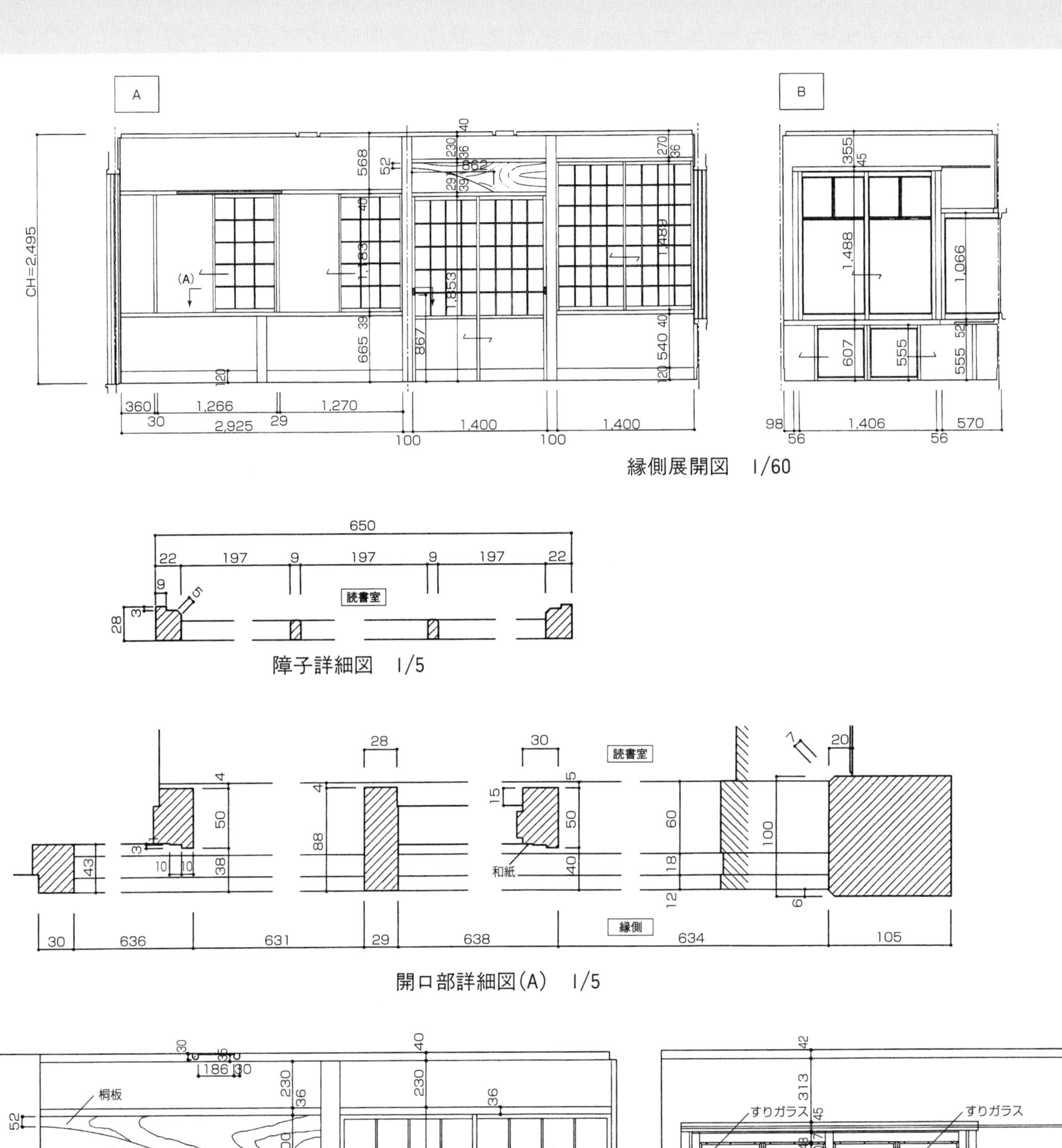

縁側展開図　1/60

障子詳細図　1/5

開口部詳細図(A)　1/5

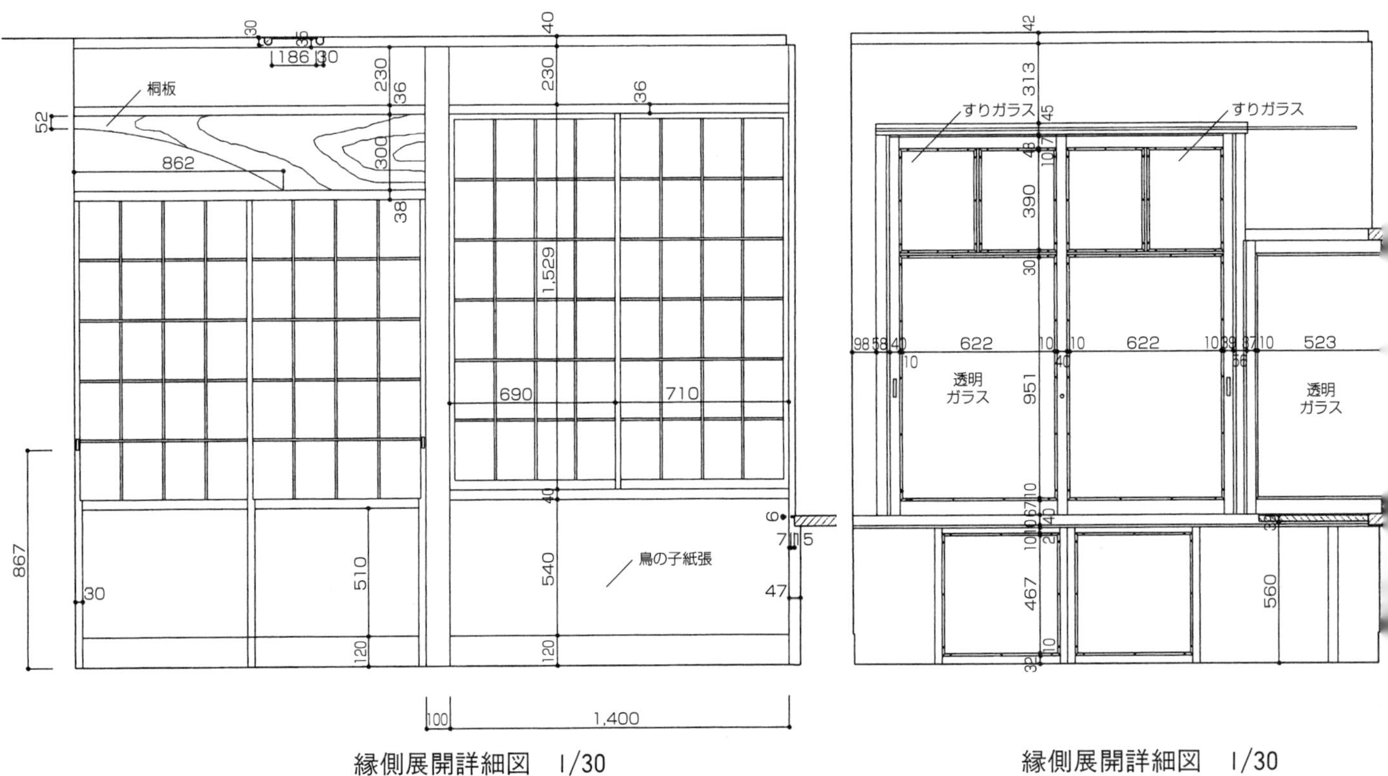

縁側展開詳細図　1/30

縁側展開詳細図　1/30

縁側(本屋)

展開図　1/60
天井伏図　1/60
詳細図　1/30, 1/20, 1/10, 1/5, 1/2

縁側の役目としては、パノラマを得るためだけでなく、室内気候の向上にも一役買っている。藤井は縁側があれば夏季は隣室への直射日光が防がれ、冬季はガラスを嵌めて風雨を防げば暖房器具は不要になると説いている。格子と金網が付けられた換気用の地窓より緑によって冷やされた外気を取り入れ、隣室の居室や読書室に空気が抜けるようになっている。また天井の排気口は室内の汚染した空気を屋根裏に抜くために設けられている。

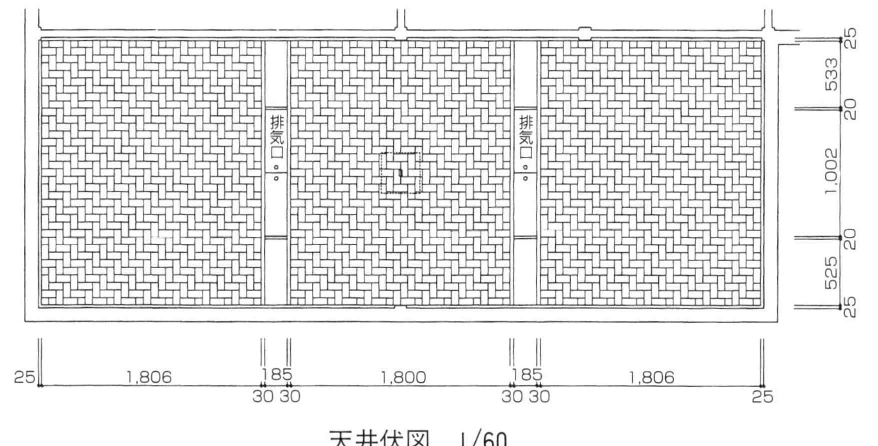

天井伏図　1/60

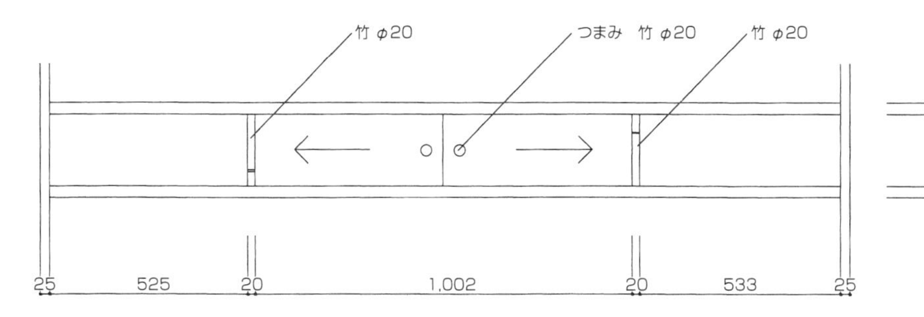

排気口詳細図　1/20

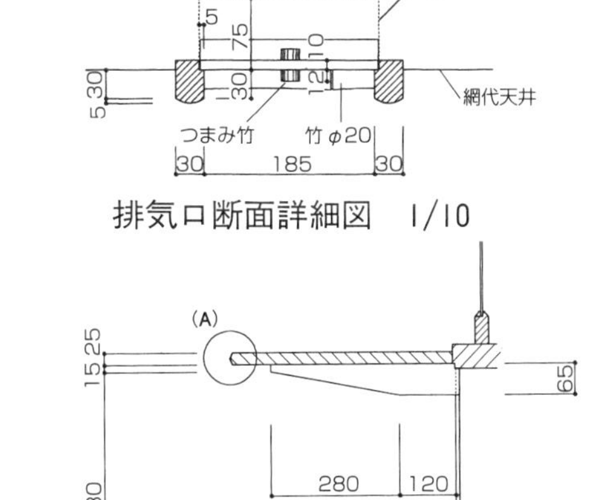

排気口断面詳細図　1/10

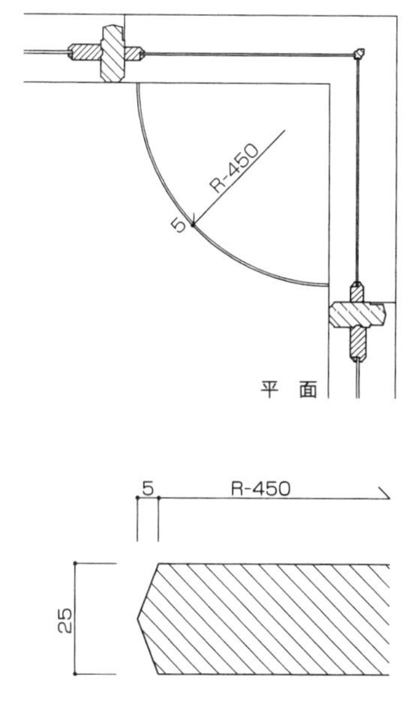

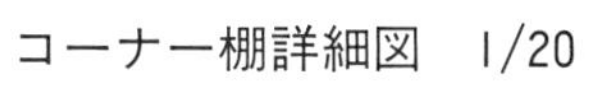

198
545
18
22
5
5
網
妻側板

排気口姿図　1/20

コーナー棚詳細図　1/20

部分詳細図(A)　1/2

閉じた状態

開いた状態

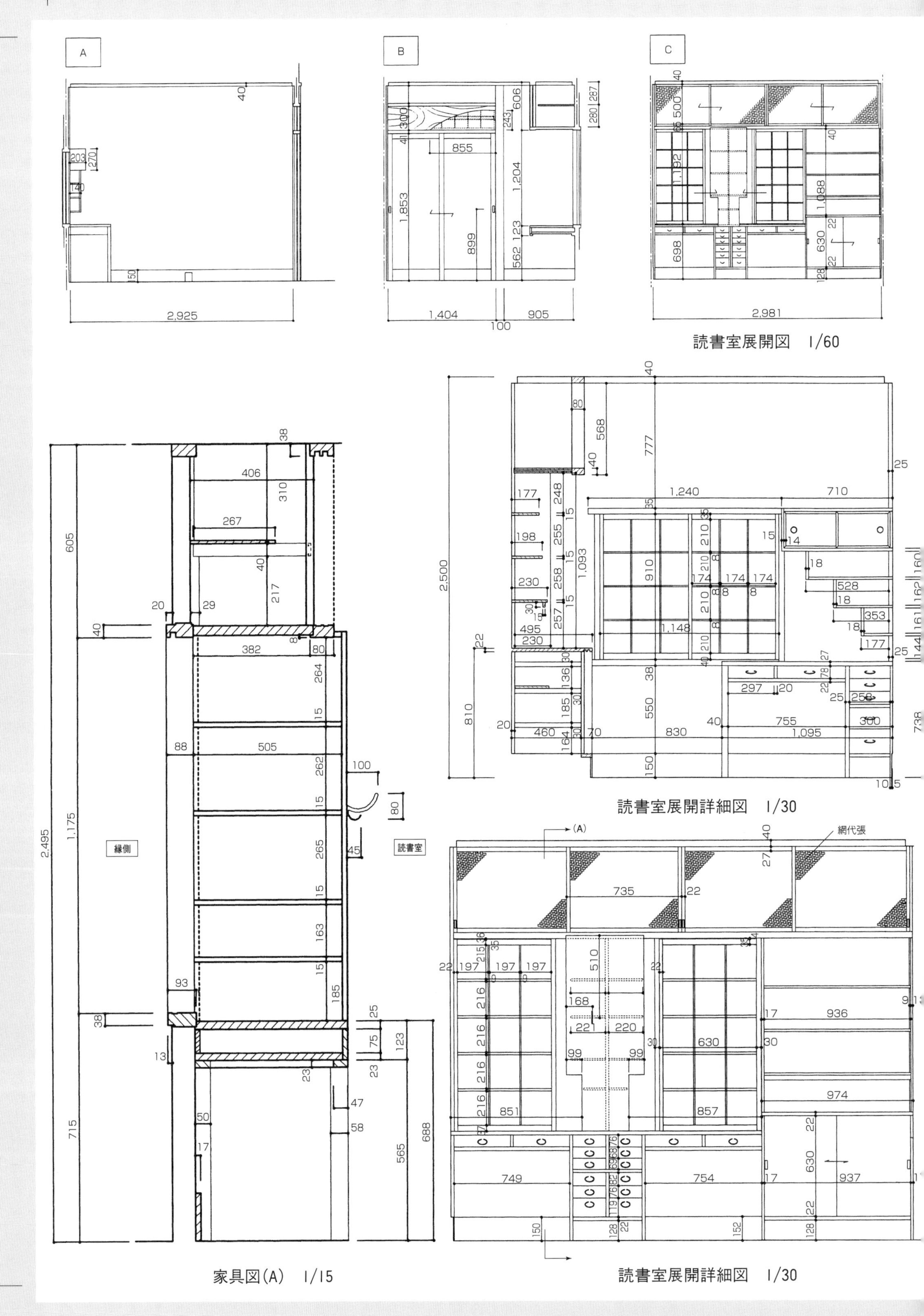

読書室展開図　1/60

読書室展開詳細図　1/30

家具図(A)　1/15

読書室展開詳細図　1/30

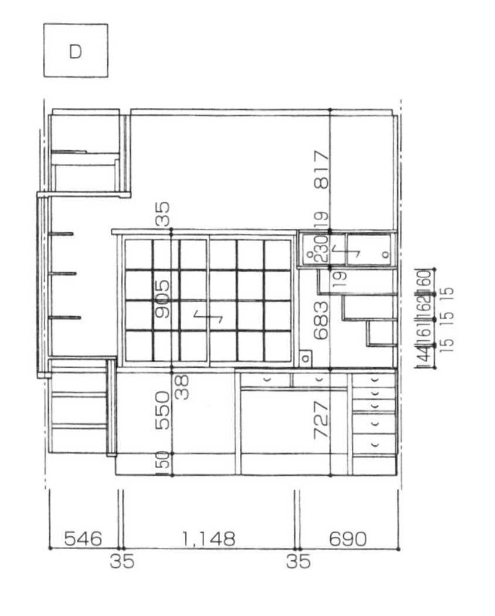

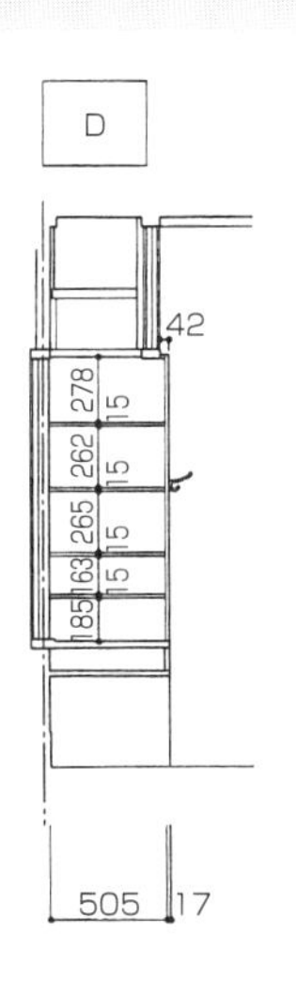

読書室(本屋)

展開図　1/60
詳細図　1/30
家具図　1/15

7.5 m² の小さな部屋の家具はすべて造付けになっている。机が三つあり、それぞれに棚が設けられた。竣工当初この家に住んでいたのは、藤井夫妻と子供2人、女中1人の計5人だった。つまり、この読書室は藤井の書斎であると同時に、子供たちの勉強部屋としても設計されたと考えられる。どの机からも正面に外の景色が見えるようになっている。景色よりも採光を考慮していたのかもしれない。そのように考えると、西面の上から下にいくにつれ幅が狭くなっている棚はデザイン的な美しさはもとより、窓辺の光をなるべく机上に落とすための工夫だったのではないだろうか。

西側を見る

家具

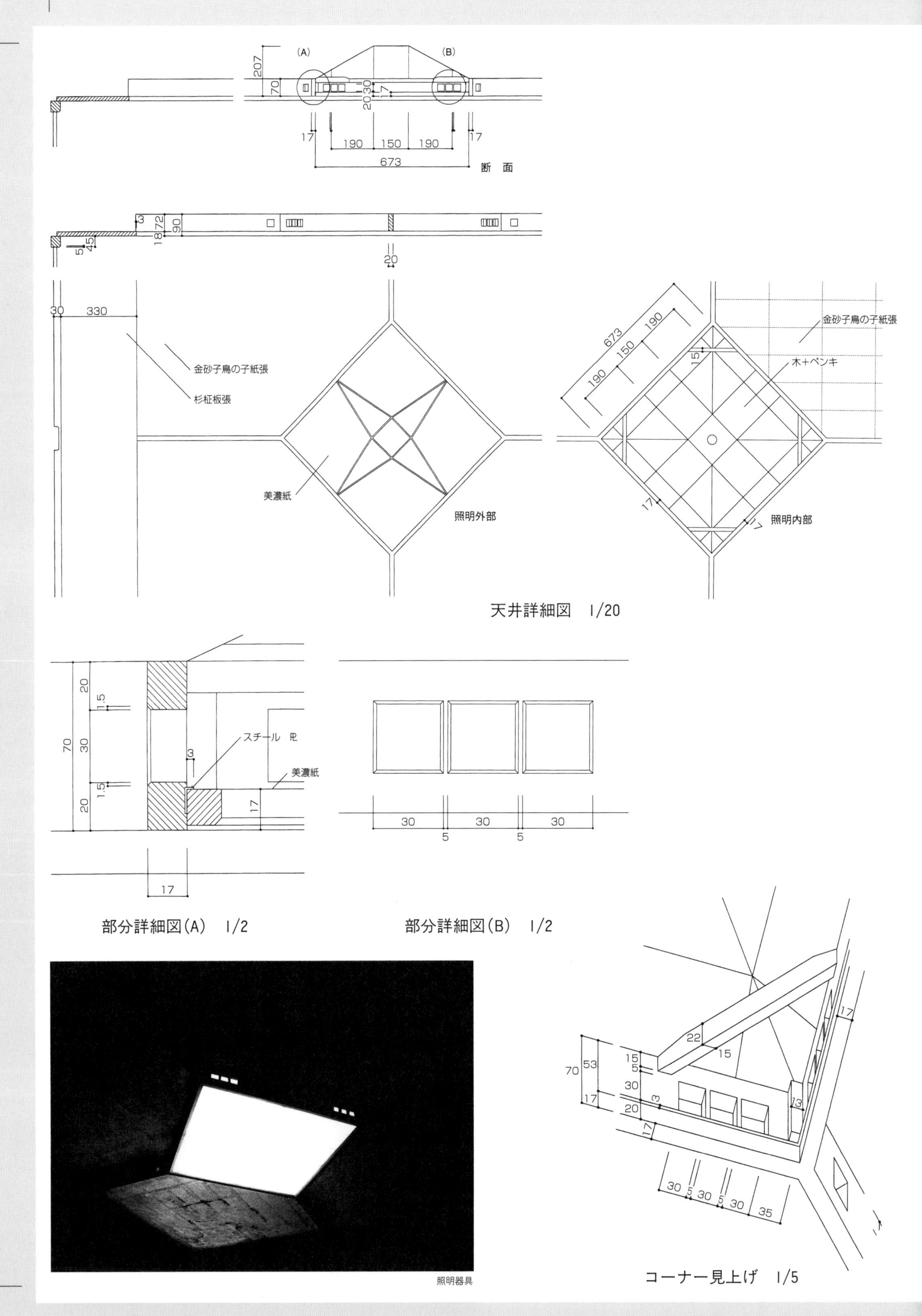

(A)
(B)
断 面
金砂子鳥の子紙張
杉柾板張
美濃紙
照明外部
木+ペンキ
照明内部
天井詳細図 1/20
スチール ⅲ
美濃紙
部分詳細図(A) 1/2
部分詳細図(B) 1/2
照明器具
コーナー見上げ 1/5

食事室(本屋)

展開図　1/60
詳細図　1/20, 1/10, 1/5, 1/2

食事室は居室の北東隅に配されている。藤井は、空間の有効利用という観点から、食事室は居室の一部に設けることが適当であると考えていたようである。

床は居室より150 mm上げられており、独特な意匠の1/4円の間仕切りとによって居室と連続性を保ちながらも、食事室の位置づけを明確にしている。また、窓は床面からの敷居高さを他より50 mm高くすることにより、全体として200 mm高く設定している。これにより、外部を通行する人の視線をかわすことができ、開放感と落ち着きのある食事室が成立している。

天井は、周囲を杉板張りとし、折り上げた内側を金砂子鳥の子紙張りとしている。

天井と一体化に意匠された照明には、側部に3連の方形の光穴が設けられ金色の天井面に光りの綾を映し出している。

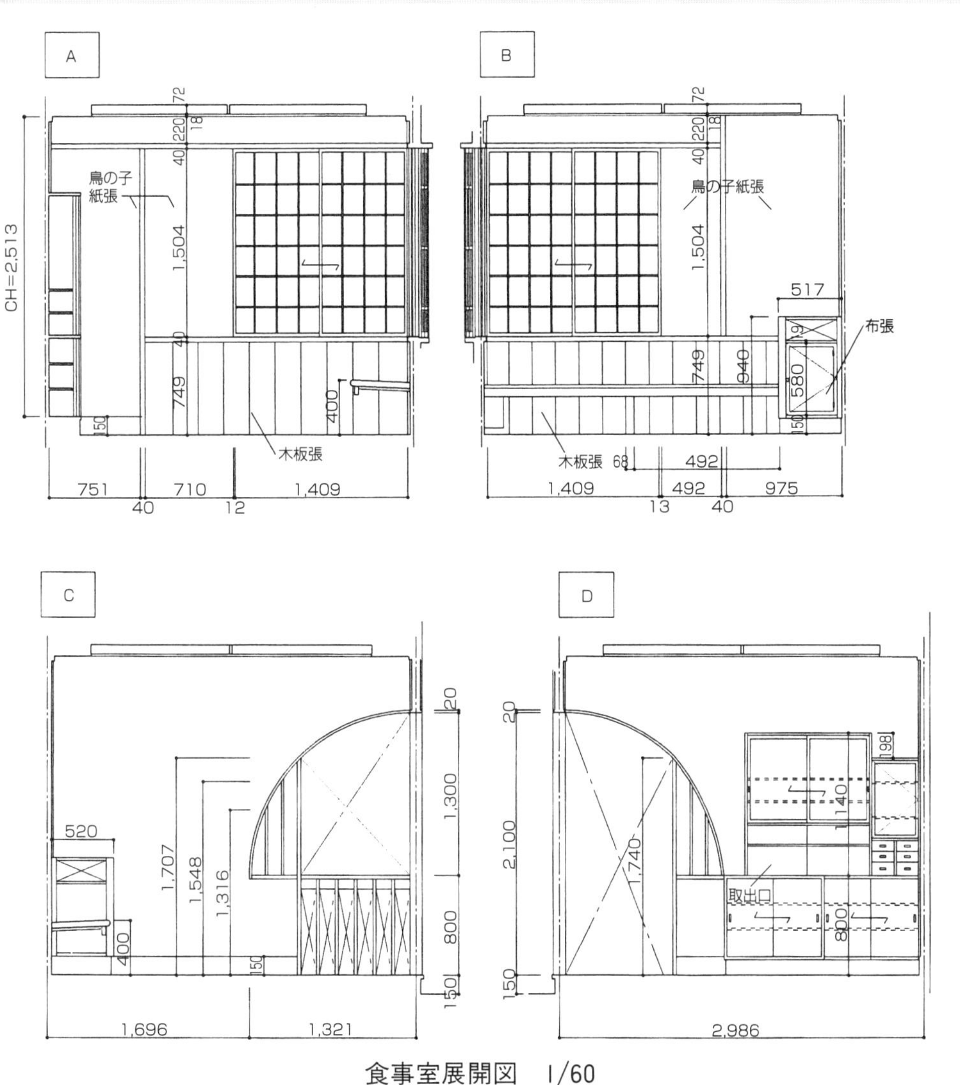

食事室展開図　1/60

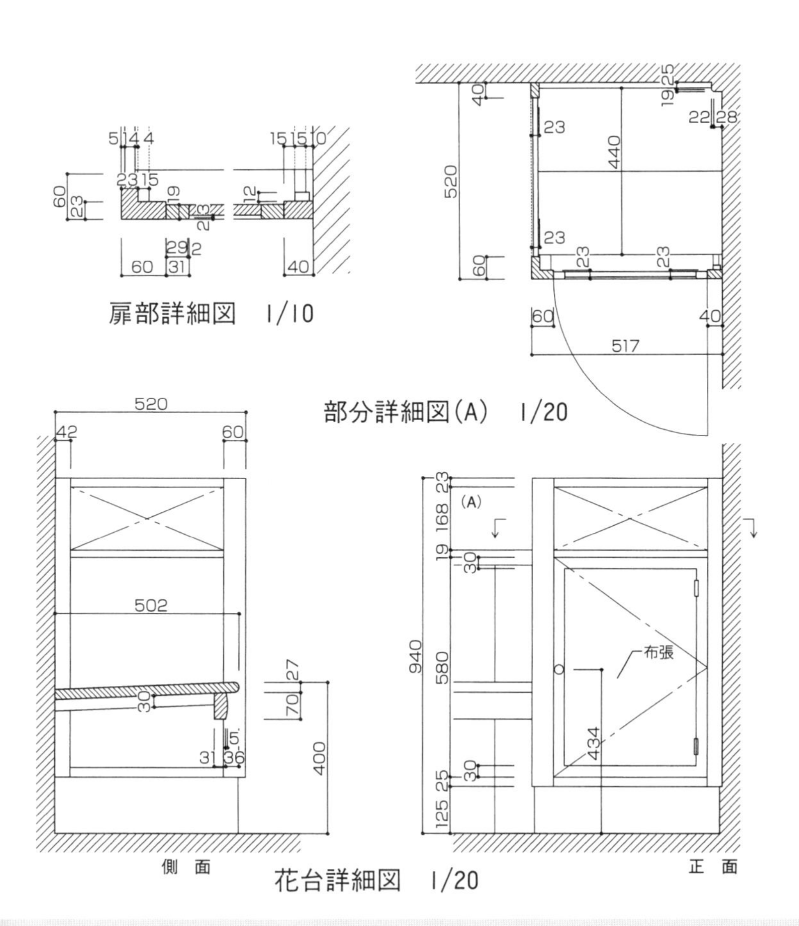

扉部詳細図　1/10

部分詳細図(A)　1/20

花台詳細図　1/20

食事室

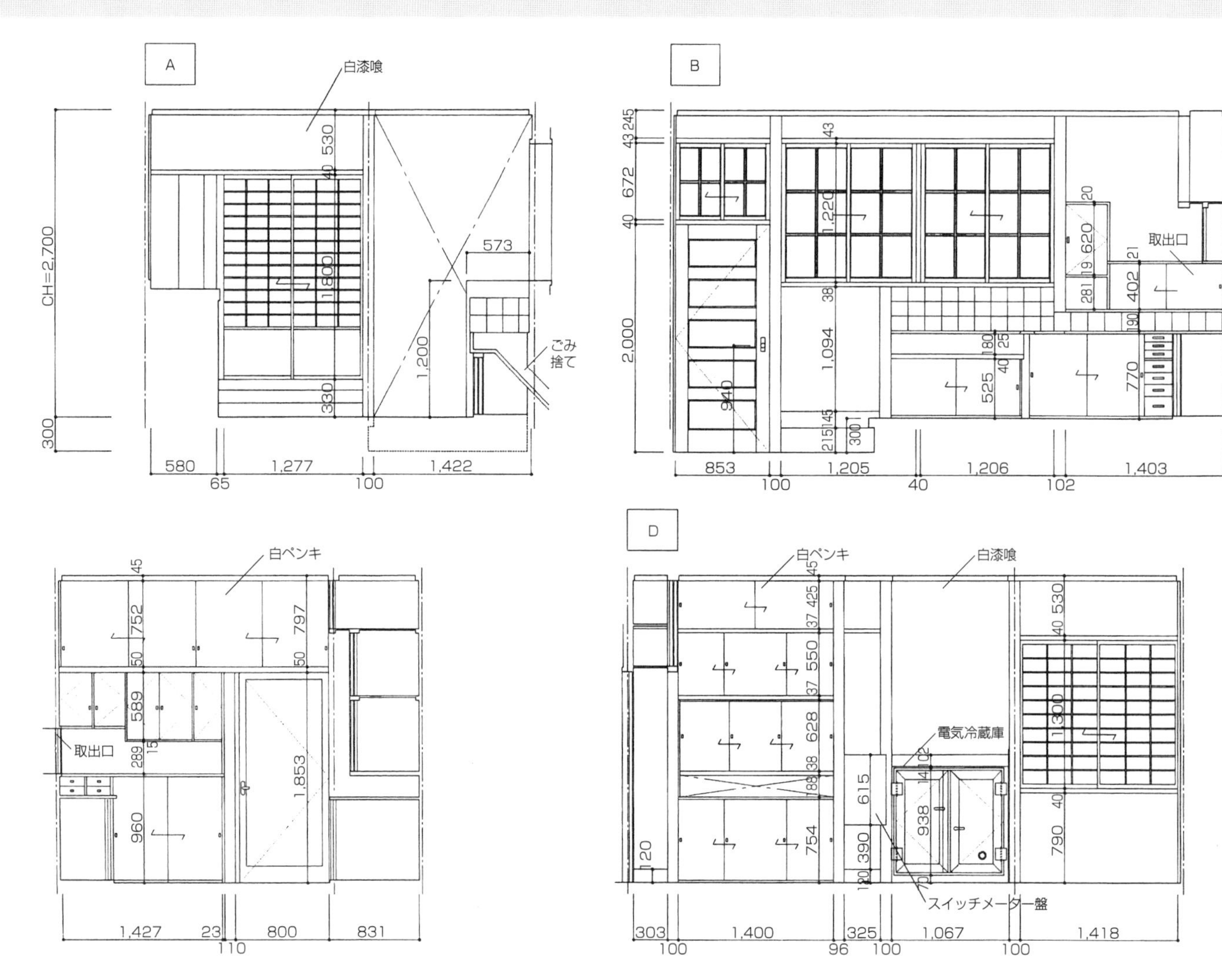

調理室展開図　1/60

食事室の家具

調理室内観

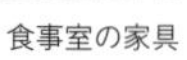

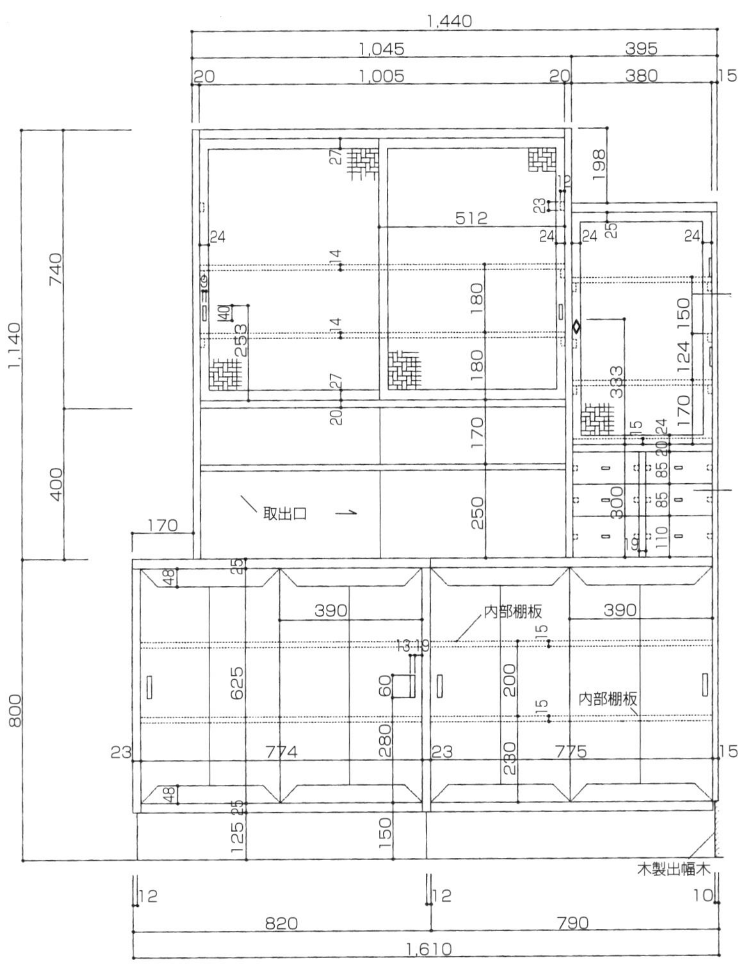

食事室家具図　1/20

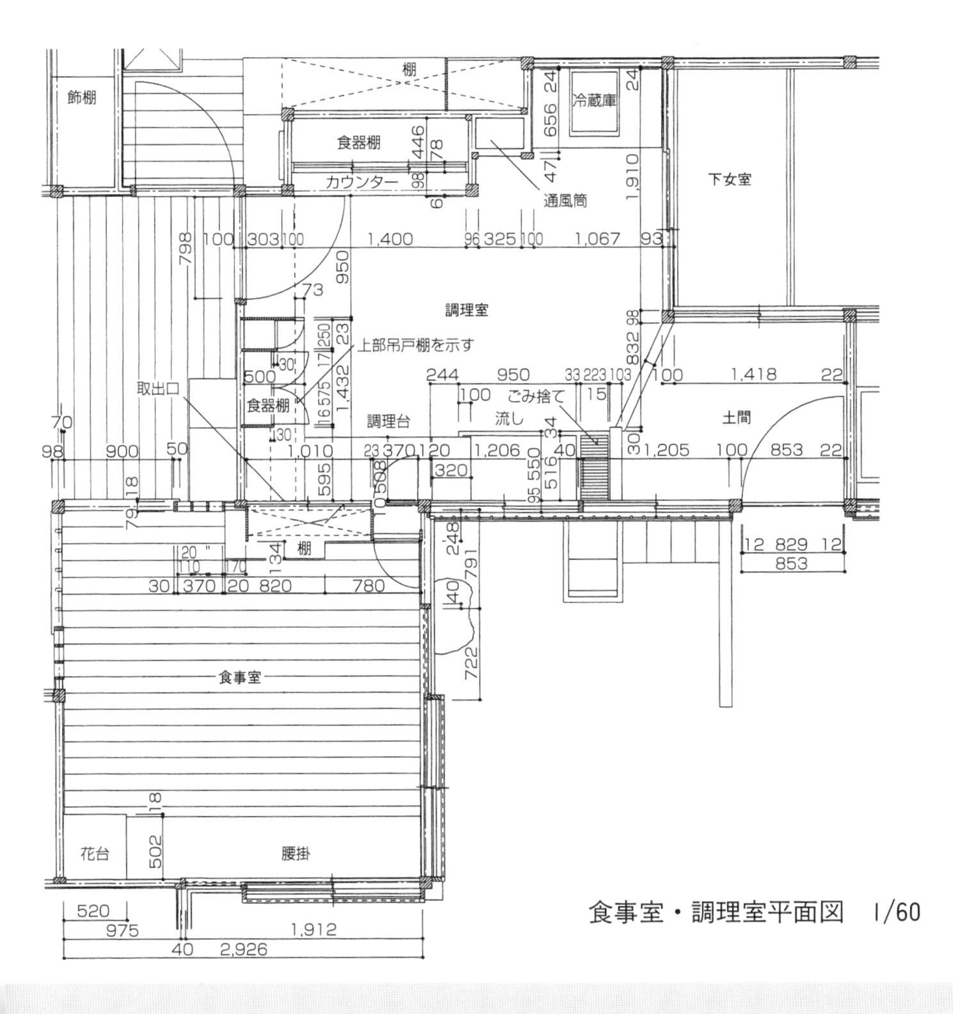

食事室・調理室平面図　1/60

食事室・調理室(本屋)

展開図　1/60
平面図　1/60
家具図　1/20

食事室の造付け戸棚には調理室とつながる二つの開口が設けられている。
一つは調理室の配膳台に面した給仕用の取出口で、戸棚中央に引戸が設けられている。もう一つは上部戸棚の開き戸部分で、調理室側が調理台に面していることから、おそらく調味料置きとして使用されていたのであろう。
白漆喰と白ペンキに塗り込められた調理室は中央に煮物台を設け、その上部は換気用に天井が折り上げられている。
収納についても大小異なる引戸、開戸をふんだんに設けるとともに、調理台と取出口のある配膳台に段差をつけるなど、収納から調理・盛付け・給仕に至るまでの利便性が追求されている。
また、電気冷蔵庫や、流しの脇には当時としては画期的なごみ捨て(ダストシュート)が造り付けられており、衛生面にも配慮がなされている。

調理室

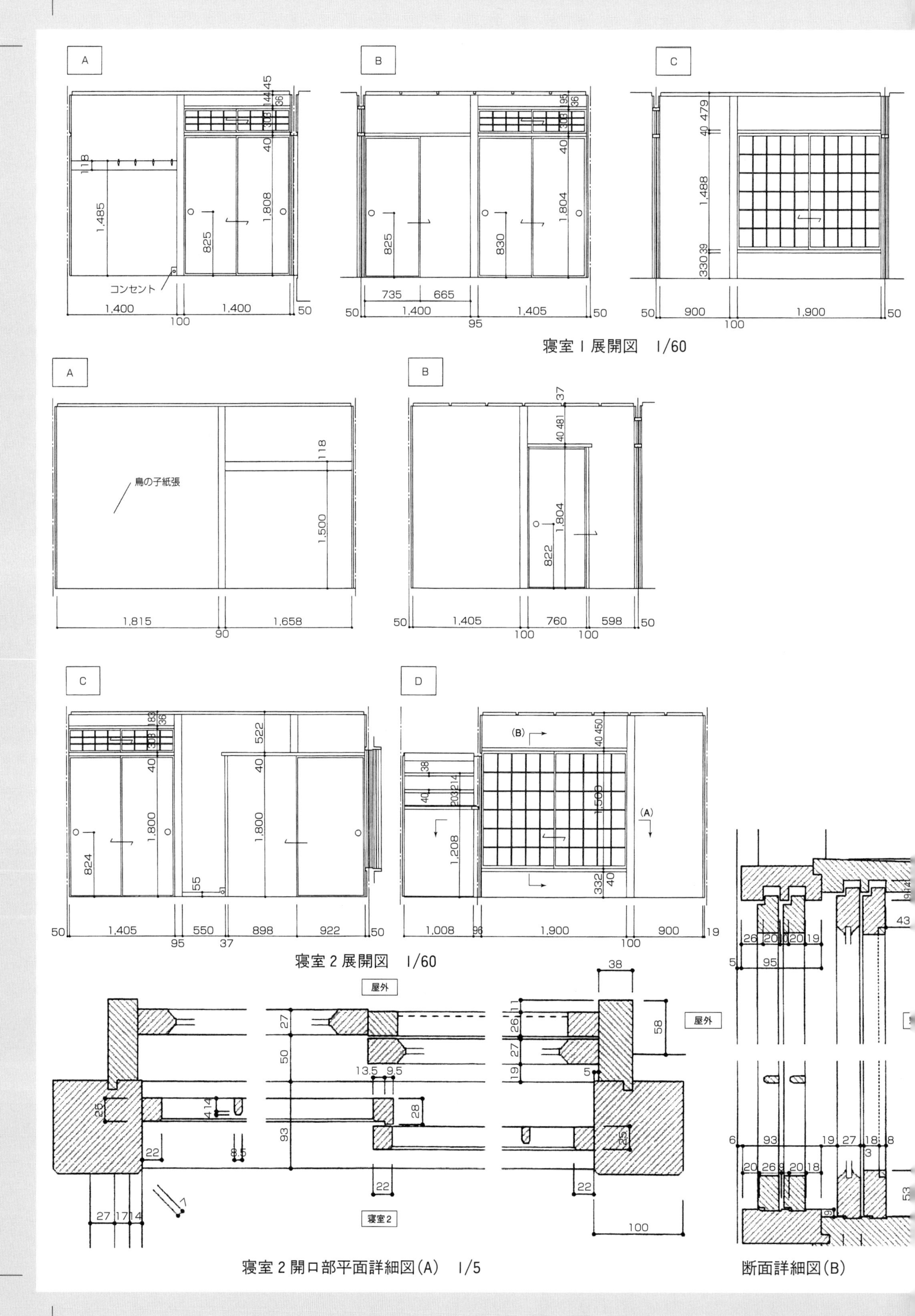

寝室1展開図　1/60

寝室2展開図　1/60

寝室2開口部平面詳細図(A)　1/5

断面詳細図(B)

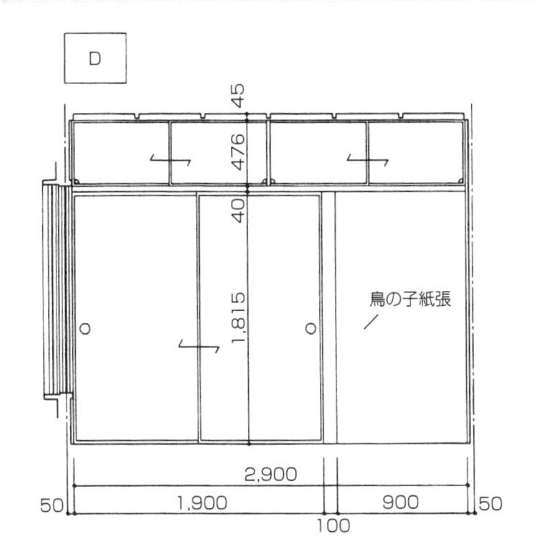

寝室1・2(本屋)

展開図　1/60
詳細図　1/30, 1/5

聴竹居には寝室と称する部屋が三つある。いちばん南側が仏壇のある三畳に隣接する四畳半の和室(寝室1)、その北側が六畳の和室(寝室2)、納戸を挟んでいちばん北側が三畳と板の間の寝室(寝室3)である。

寝室1は南向きの明るい部屋で後に炉も切られていることから、おそらく日常的にも使われていた部屋であることが想像できる。寝室2は当初は現在のいちばん北側の寝室と同様、板張りと畳敷きの併用であったが、後にすべて畳敷きに改修されている。寝室1と2との境の建具はこの時設けられたものである。この部屋の西側の壁面には半円形の棚状のものが造り付けられ、その下部には照明らしき配線のあとが見られる。就寝時の枕元灯兼飾り棚として用いたものであろうか。また廊下に面する片引襖は、どちらから見てもその縁の見え掛り寸法が同じになるように枠の見付け寸法を裏表で変えている。とくに人目につく部分でもないところにまで細かい配慮が見られる。

寝室2

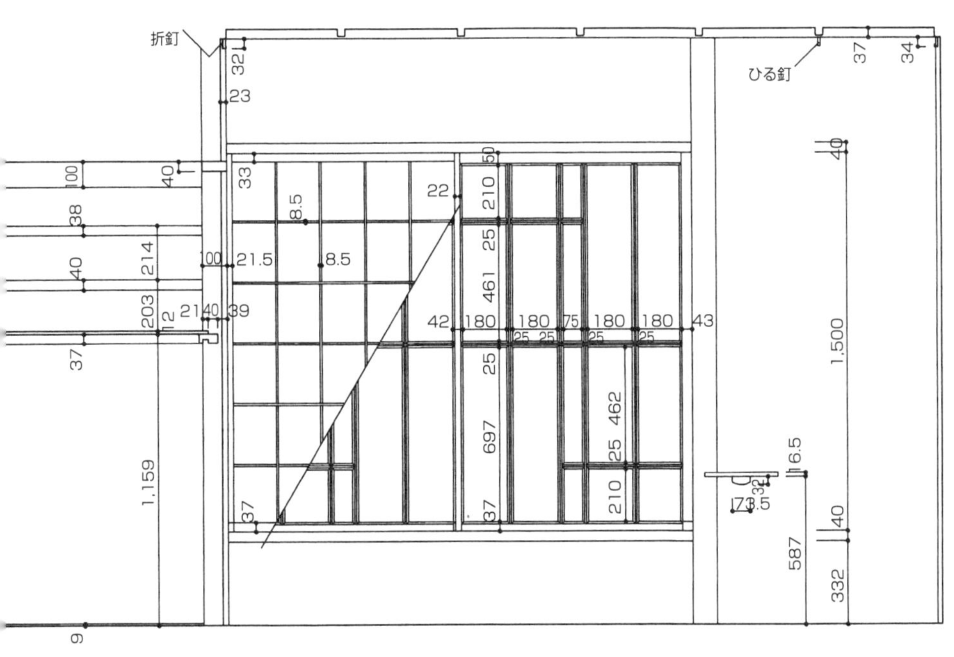

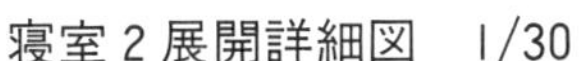

寝室2展開詳細図　1/30

半円形の飾り棚

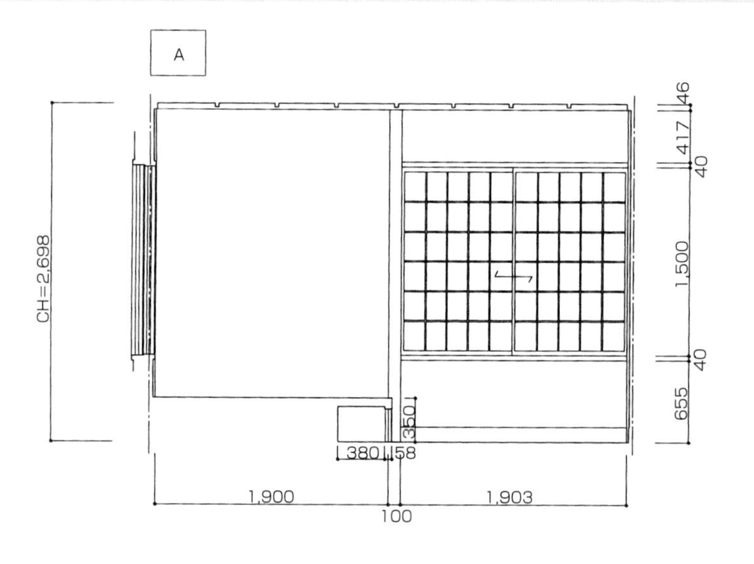

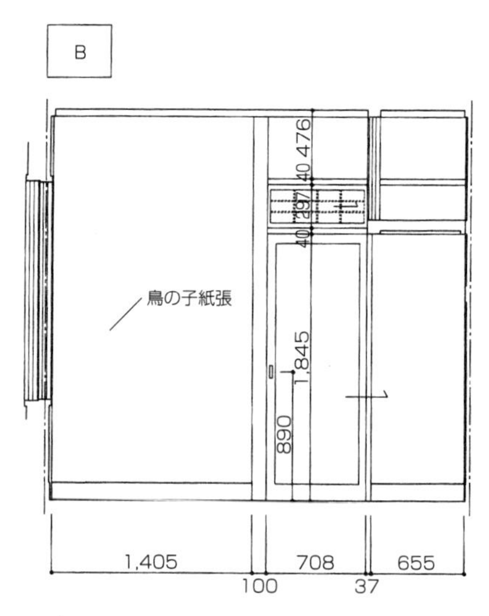

寝室 3 展開図　1/60

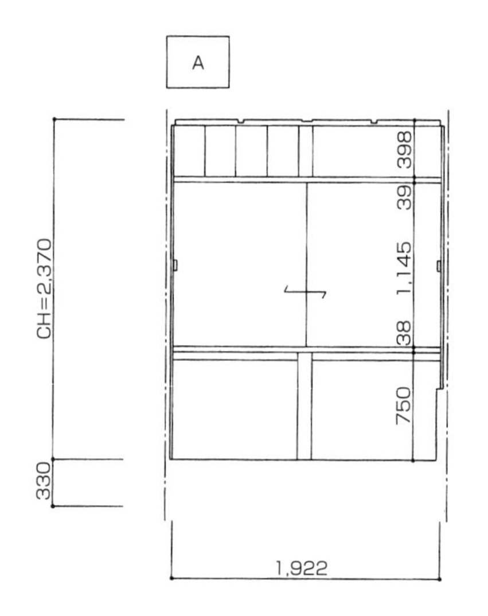

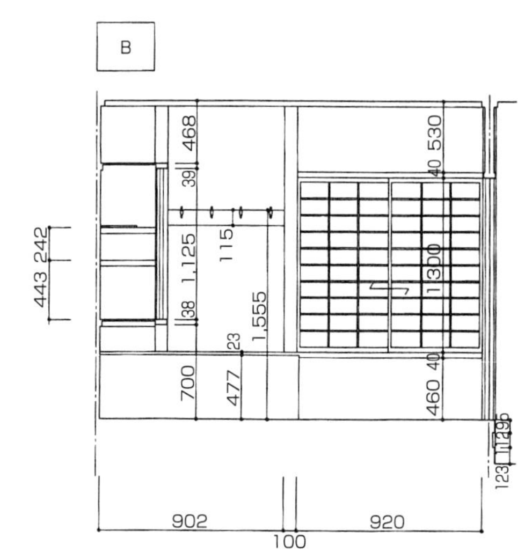

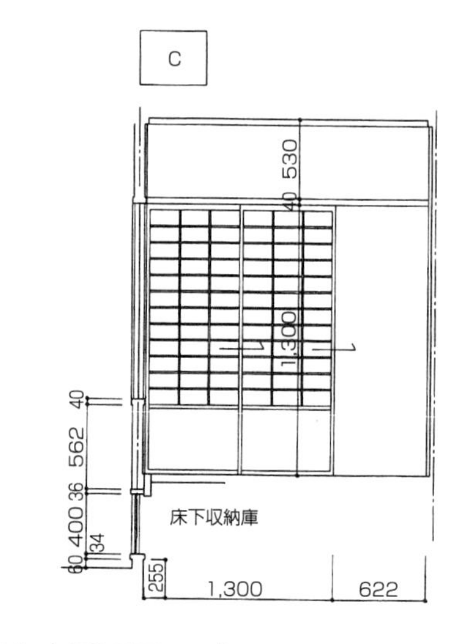

下女室展開図　1/60

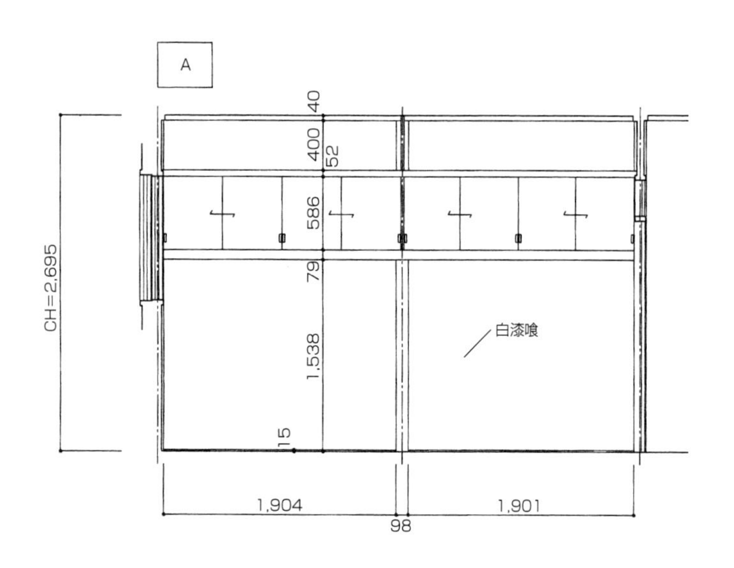

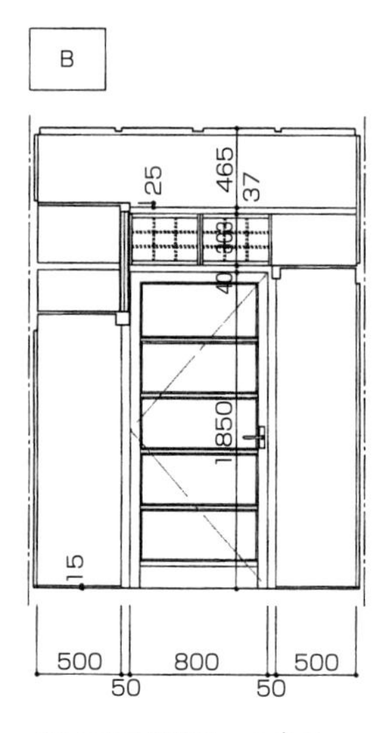

納戸展開図　1/60

寝室3・下女室・納戸(本屋)

展開図　1/60

本屋のいちばん北奥の6畳大の寝室は、『聴竹居図案集』にあるものと異なり、三畳の畳の間と板の間によって分割されている。書斎兼寝室として竣工後に改修されたのであろうか。畳の間は、押入を上部に浮かせることによって、寝床としての面積を最大限に確保している。350 mmの段差を利用して下部は小さな物入れとしている。

下女室は調理室に面した家事の中心である。明るい厨房越しに十分な採光と通気が図られている。厨房との仕切りの障子戸は引き込めるようになっており、厨房と一体に使えるよう工夫されている。部屋の西面壁には、現代の目から見れば無造作に分電盤が設置されているが、当時としてそれはむしろ電化された生活の象徴であったのであろう。

納戸は窓と入口の縦枠をそれぞれ結んだ棚が造り付けられている。入口の欄間には換気と廊下への採光のための障子戸が設けられている。

C

D

白漆喰

配電盤

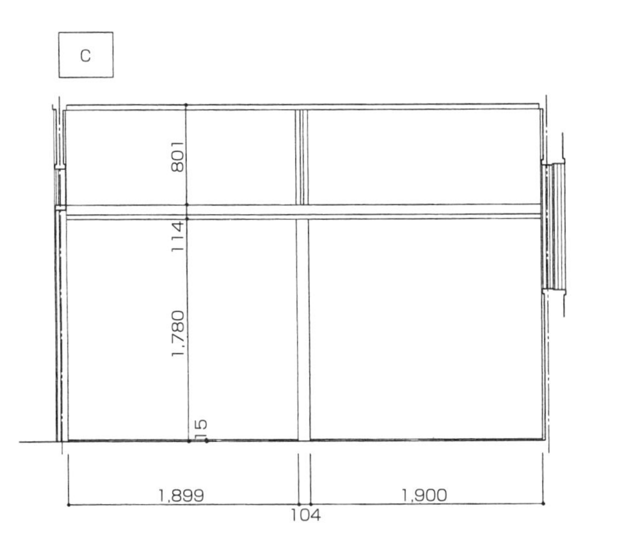

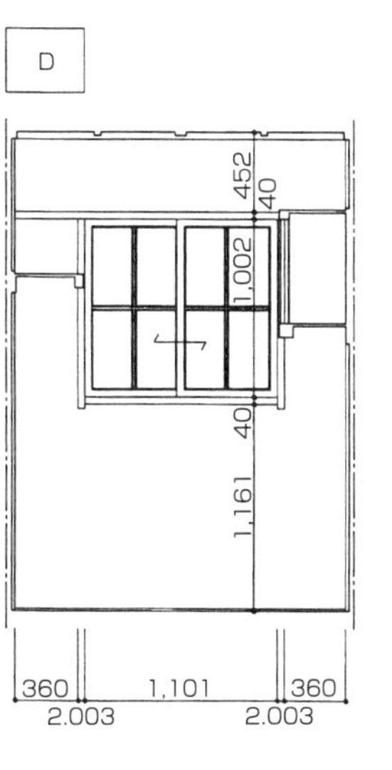

納戸

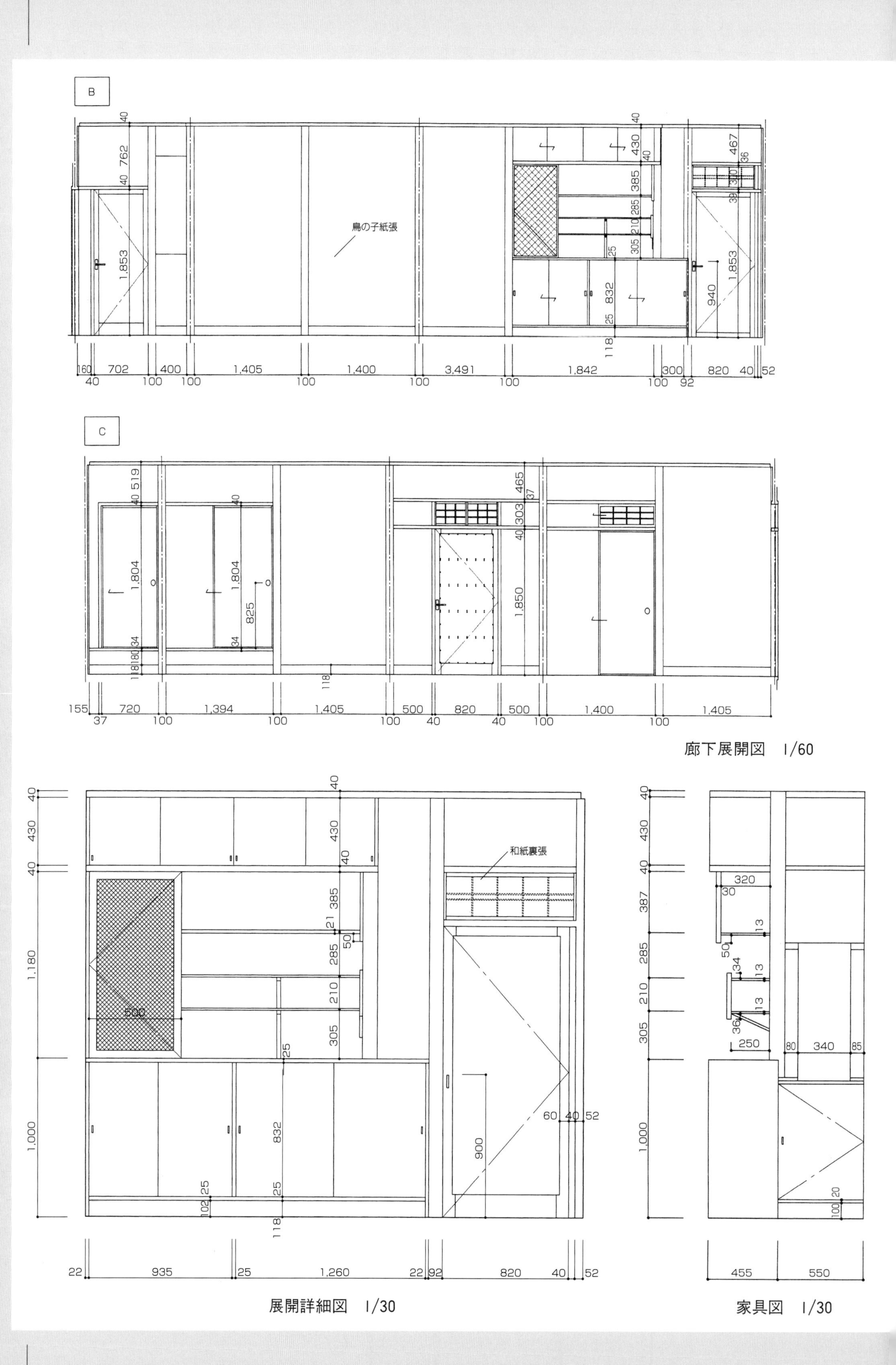

廊下展開図 1/60

展開詳細図 1/30

家具図 1/30

A

CH=2,695

902　39 70 161　698

99 40

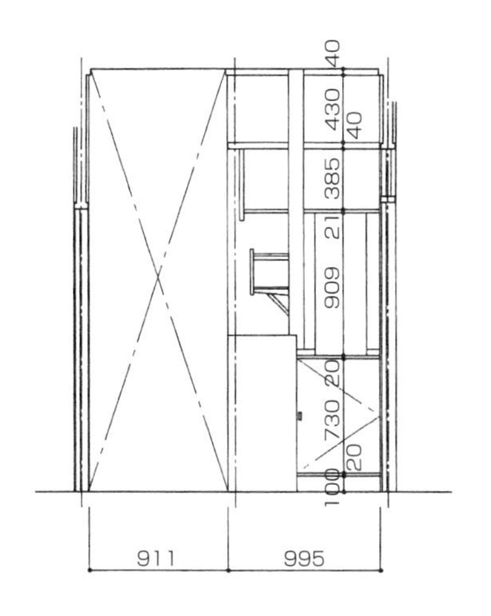

D

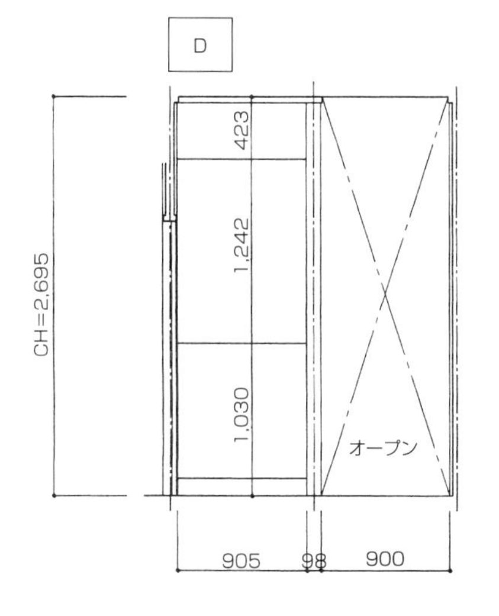

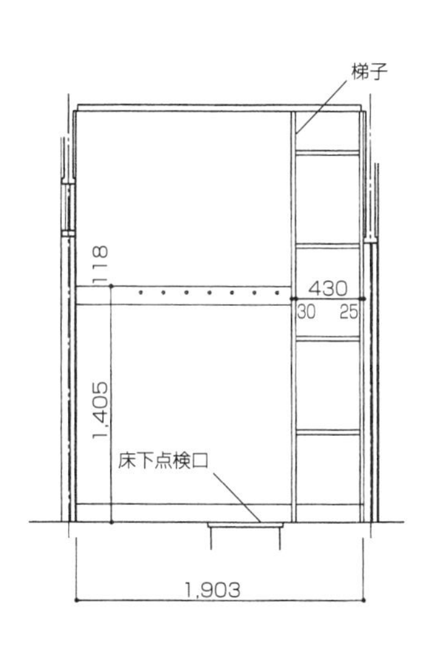

廊下（本屋）

展開図　1/60
詳細図　1/30
家具図　1/30

廊下と各室とは扉の上部にある換気用の欄間でつながっている。これは、藤井の考える「一屋一室」の理想に基づいている。廊下の天井には各室から排気された空気を抜く排気口（点検口）があり、床には床下点検口がある（ちり落しとしても使っていたようだ）。戸棚の横には通風筒が組み込まれており、夏季に高温になった天井裏を冷却するために床下とつなげられている。

柱は尺単位ではなく、1,500 mm のピッチで 100 mm 角の柱が並ぶ。造付けの戸棚は調理室の戸棚と内部でつながっており、奥の方の空間も有効利用されている。

換気用の欄間

廊下

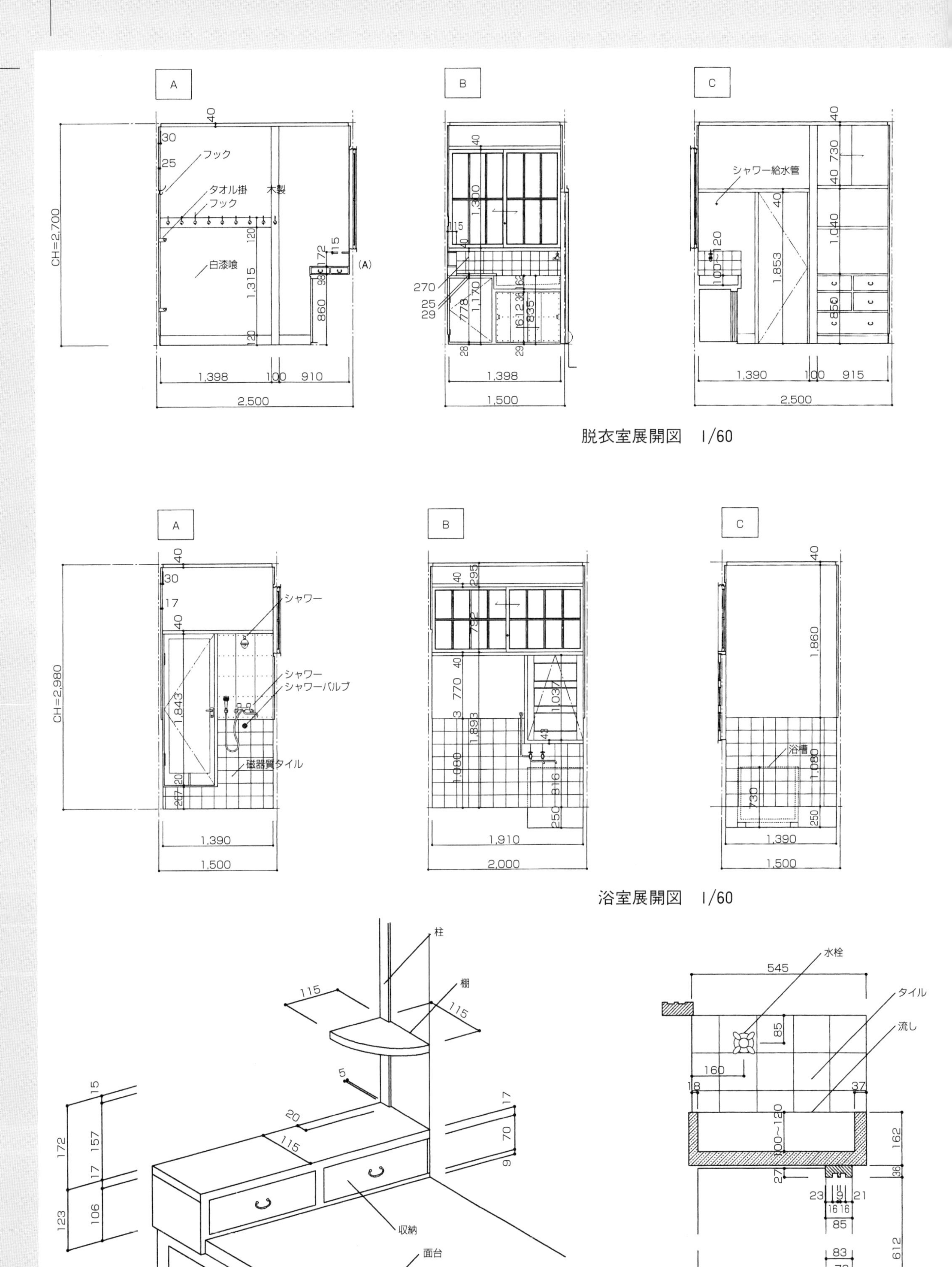

脱衣室展開図 1/60

浴室展開図 1/60

家具詳細図(A) 1/10

脱衣室流し詳細図 1/15

D

棚板
40
漆喰
1,853
850
455
1,403
2,000

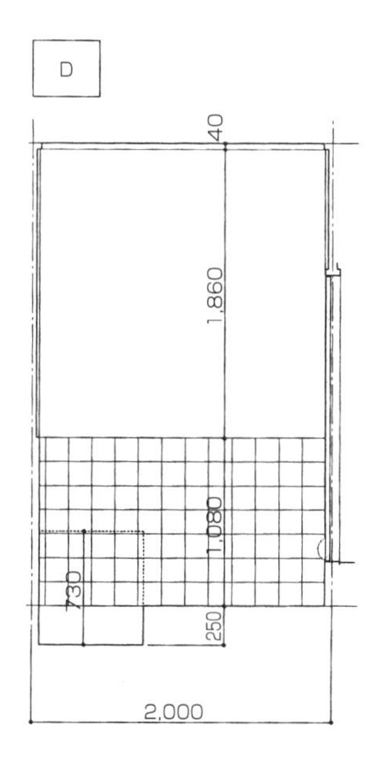

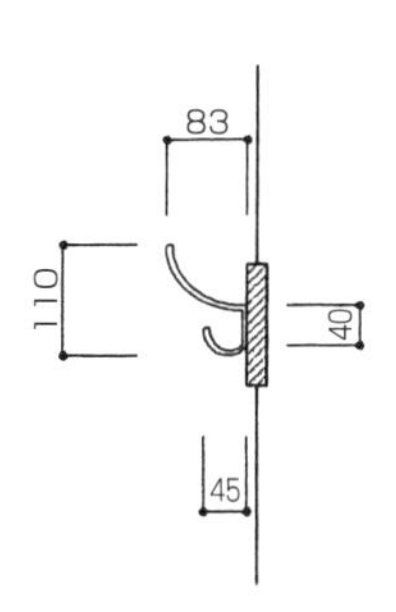

フック　詳細図　1/15

洗面台の棚

脱衣室・浴室(本屋)

展開図　1/60
詳細図　1/15, 1/10

脱衣室にある造付けの洗面台には小物を入れる収納が組み込まれている。壁には脱いだ服をかけるためのフックが規則正しく並んでいる。洗面台の前の窓を開けると、すぐ下に洗濯用の水場が設けられており、脱衣室で脱いだ衣服を窓から落とせばそのまま洗濯槽に入るという仕組みだ。浴室はFLより300mm程度下がり、浴槽の置いてある部分は、さらに250mmほど下がっている。浴槽のある部分の外壁には突出しの板戸があり、その外部にはれんが積みの湯沸しがある。湯沸しの中には大きな釜があり、そこで湯を沸かして風呂や洗濯で利用していたらしい。この突出し窓は、1人で風呂に入りながらも湯加減を調節できるように設けられたようだ。日常生活を合理的にこなす設計の工夫が見られる。

脱衣室にある洗面台(タンク状のものはシャワー用の電気温水器)

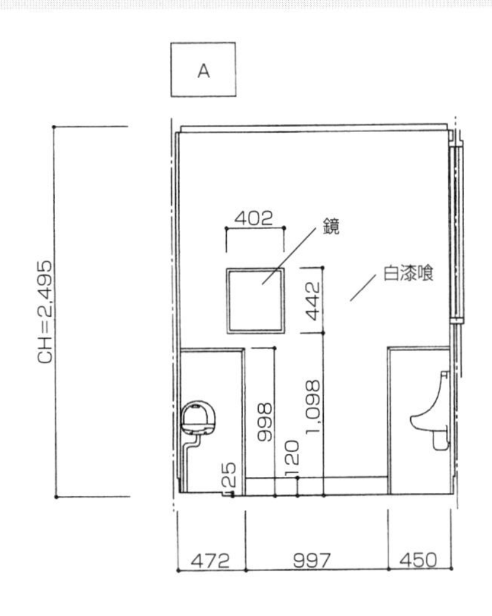

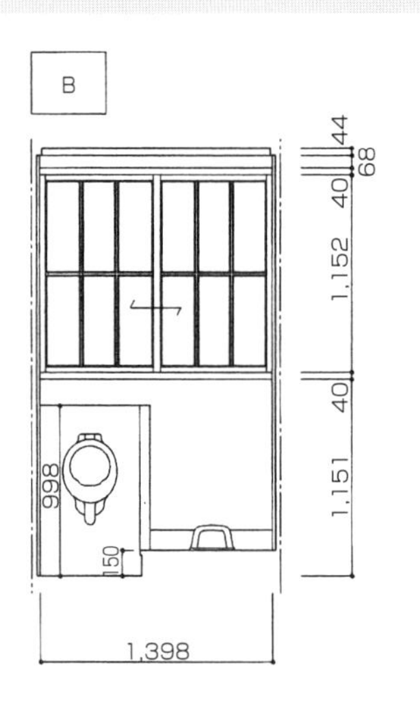

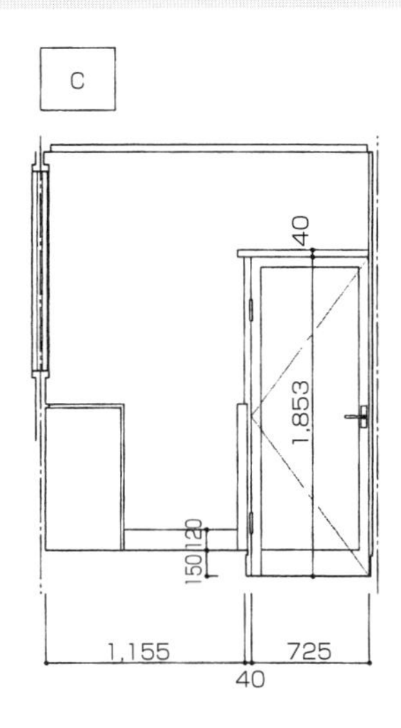

客用便所展開図　1/60

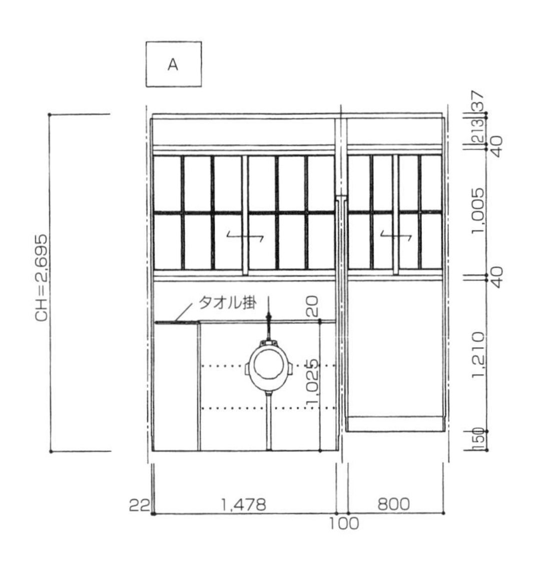

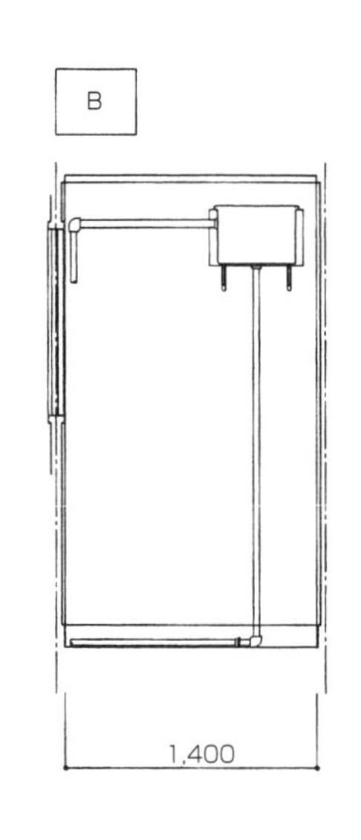

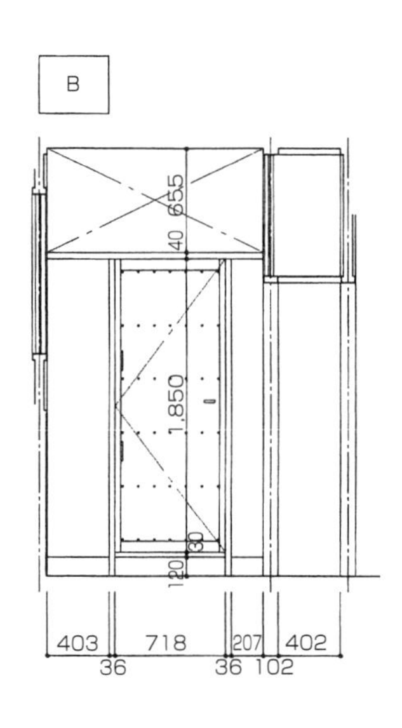

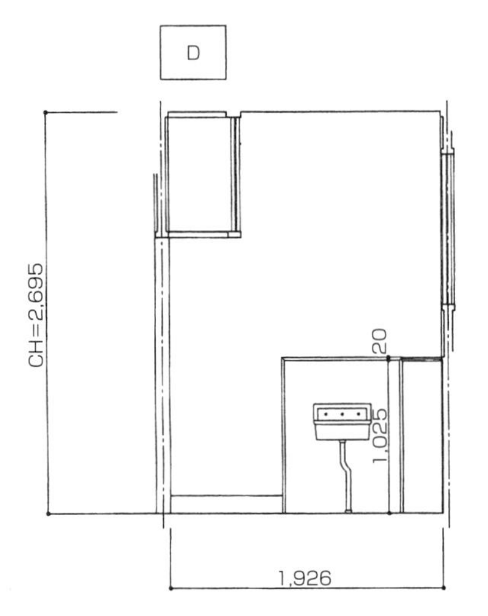

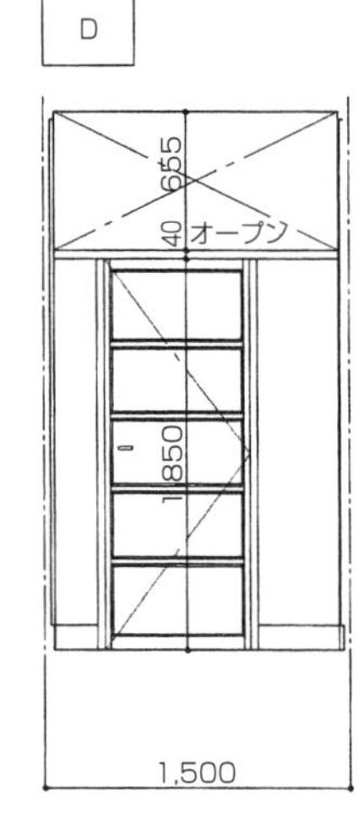

家族用便所展開図　1/60

家族用便所

便所(本屋)

展開図　1/60

家族用、客用、そして外部用3種類の便所を示している。玄関脇にある客用のものは、閑室にほぼ同じようなものがある。大便器を一段(150 mm)上がった所に置きその周囲を低い木製スクリーンで緩やかに囲っている。窓は部屋幅いっぱいかつ天井いっぱい大きくとられていて明るく気持ちがよい。本屋の北端、プライベートゾーンのいちばん奥に位置する家族用の便所でも他と同様、水のかかる所の壁面部分は板張りとなっている。ここで秀逸なのは、手洗いと小便器前の板張りの壁面上部に取り付けられた手拭かけである。断面25 mm角の角材を手拭が滑り落ちないように45度傾け、さらに壁に触れないようにコーナーを利用して斜めに渡し取り付けている。

D

仕切り板

1,398

客用便所

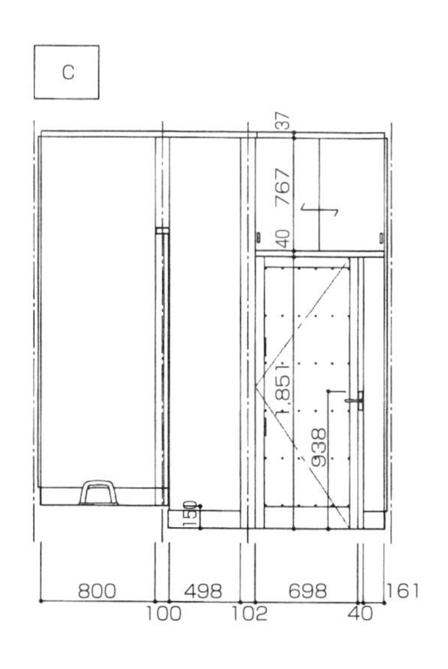

家族用便所

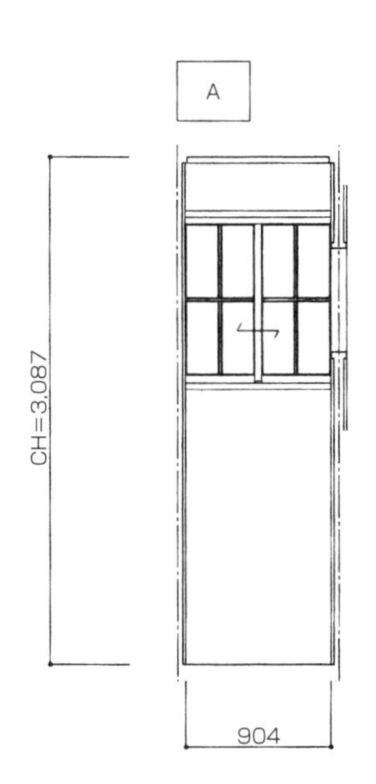

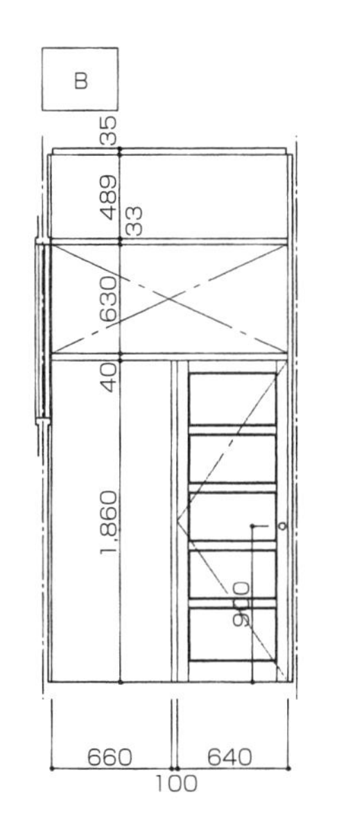

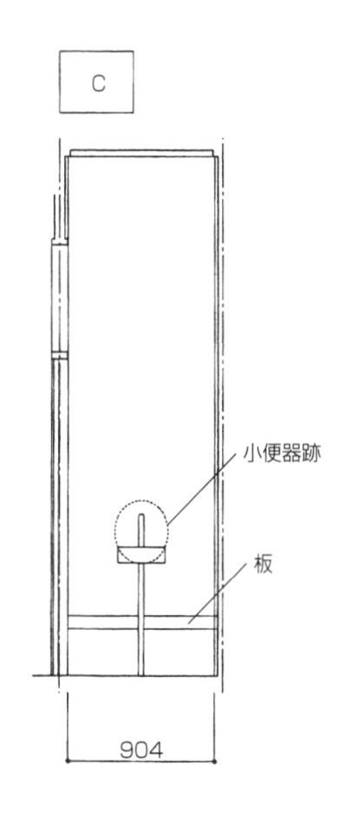

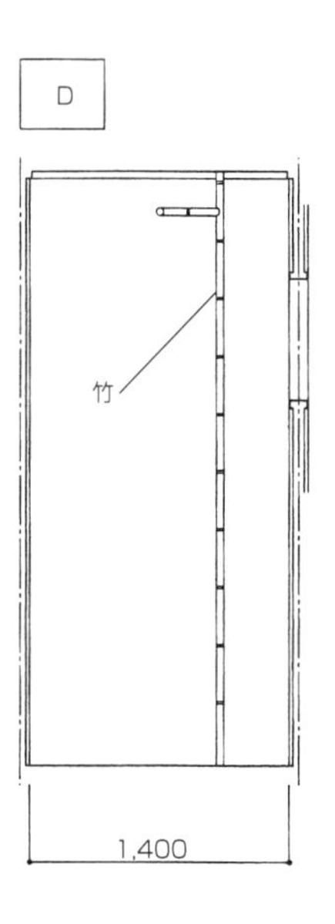

外部便所展開図　1/60

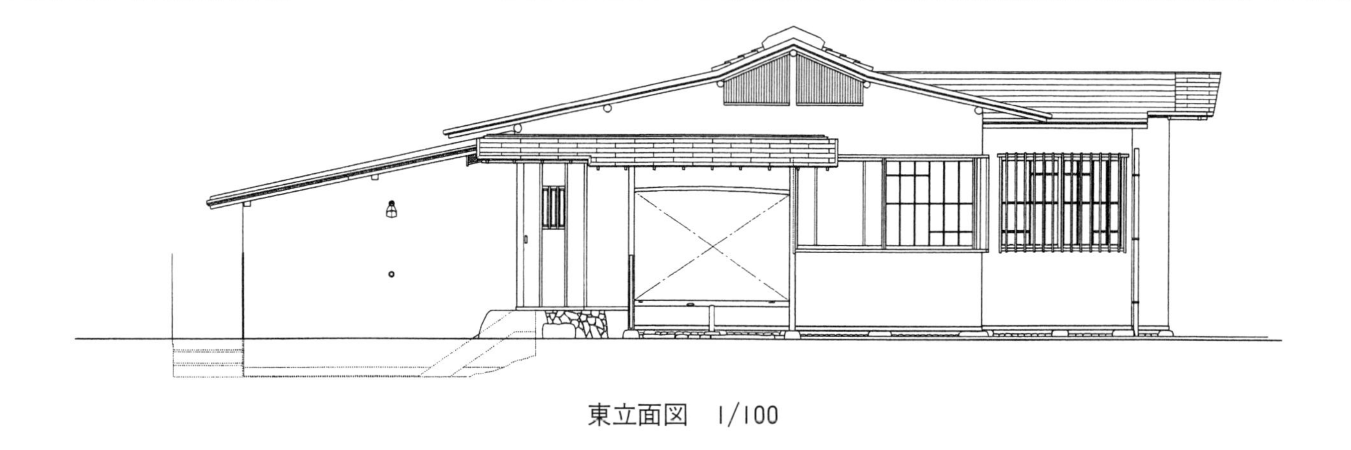

東立面図 1/100

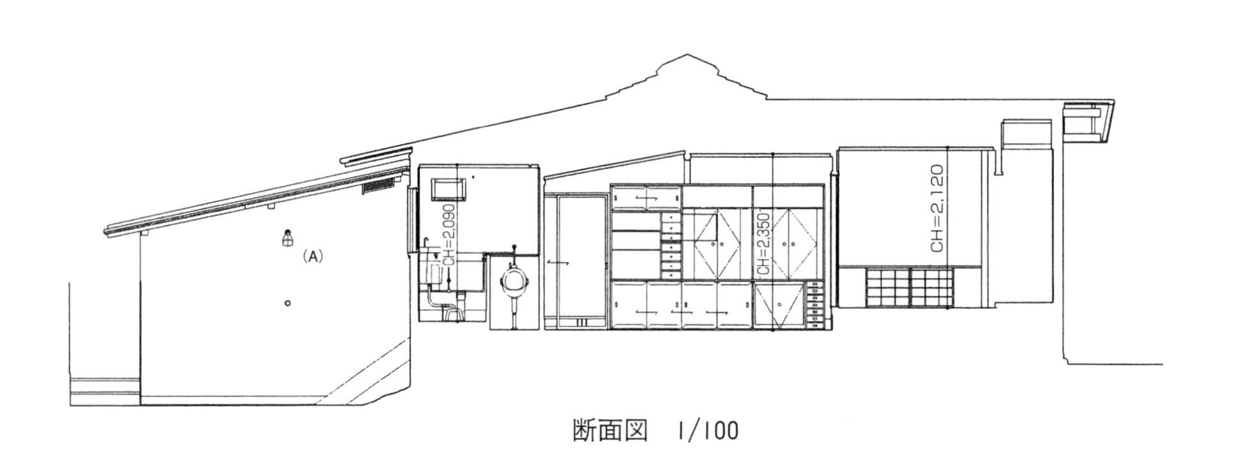

断面図 1/100

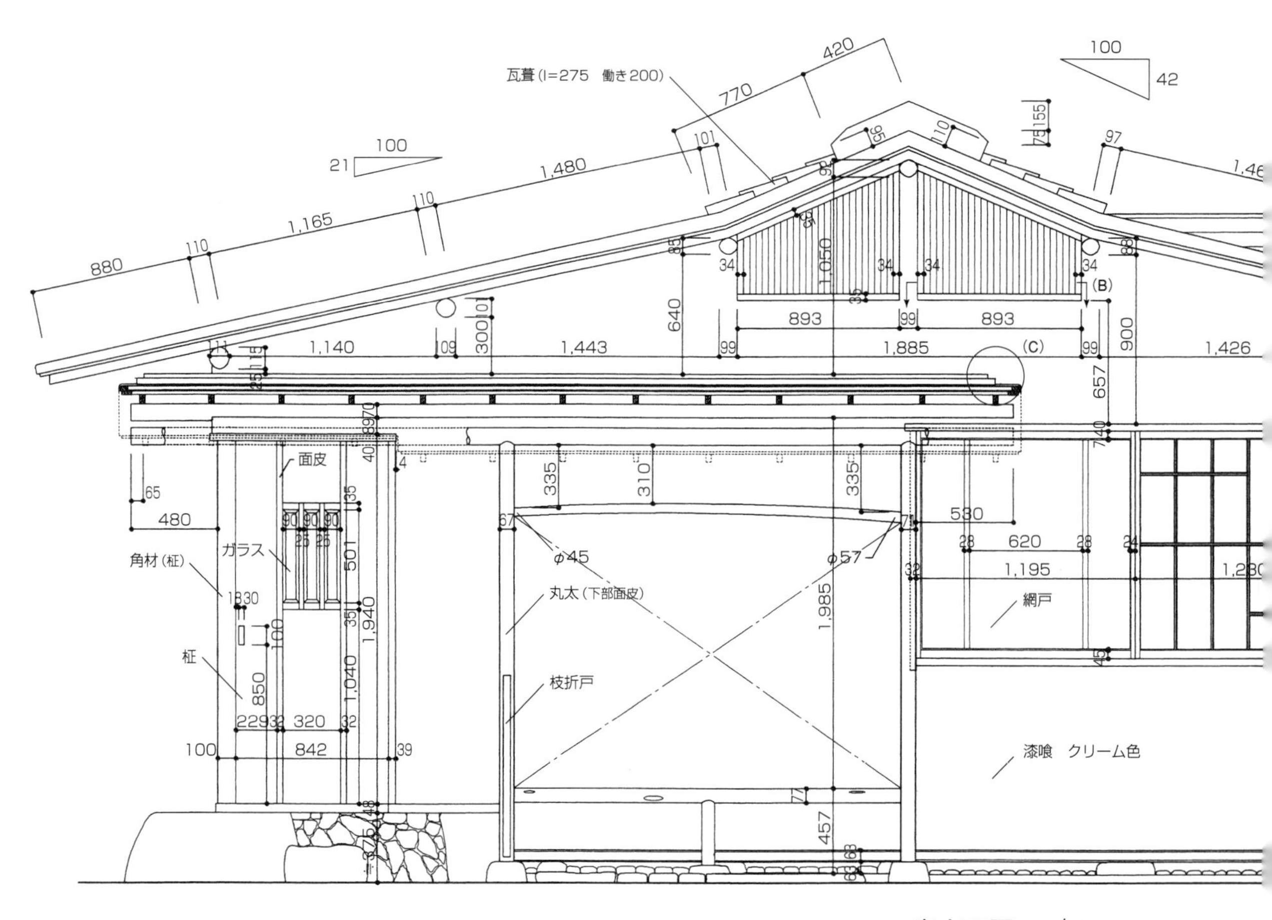

東立面図 1/40

東面外観(閑室)

立面図　1/100，1/40
断面図　1/100
詳細図　1/10

緩勾配の銅板屋根と中央部の瓦屋根、妻面の通風窓、窓の桟割など基本的には本屋と共通の意匠を用いながらも、丸太の使用、足元の納まり、軒の高さ、玄関横の枝折戸と待合の腰掛などに数寄屋建築の作法が見られる。窓は向って右側が上段の間、左が下段の間のものである。
床下からの外気の導入については、ここでは本屋のようにコンクリートの立上りを設けず、地覆石と土台の隙間から行っている。南側の開口部のない壁面部分は後の増築部分である。

北東コーナーからの外観

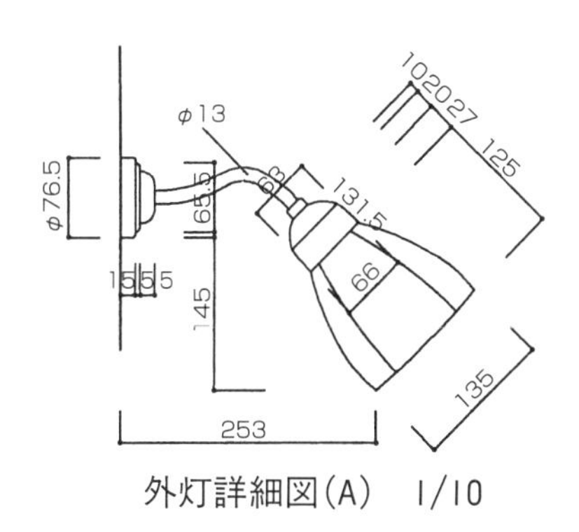

外灯詳細図(A)　1/10

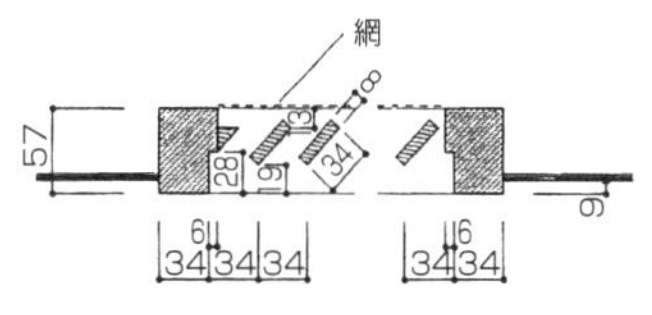

通風窓詳細図(B)　1/10

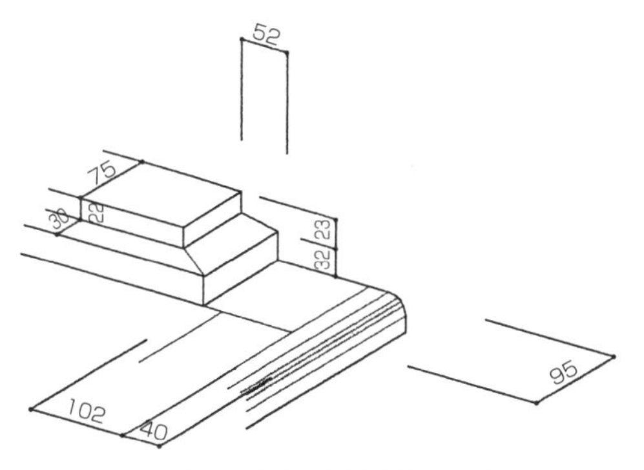

庇端部詳細図(C)　1/10

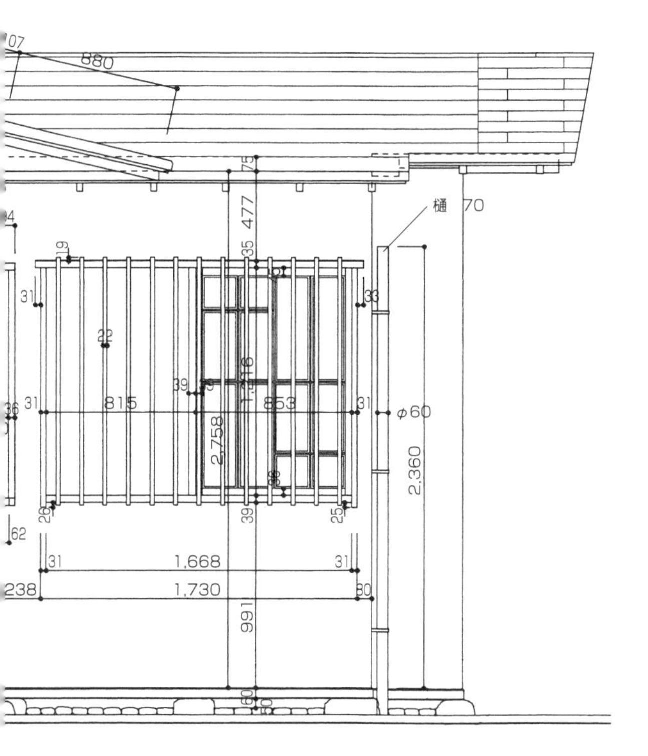

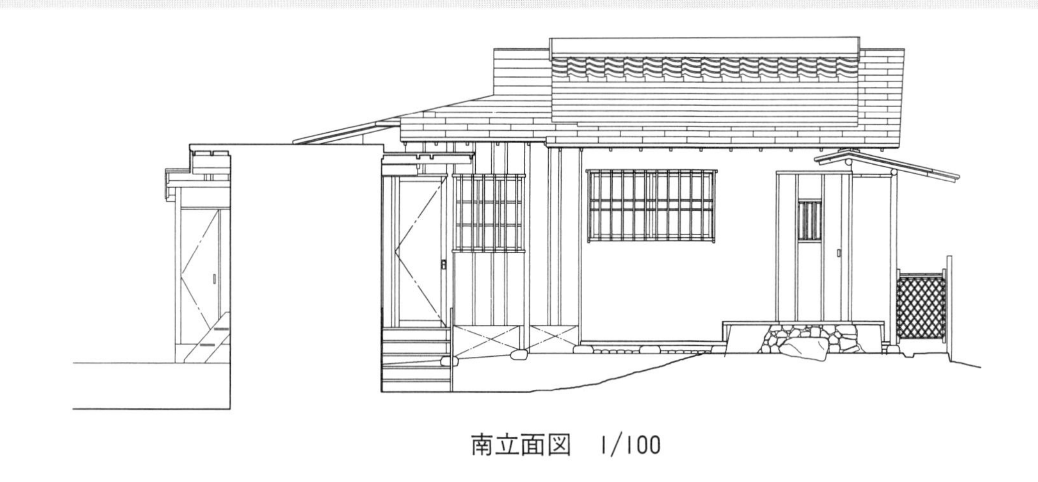

南立面図　1/100

庇軒先

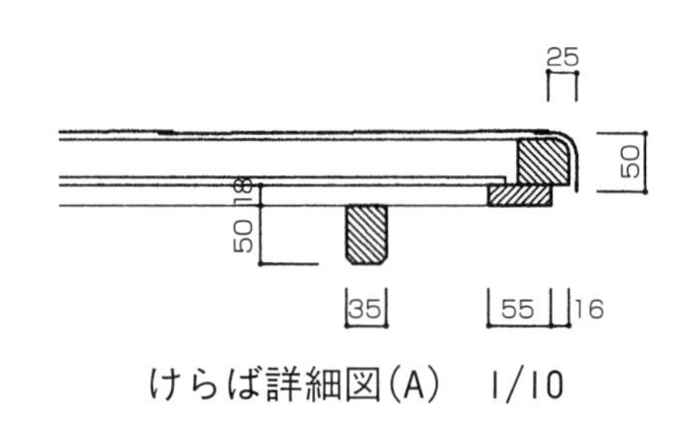

けらば詳細図(A)　1/10

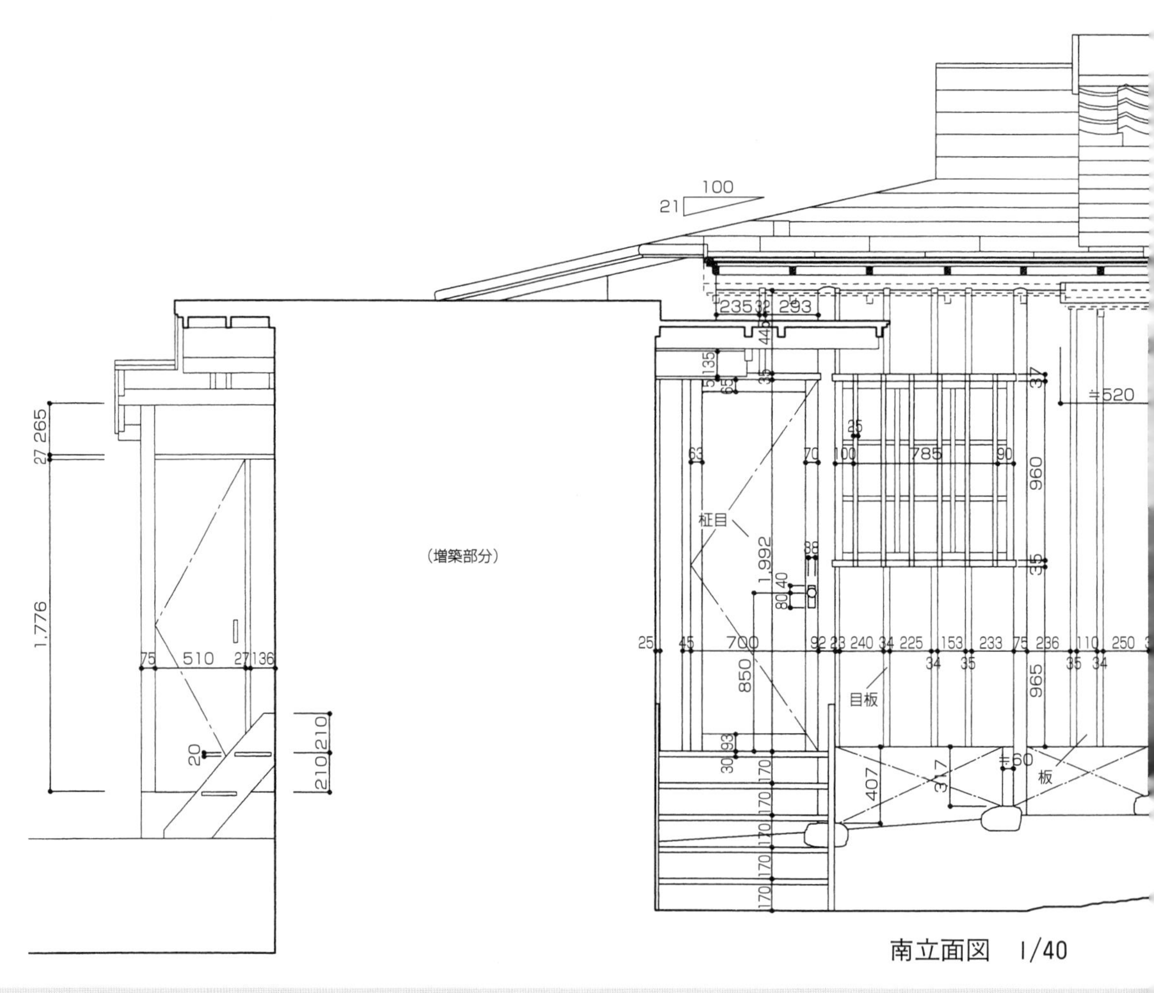

南立面図　1/40

南面外観(閑室)

立面図　1/100, 1/40
詳細図　1/10

閑室の本屋側の外観である。右端の玄関の片引戸はこの面と東面とにコーナーの柱を挟んで直角に2カ所設けられている。母屋からの連絡用と外部からの訪問客用という解釈が可能であるが、機能的には2カ所も必要であるとは思えない。
むしろ藤井の得意とするコーナーを開放するデザインをここでも実践していると見るほうが自然であろうか。
垂木や軒裏の材料の使い方やディテールには本屋とは趣を異にした数奇屋風のデザインが見られる。
玄関の左側の窓は便所の窓、板壁部分より西側は後の増築部分である。

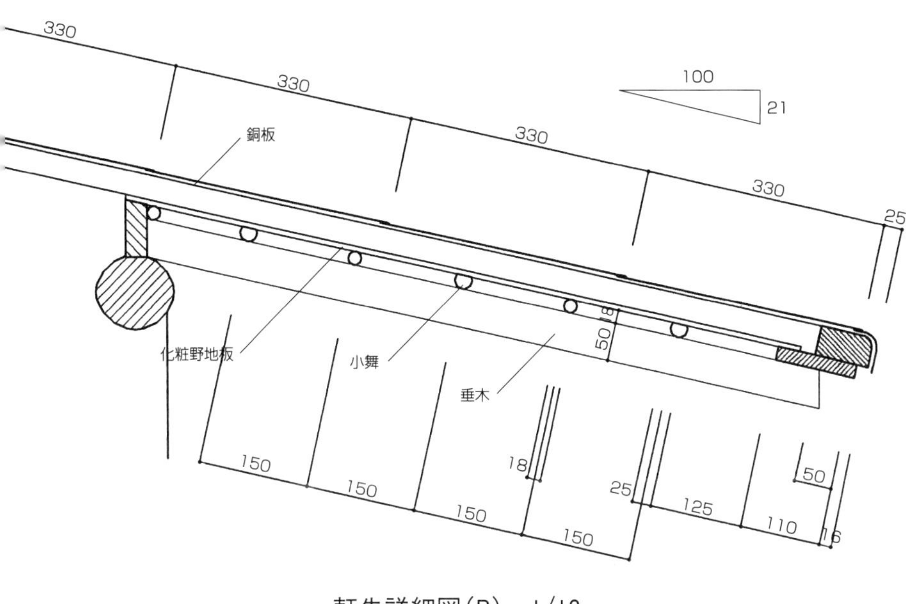

軒先詳細図(B)　1/10

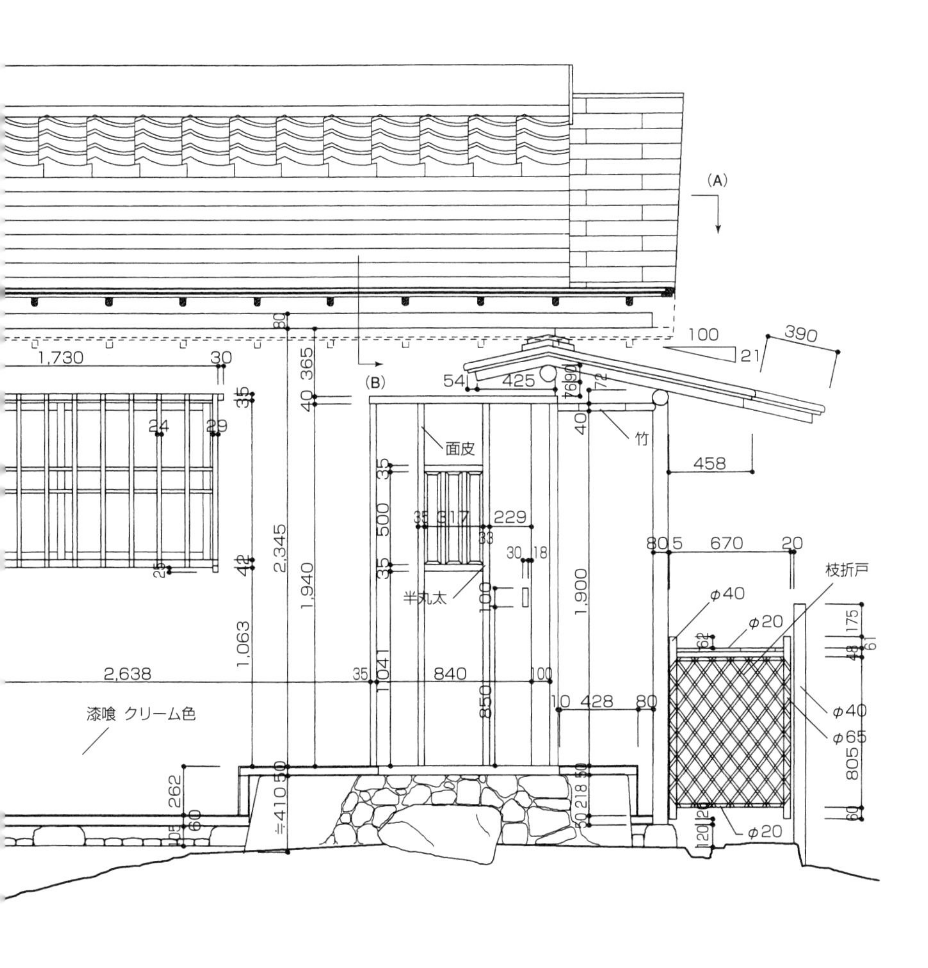

西立面図　1/100

北立面図　1/100

断面図　1/100

通風窓

西立面図詳細　1/50

西面下り窓

西面・北面外観(閑室)

立面図　1/100，1/50
断面図　1/100
詳細図　1/10

西面外観は右から本屋との間の増築部分、次の間の窓、通気窓、上段の間の地窓が見える。屋根裏換気は瓦屋根部分に、木製縦格子の通風窓が設けられている。
北面外観は右から増築部分の戸・風呂の窓、上段の間の妻面壁、下段の間の窓が見える。断面は瓦屋根に平行の、つまり下段の間から次の間に至る断面の図であり、下段の間の上部東側妻壁に天井裏換気口が大きくとれることを表している。

軒先詳細図(A)　1/10

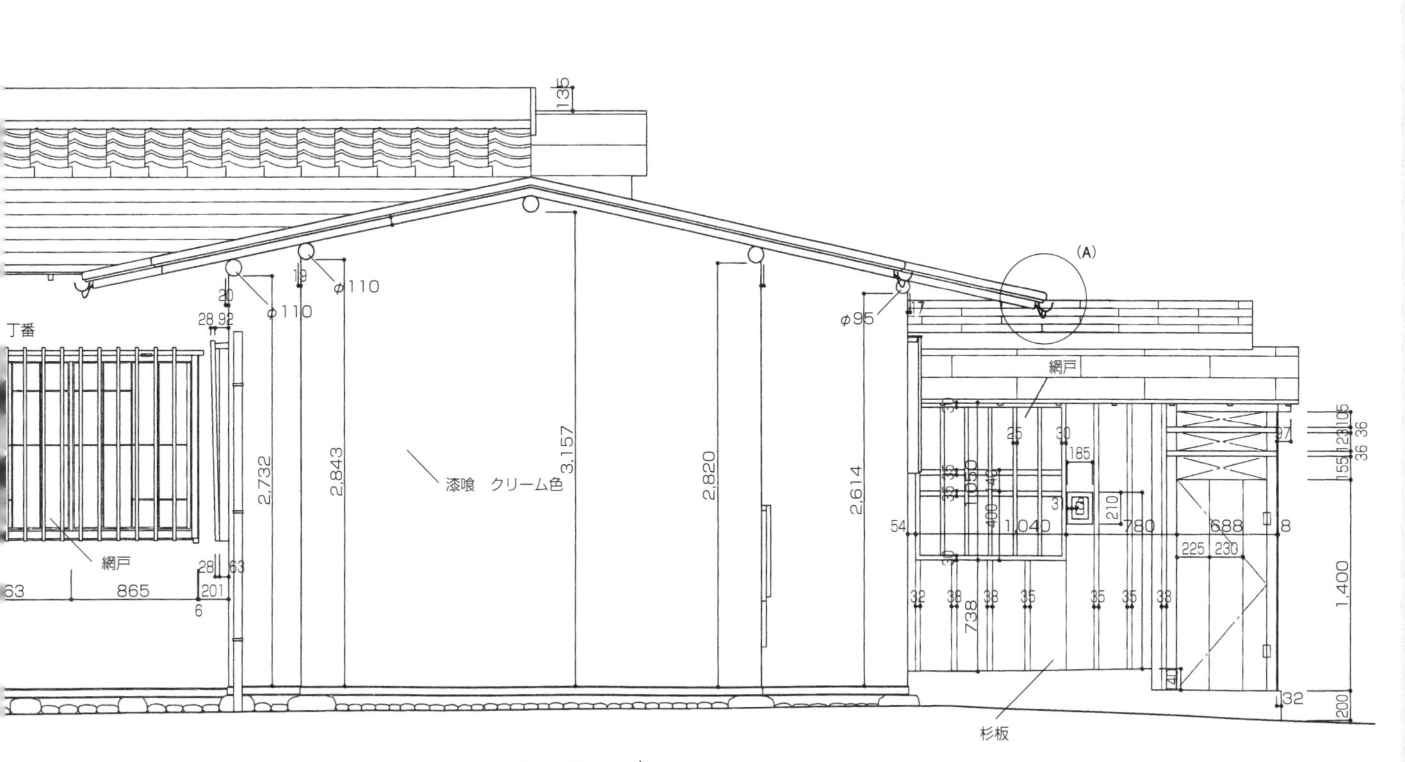

北立面図　1/50

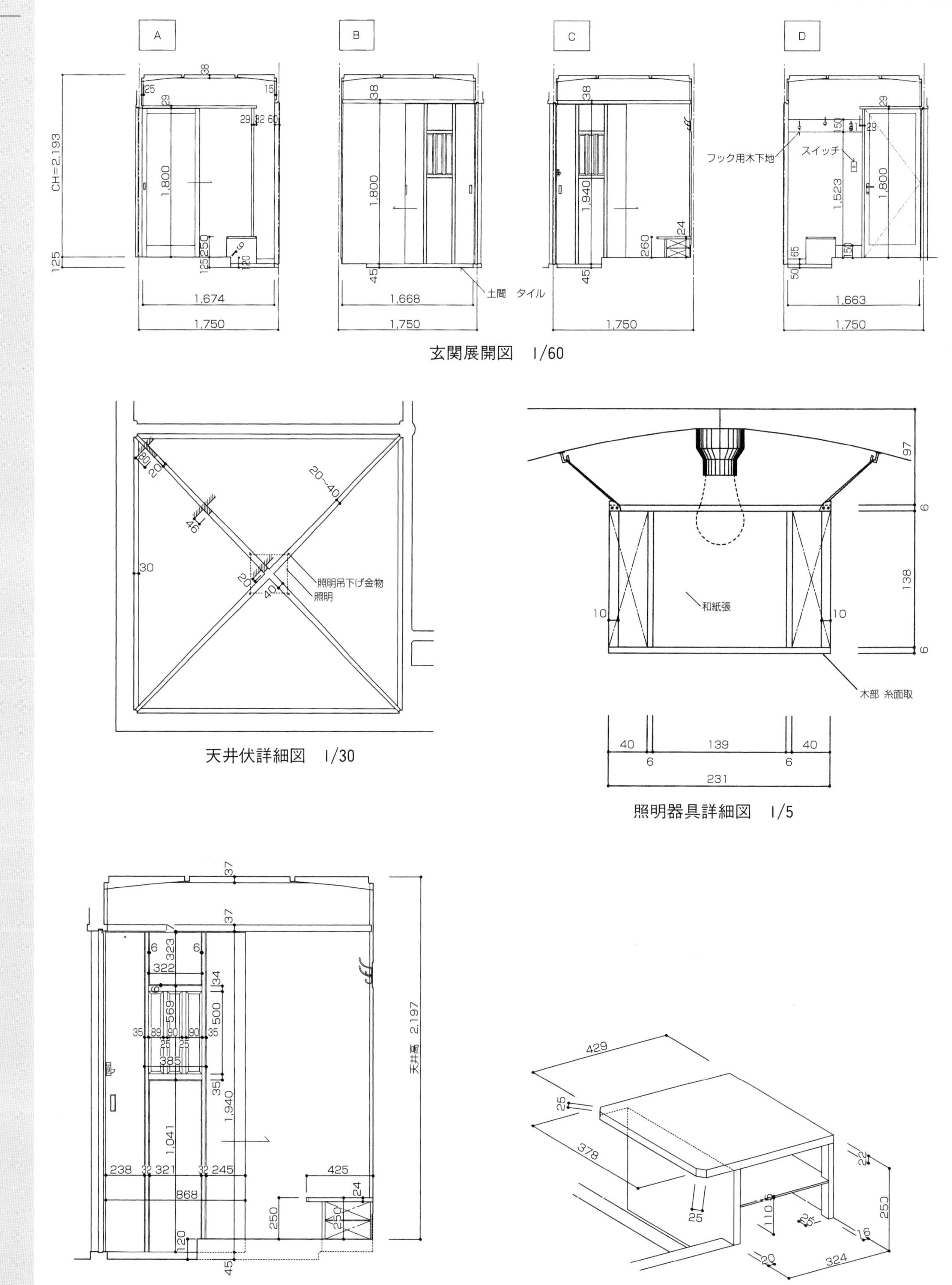

玄関展開図　1/60

天井伏詳細図　1/30

照明器具詳細図　1/5

玄関断面詳細図　1/30

スリッパ入詳細図　1/15

照明器具

玄関(閑室)

展開図　1/60
天井伏図　1/30
詳細図　1/30, 1/15, 1/5

この閑室の玄関は藤井の空間構成の一つの典型である。正方形のプラン、対角に配された開き勝手の異なる四つの扉、腰掛を兼ねたスリッパ入れの造作、そしてこの玄関を象徴する照明器具のデザインに特徴が表出している。正方形の採用も徹底していて、室の平面形の中に、板の間、スリッパ入れの天板、照明器具、そして土間のタイルと正方形が入れ子状に配置されている。
そしてこれらの構成要素は対角線を軸にシンメトリーに配置されている。この対角線は下段の間に至る動線でもある。通常考えにくいプランを破綻なくまとめているこの玄関は一連の実験住宅の中で、デザイン面での会心の出来だったのではないだろうか。
正方形の照明器具は本屋の玄関の軒先、縁側にある器具とのバリエーションの一つである。
天井に対角線を描く付け木のカーブはわずかながら、ドームを連想させる。正方形が床と天井にあり、壁に見られないのはドームを支える垂直性を壁と柱に付与させるためであろうか。

腰掛兼スリッパ入れ

玄関

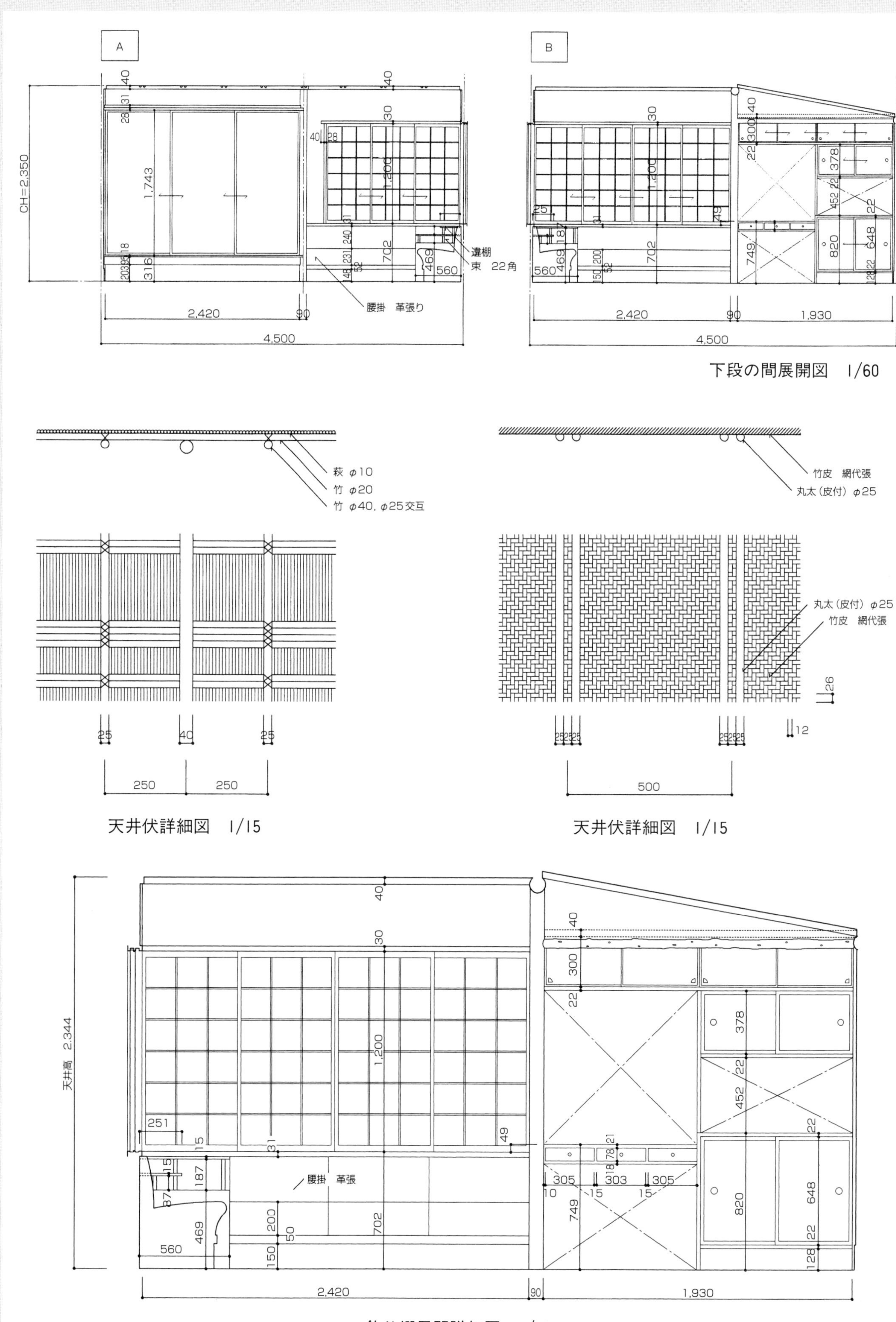

下段の間展開図　1/60

天井伏詳細図　1/15

天井伏詳細図　1/15

飾り棚展開詳細図　1/30

C

D

置家具

CH=2,350

905

1,000

4,500

下段の間(閑室)

展開図　1/60
平面図　1/30
天井伏図　1/15
詳細図　1/30, 1/15

閑室は、『続聴竹居図案集』によると、「腰掛式を本位として閑寂を楽しみ得る室にて、茶礼をも行い得ること」を考慮してつくられた。下段の間はまさにその目的のための室である。上段の間と一体で使われることによって、本屋の居室同様、腰掛式と座式の共用を可能としている。意匠的には茶席でもあるということからか、柱に丸太を用いたり、駆込み天井などの数奇屋風のデザインがなされている。とりわけ網代や萩、皮付き丸太などを用いた饒舌な天井は本屋の天井のシンプルなデザインとは対照的で「閑寂」というイメージではない。北東の隅に設けられた開口部の下には腰掛が造り付けられ、その南側には同じ並びで飾り棚が造り付けられている。

下段の間

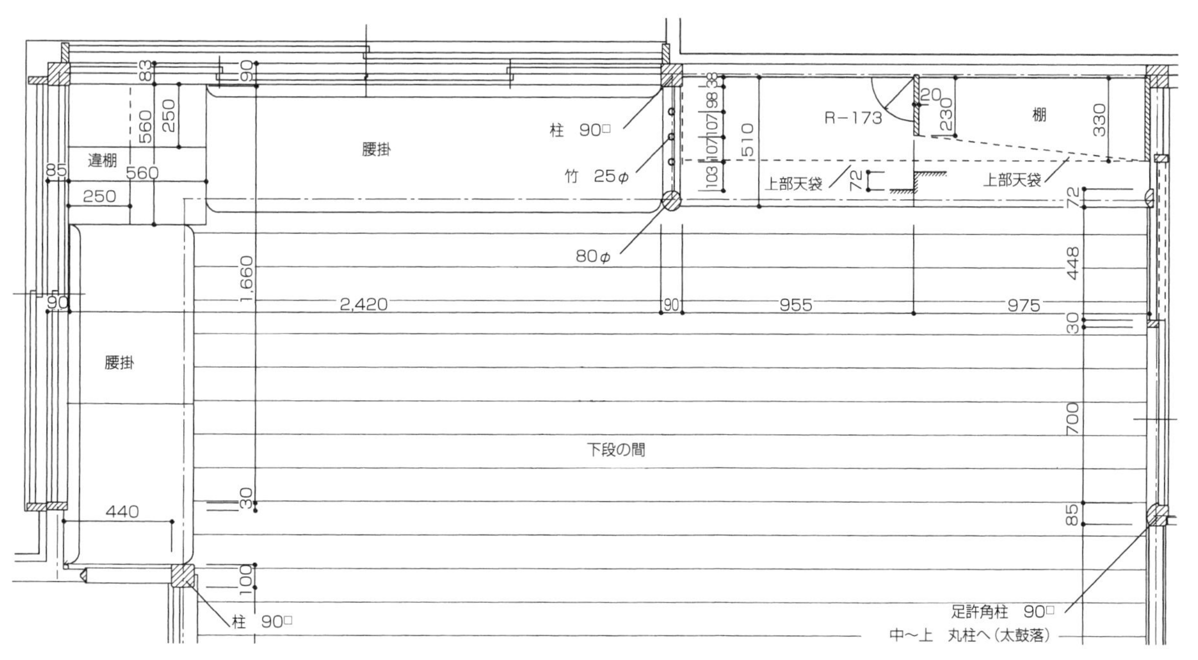

飾り棚回り平面詳細図　1/30

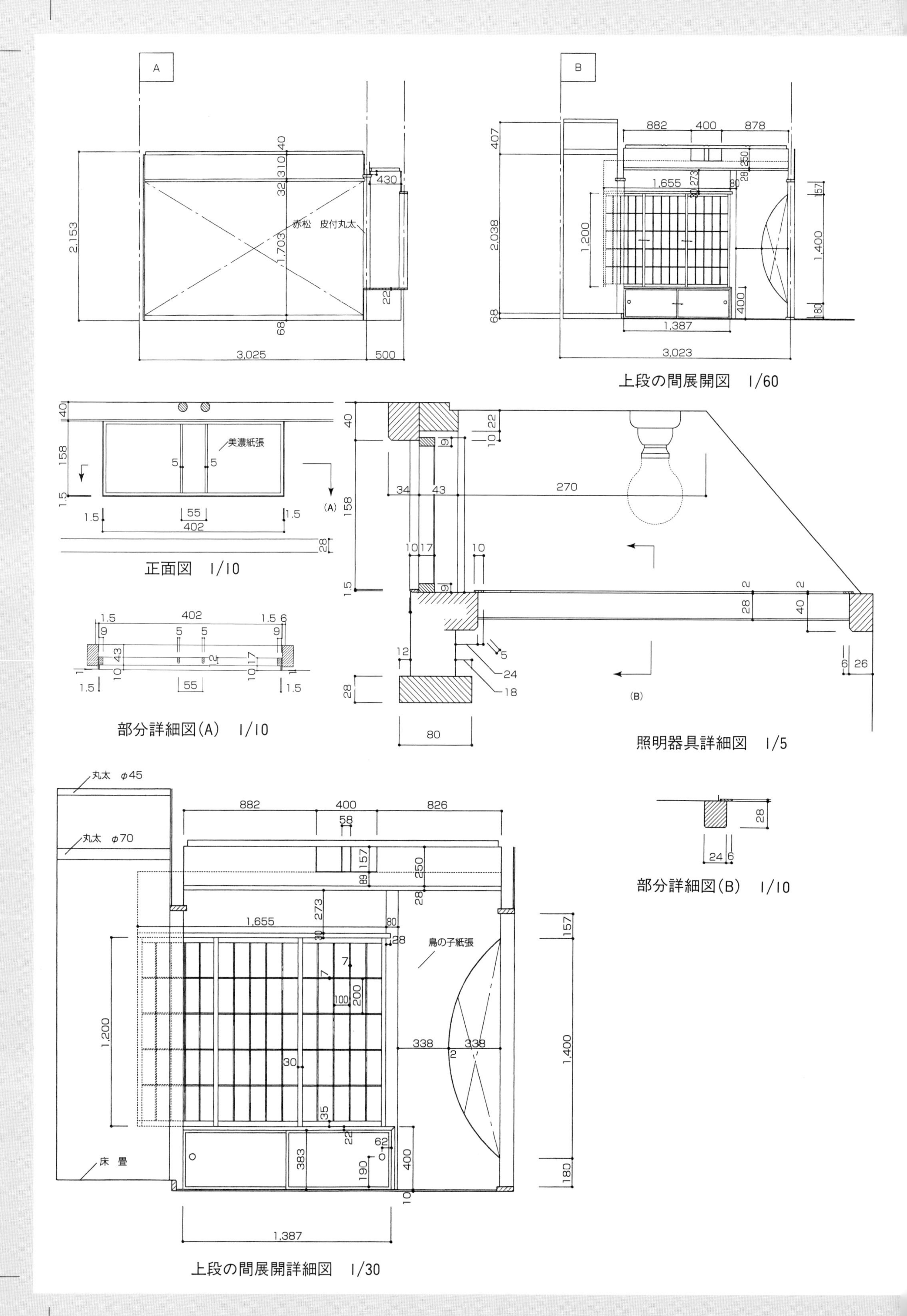

上段の間展開図　1/60

正面図　1/10

部分詳細図(A)　1/10

照明器具詳細図　1/5

部分詳細図(B)　1/10

上段の間展開詳細図　1/30

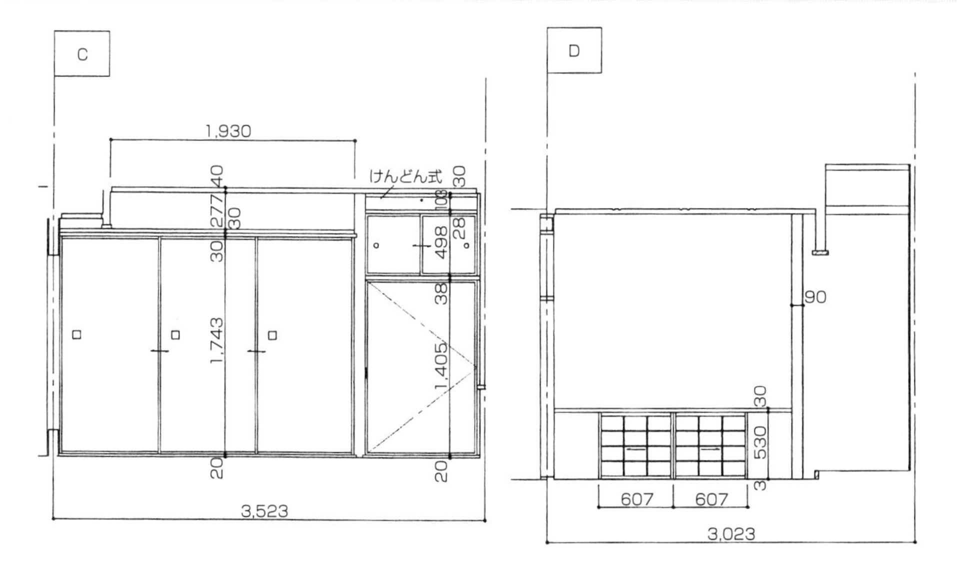

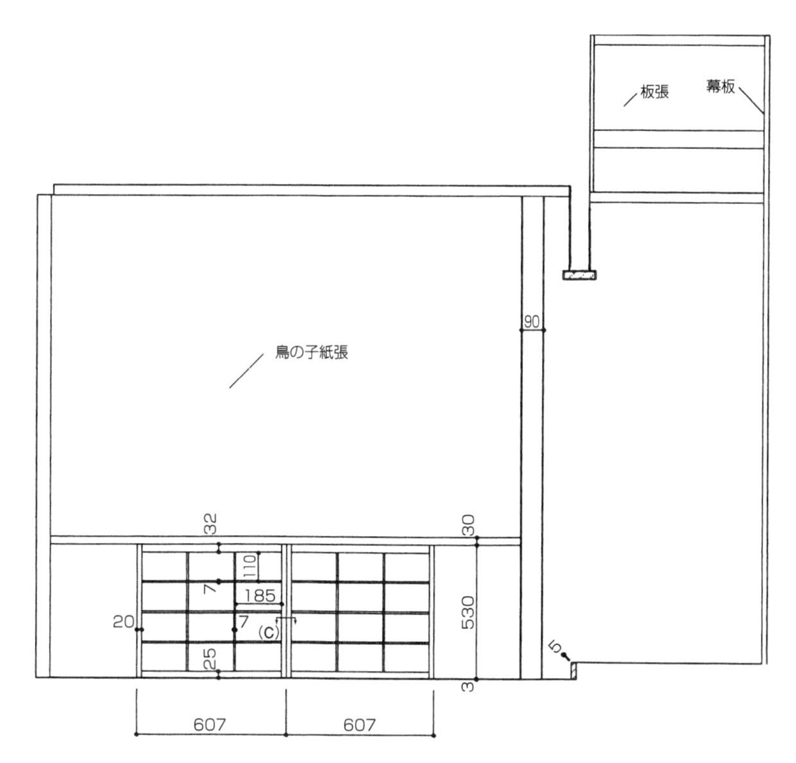

上段の間展開詳細図　1/30

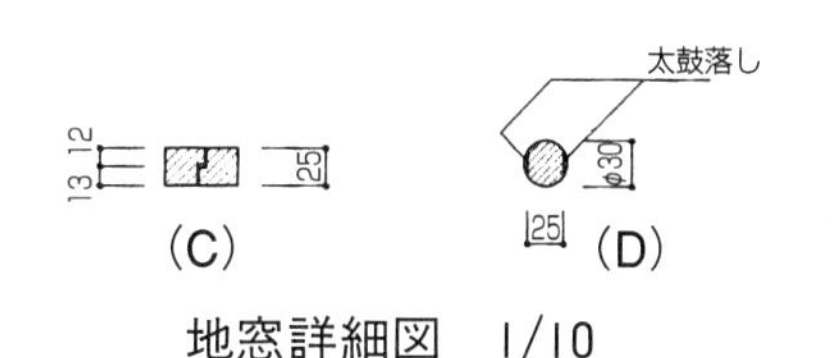

地窓詳細図　1/10

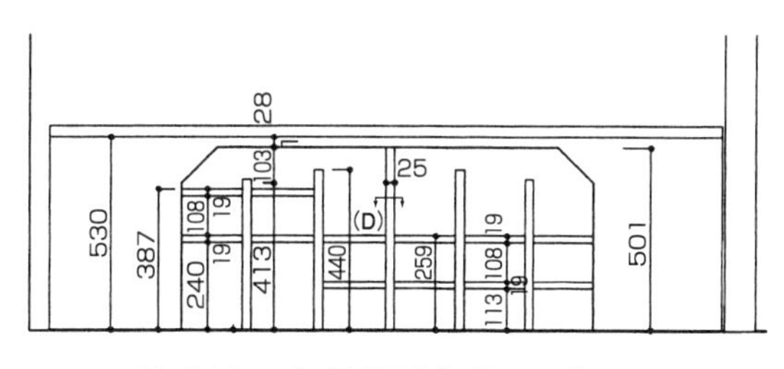

地窓格子部展開詳細図　1/30

上段の間(閑室)

展開図　1/60
詳細図　1/30, 1/10, 1/5

上段の間の床の間について、藤井は『床の間』にその設計意図を述べている。

「この床の間が他と異なる点は、ゆか面を低くなしかつ品格を保たしむと努めたこと、地袋の天板の幅(その上の窓の幅)をその下側面の幅(二枚の小襖の幅)よりも長く、床柱の脇に入り込んだ空間を設けて、床脇に余裕を示さしむと努めたこと、生花を床柱に掛けるのは不安定の感があるので、これを廃し床の向って左の壁の中央に花釘を設け、能面その他を飾る場合にもこれを使用なすことです。」

また床框にチーク材を用いたり、落し掛けの両端で柱の位置を変えたりと、「茶道の古い伝統に拘泥しない」自由な発想が随所に見られる。

東側の窓上部に垂れ壁に組み込んだ照明は下面を照らすとともに、天井面を照らしだす。本屋、下閑室の床も同様の垂れ壁に組み込まれ、二方面を照射する照明が考案されている。これは「洋風」の照明設備をいかに「和風」に馴染ませるかというデザイナー兼建築設備の先駆者たる藤井の面目躍如の好例といえよう。この「馴染み」の手法により、近代和風が確立していく。地窓の納まりでは隙間風の防止が施されているのがわかる。これは旧来の日本屋の欠点として藤井が改良した点で、母屋の窓もすべて同様の納まりとしている。

この閑室では平面形において、玄関から便所、下段の間、上段の間へと藤井好みの正方形が執拗に反復されている。上段の間は三畳間だが床の間を入れると正方形となる。

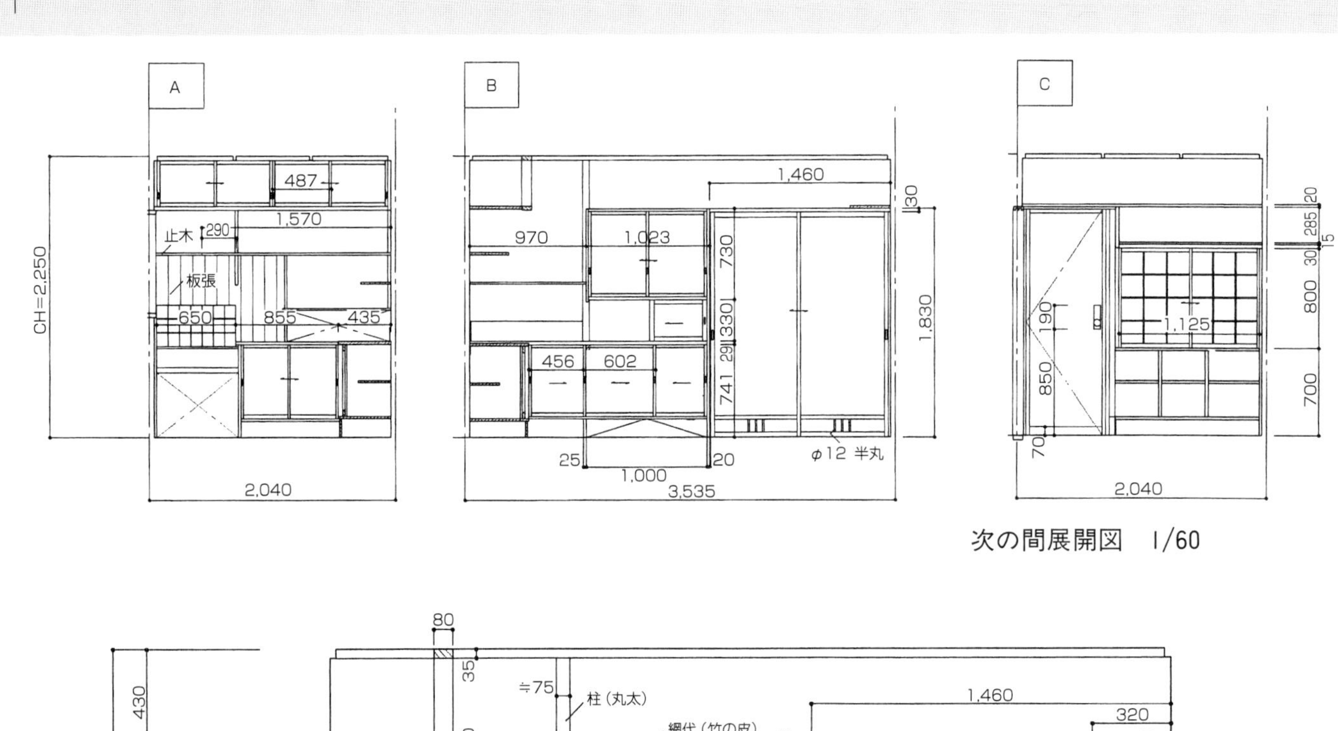

次の間展開図　1/60

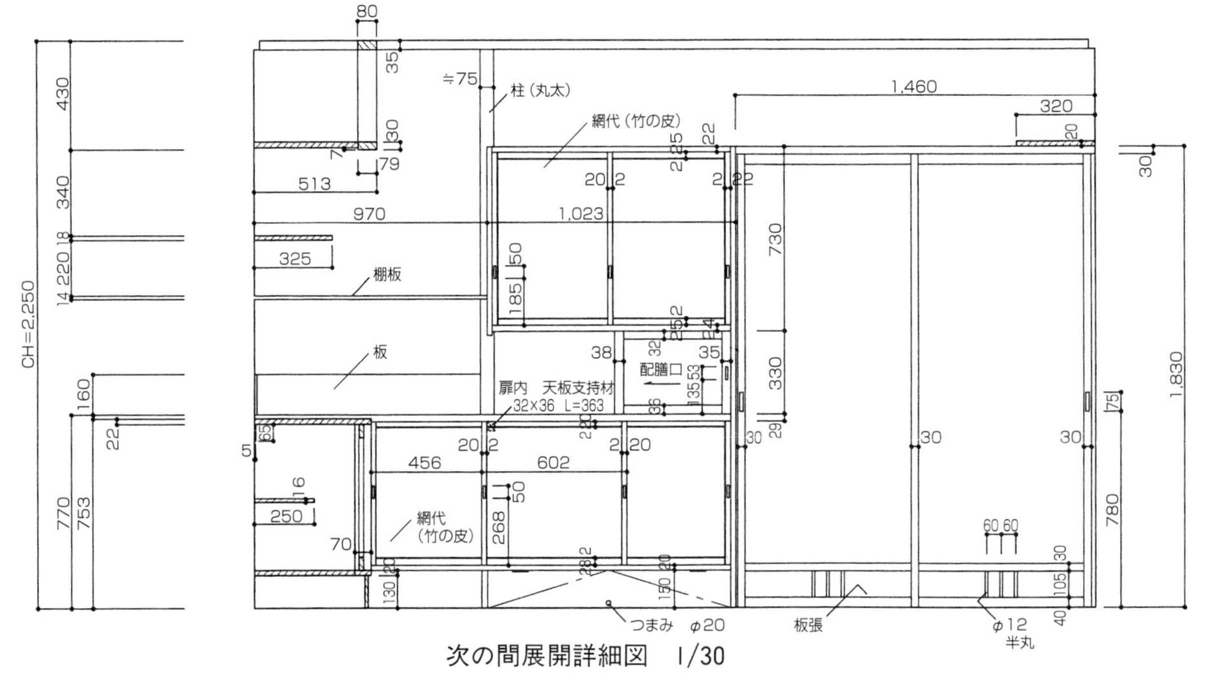

次の間展開詳細図　1/30

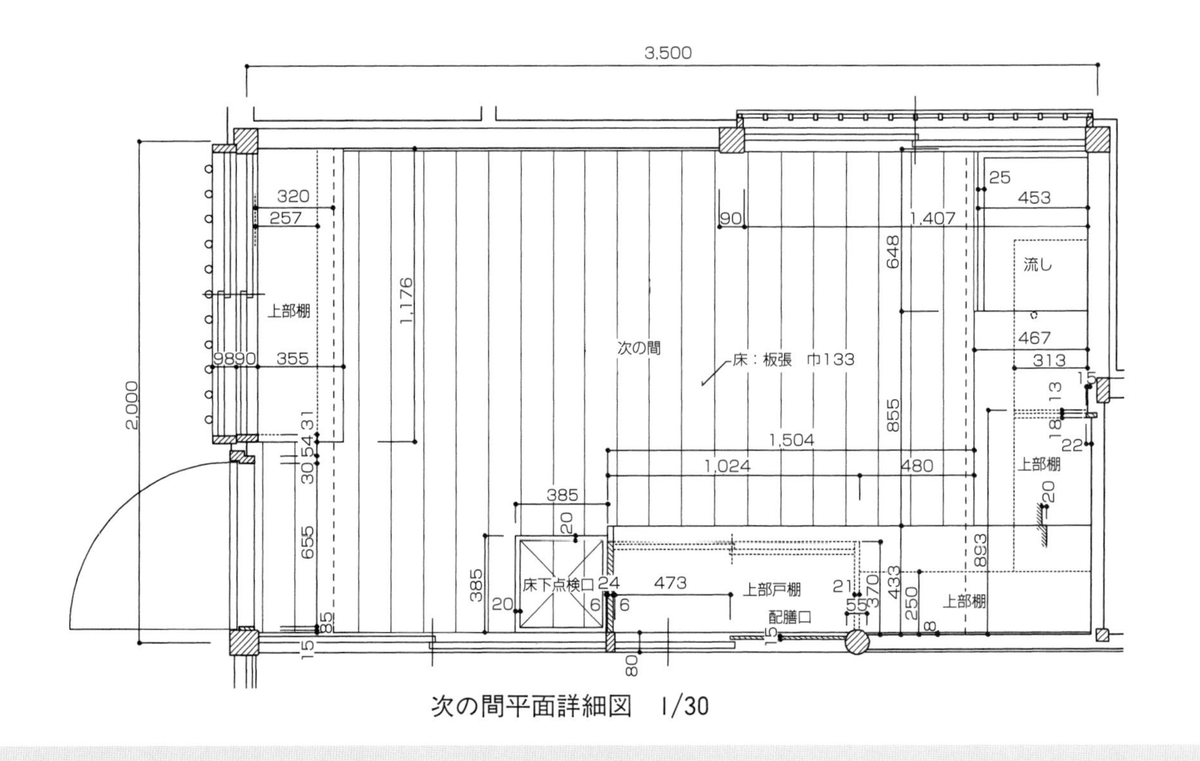

次の間平面詳細図　1/30

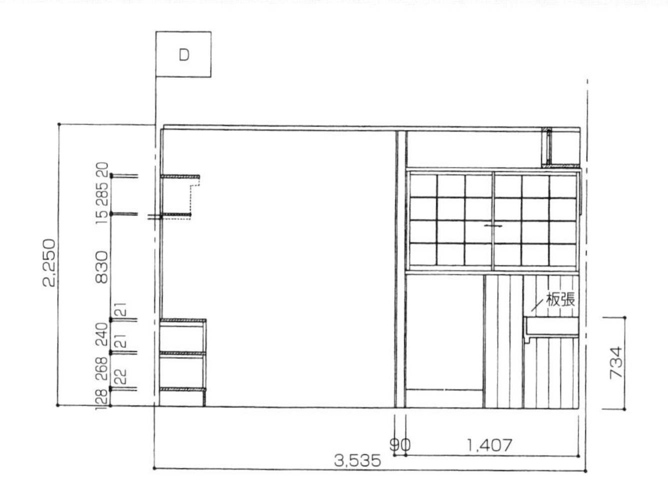

次の間(閑室)

展開図　1/60
平面図　1/30
詳細図　1/30

茶室における水屋同様の目的として使用することが考慮されている。収納に関しても母家の調理室とは異なり、戸ではなく多くを棚によっているのもそのためである。下段の間への給仕用の出入口を配膳台に面して設けるのは、本屋・下閑室と同様である。配膳台下部幅木部分には掃除具入れがあり、すぐ脇には床下点検口がある。
竣工当初、本屋との連絡はにじり口のような通口が設けられていたが、その後の増築により開き戸とされている。

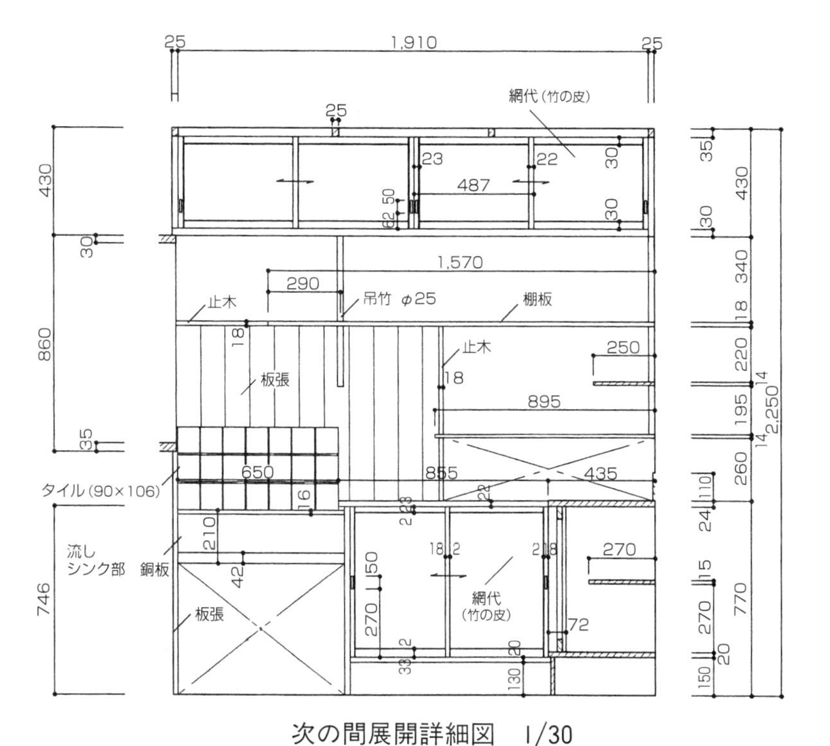

次の間展開詳細図　1/30

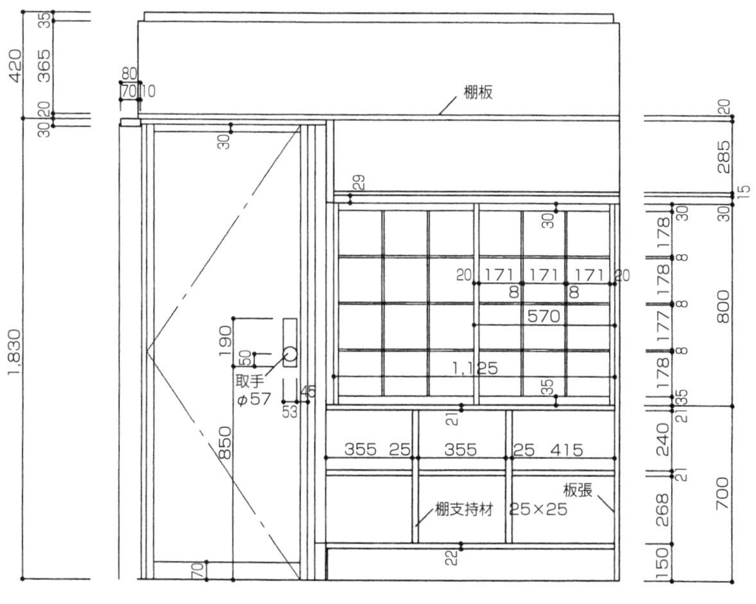

次の間展開詳細図　1/30

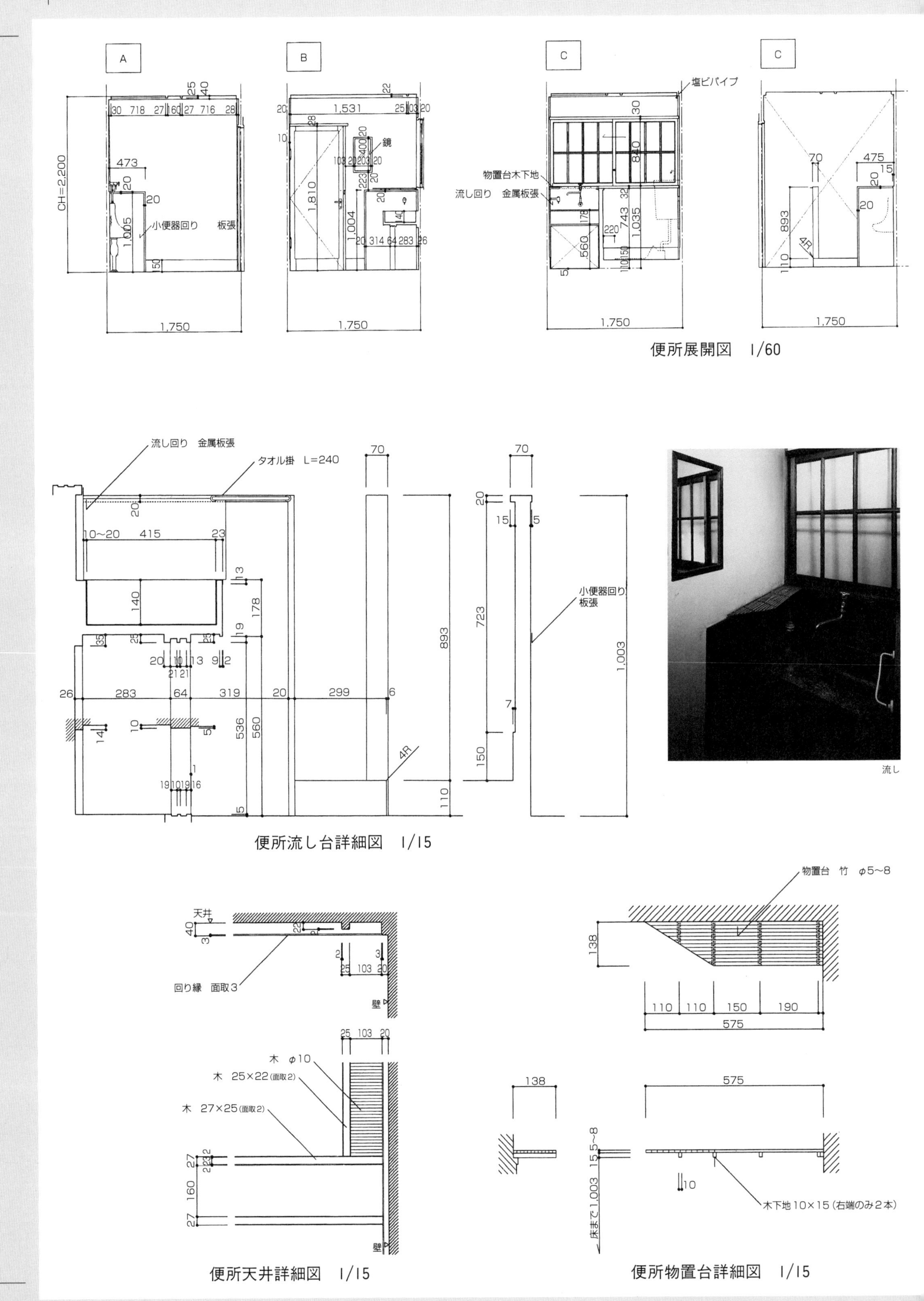

便所展開図　1/60

便所流し台詳細図　1/15

便所天井詳細図　1/15

便所物置台詳細図　1/15

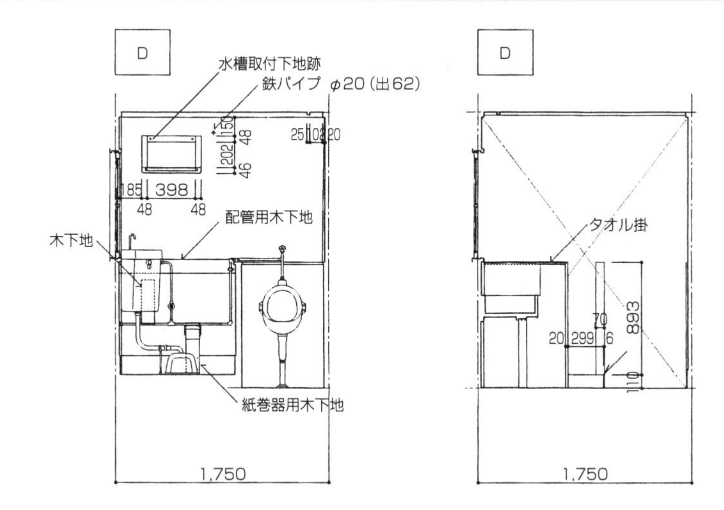

便所(閑室)

展開図　1/60
詳細図　1/15

便所のプランは本屋の客用便所とほぼ同じ構成で、さらに正方形を意識したプランとなっている。正方形の室のなかに大便器回りの囲いが正方形で入れ子状になっているのは玄関との応答である。さらにこの囲いは立方体として浮かび上がり、これがこの便所に空間性を与えている。
壁面には鳥の子紙が張られているが、水がかり部分の腰には清掃を考慮しての板張りになっている。
狭い気積の室の換気難を嫌う藤井らしく、室自体は大きくとり、その中を間仕切っている。天井面に換気がらりが対角に二カ所組み込まれ、天井内へ空気が流れるようになっている。

便所

南西面

南東面

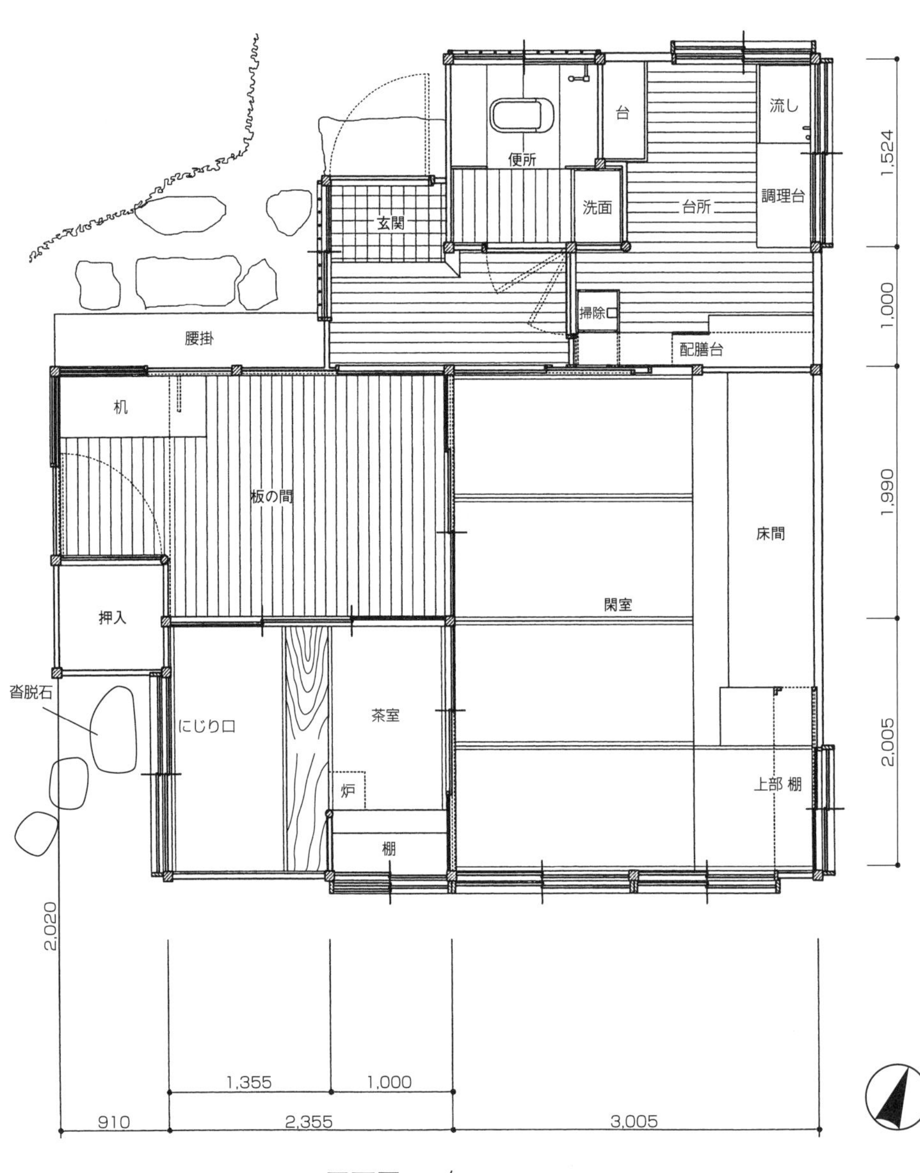

平面図 1/60

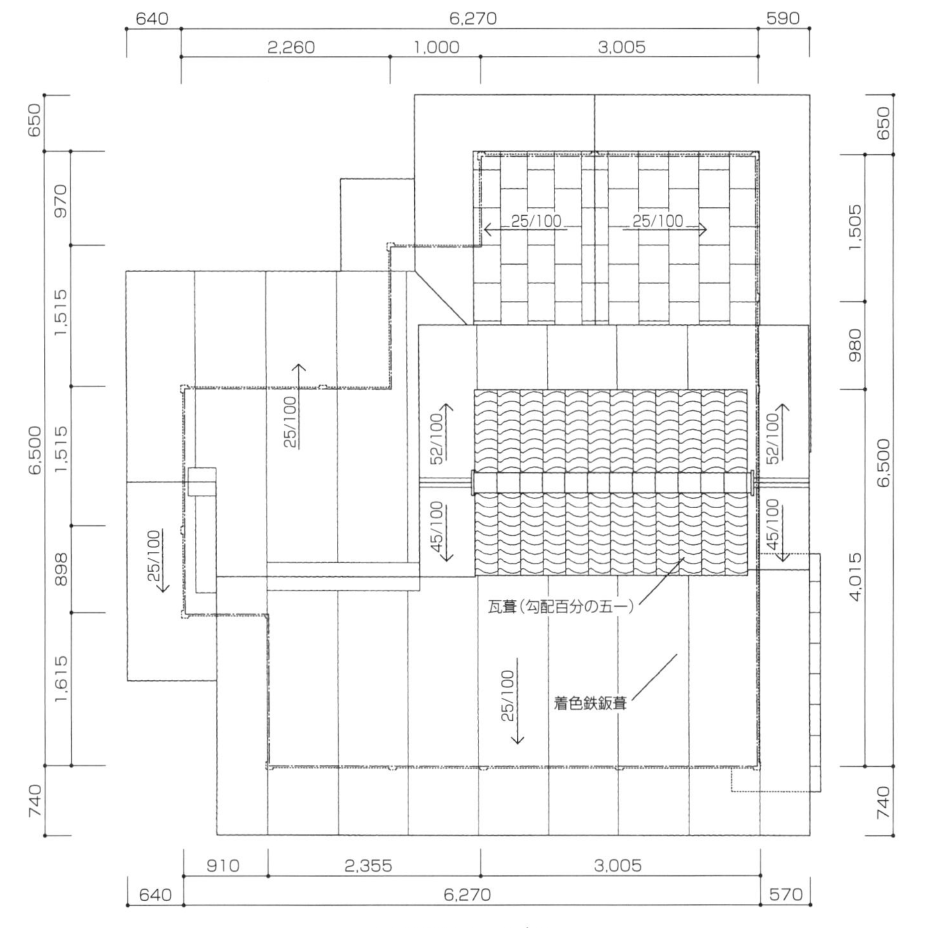

屋根伏図　1/80

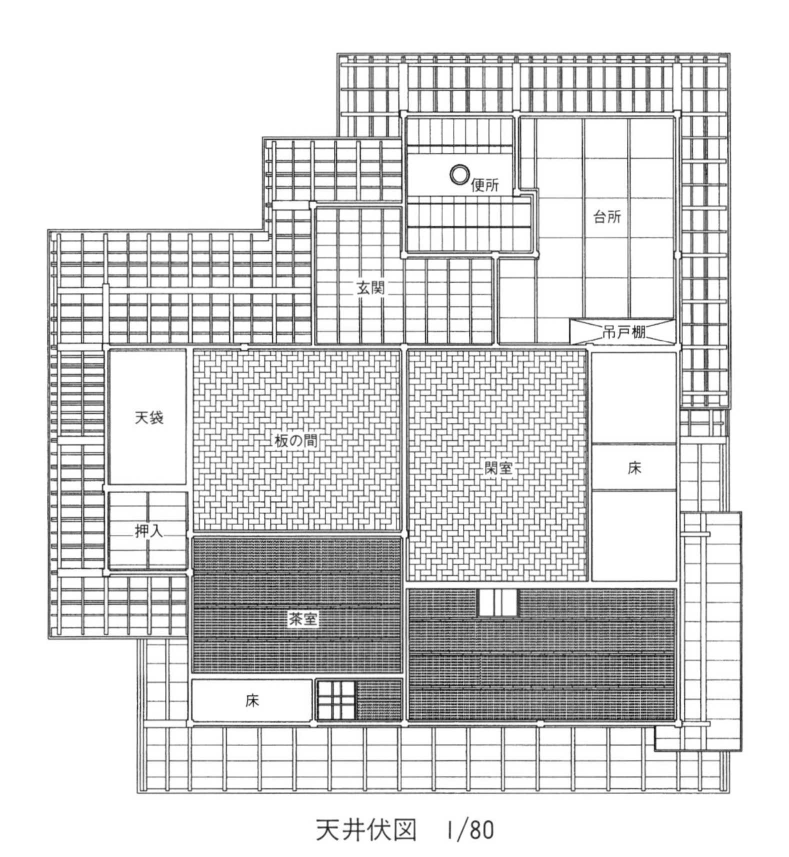

天井伏図　1/80

下閑室

平面図　1/60
屋根伏図　1/80
天井伏図　1/80

下閑室は本屋の南東に４ｍほど落ち込んだところ、そこから南東にかつてあった小滝と池に向かってさらに下る傾斜地に建つ。本屋の庭より屋根の棟がやや低くなる位置関係は、本屋から三川合流を望む眺望を妨げないための配慮からと思われる。

北西側が雁行しているのは斜面に迫って建てられているためでもある。

この下閑室は茶席のための草庵と考えるには、板の間や水屋ではなく台所があったりと、やや規模が大きい。また小住宅と考えるにもやや機能不足である。本屋の北にいったんは和敬静寂を楽しむための閑室を作りながら、自らの仕事部屋としてしまったため、さらにひとまわり小さく風狂にひたる目的で下閑室をつくったのではなかろうか。

本屋、閑室では各室ごとに天井の意匠を違えてあったが、下閑室では茶室、閑室、板の間の襖を開け放った時に一体感を醸すためか、一室としても三室としても違和感のない意匠となっている。とくに閑室は透視図にて構成を検討しているため、床の間や窓の構成と天井が見事に呼応している。

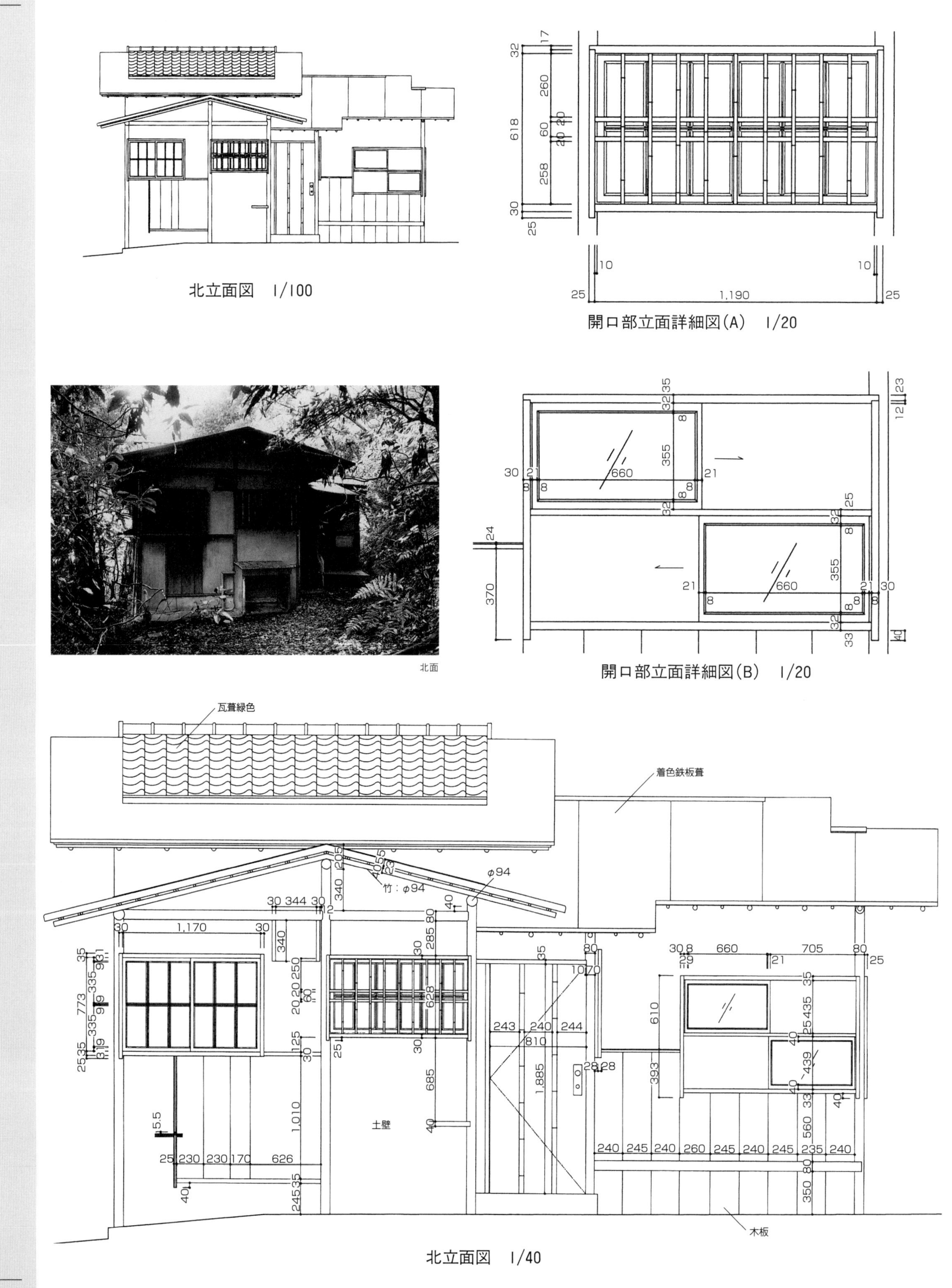

北立面図　1/100

開口部立面詳細図(A)　1/20

北面

開口部立面詳細図(B)　1/20

北立面図　1/40

北面・東面外観(下閑室)

立面図　1/100，1/40
断面図　1/100
詳細図　1/20

下閑室の建屋には、正面というしつらえがない。たしかに北面は北側の道路からのアプローチに対する正面であり、玄関もあるのだが、アプローチのつきあたりとしてまず目に入るのは台所と便所の窓であり、玄関扉は少し奥まり目立たず勝手口の趣である。そうかといって玄関横の市松状の窓下には、腰掛があることから、北からの訪問客も想定していたと思われる。

南東の角部付近の地中に、池の冷気を取り入れ，閑室の床下へと運ぶ導気筒の土管が見受けられる。

東面にある板戸は床下の物置への入口である。

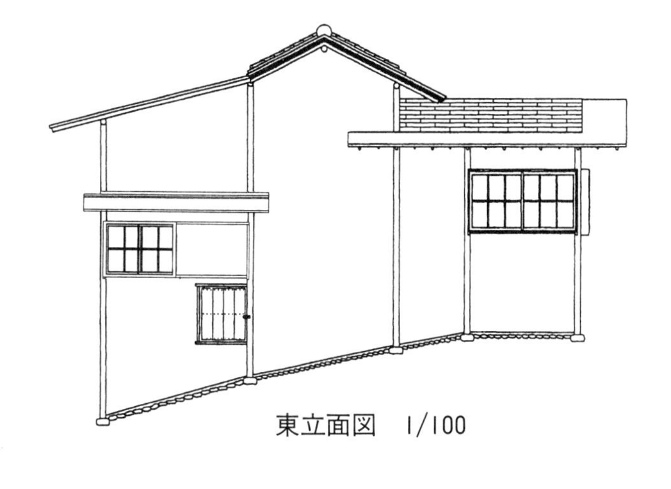

東立面図　1/100

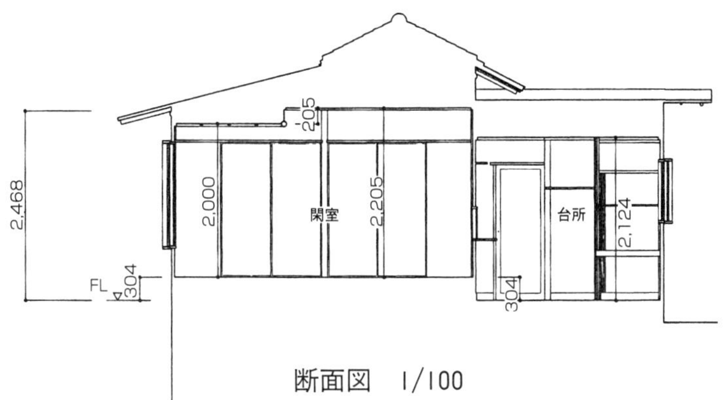

断面図　1/100

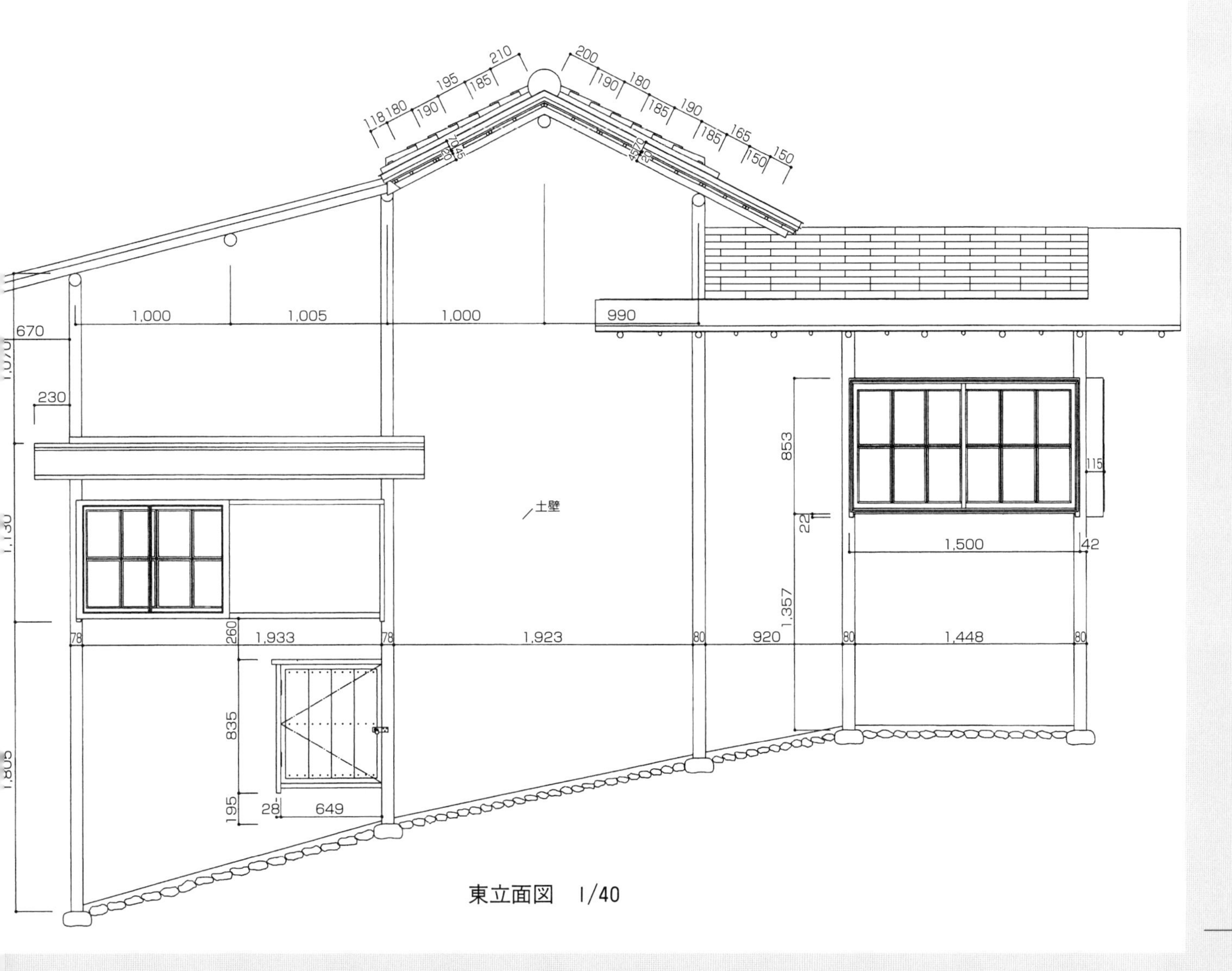

東立面図　1/40

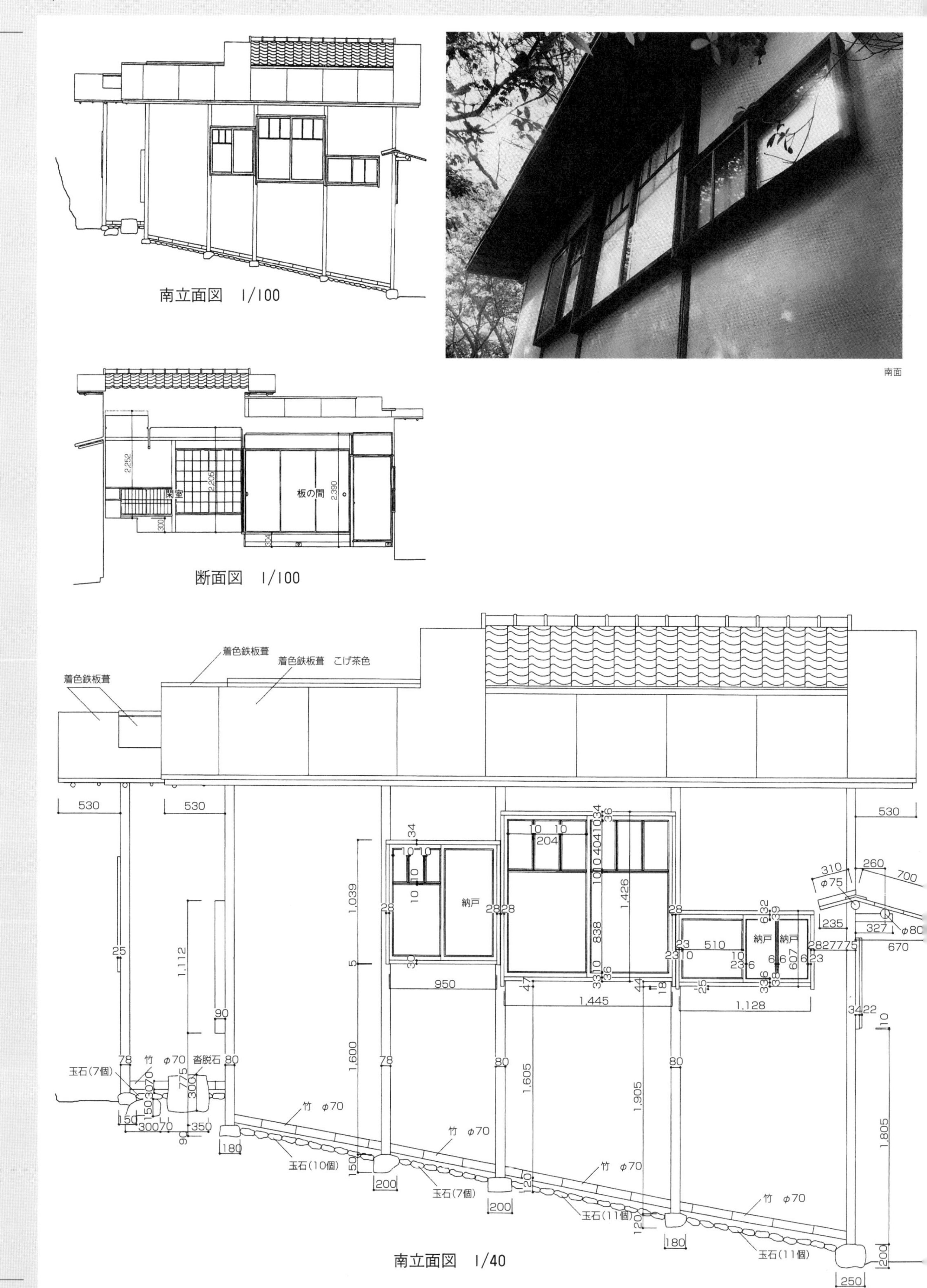

南立面図　1/100

南面

断面図　1/100

南立面図　1/40

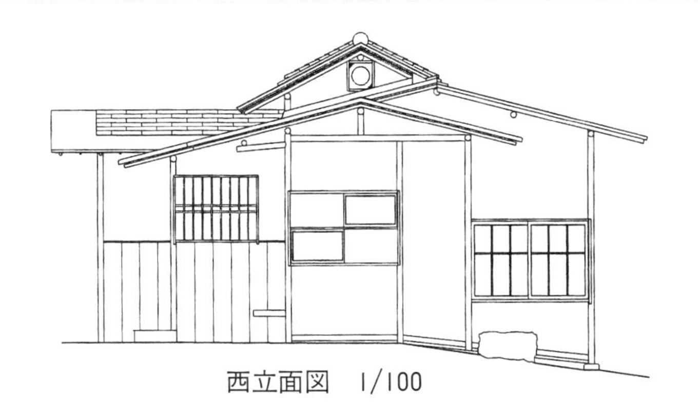

西立面図　1/100

南面・西面外観(下閑室)

立面図　1/100，1/40
断面図　1/100

西面の右端にあるのが、茶室へのにじり口である。このにじり口へは本屋の庭から急勾配を下って至る。板の間の西面の壁は斜面に接しすぎており、客人が玄関からにじり口に回るというのは考えにくい。

この西面もまた正面としてのしつらえは東面、南面同様にまったくない。三面とも地形条件から少し離れた位置からの視線への配慮が不要であったためであろうか。茶室、閑室の窓は内部から外部への視点で決定されているのは藤井が『床の間』で述べているところでもある。

そして注目すべきはこの屋根の多様さである。わずか6ｍ半四方の茶室であるが、各室ごとに屋根形状を切り替えている。この屋根の表現が小さな建屋を単なる東屋に貶めず、本屋、閑室とならぶ一個の住宅としての強度を与えている。

換気口

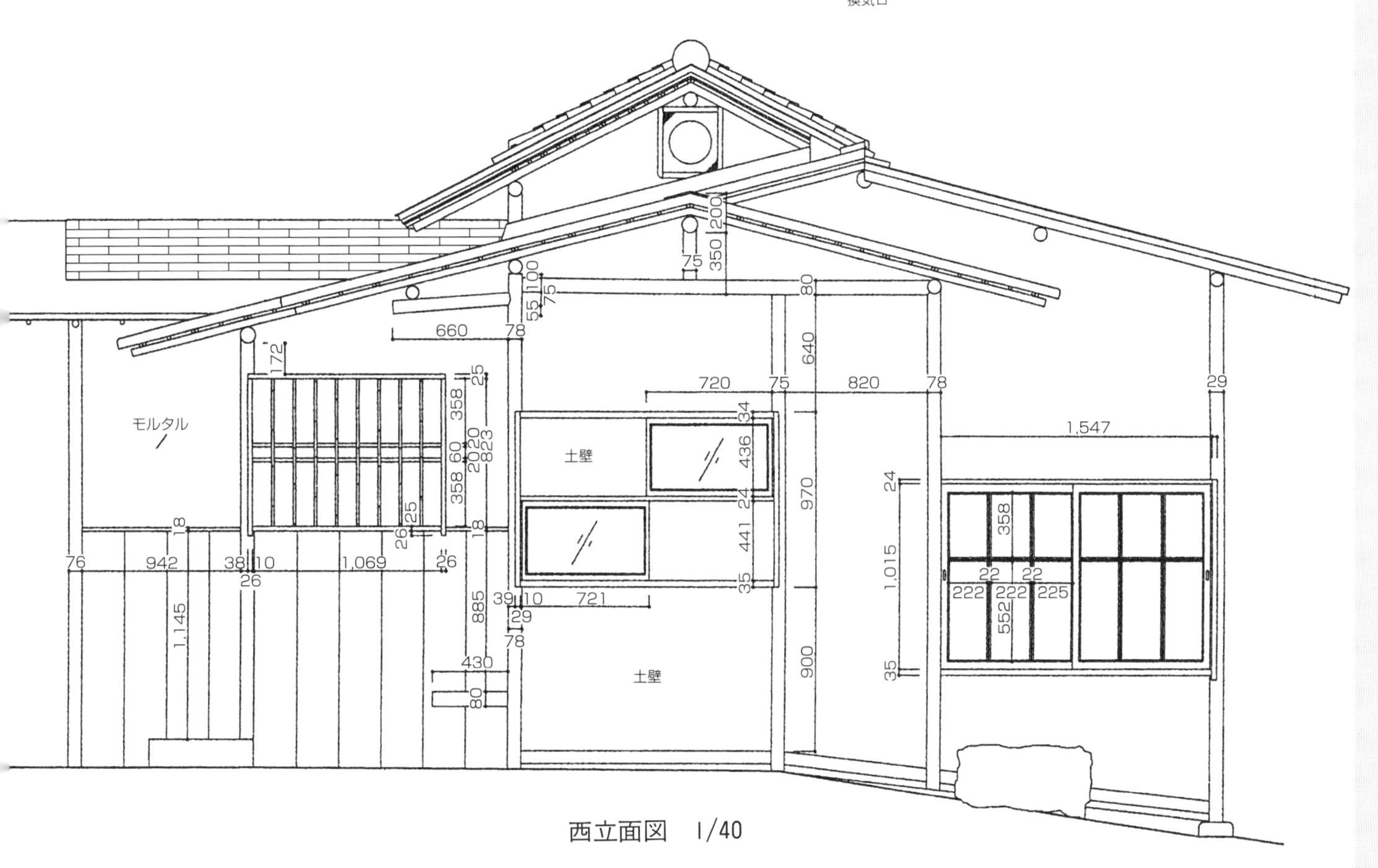

西立面図　1/40

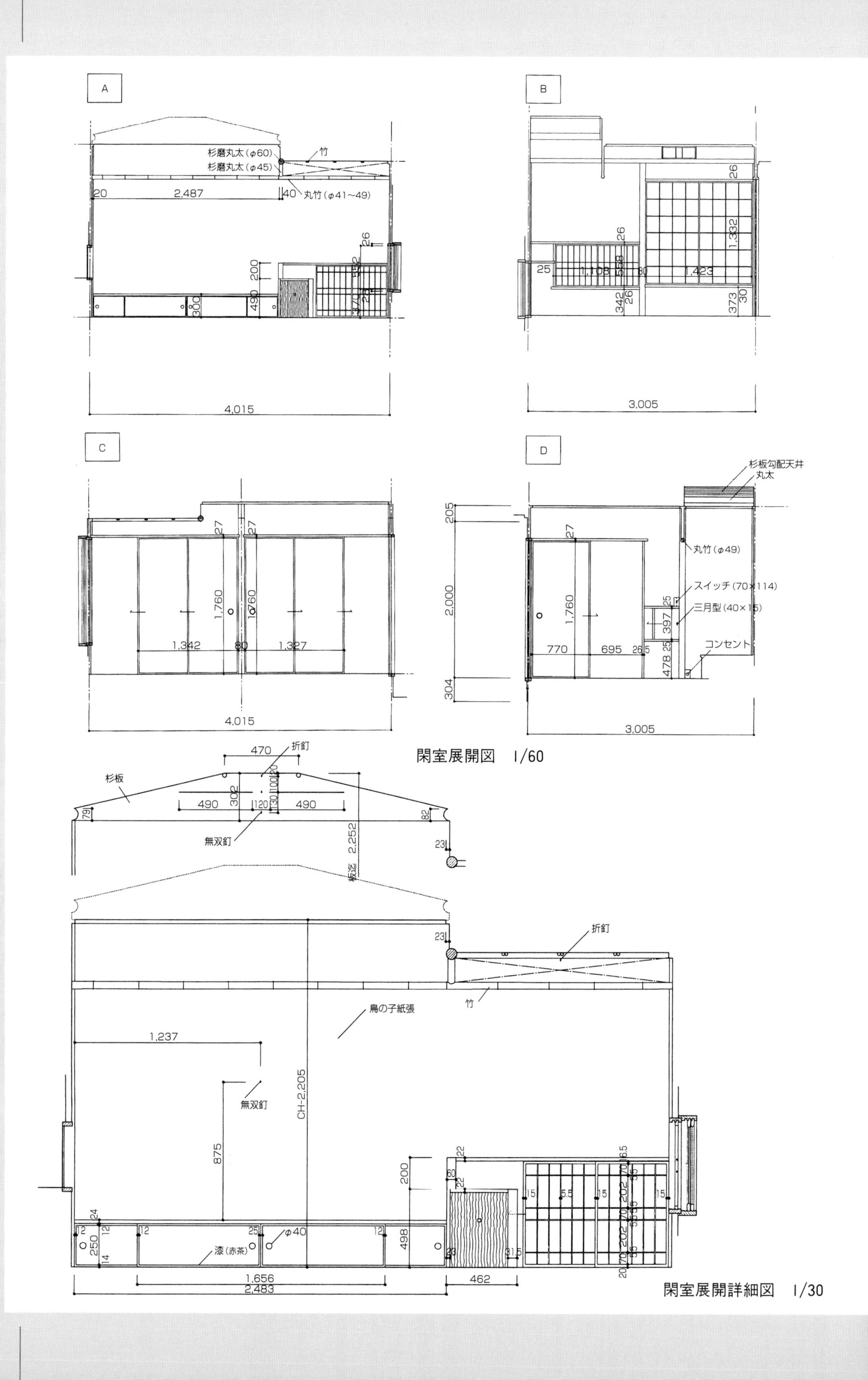

閑室展開図 1/60

閑室展開詳細図 1/30

閑室（下閑室）

展開図　1/60
詳細図　1/30

照明

床の間

藤井の著した『床の間』によると、「閑室とは茶道の古い伝統に拘泥しないで、囚われない和敬静寂を楽しみ、閑寂を旨とする室の意味」であり、この室も本屋に隣接する閑室同様、「閑室」の名が与えられている。6畳の広さに4m幅の床の間が設えられており、藤井によると「多くの陶磁器或いは生花を一時に配列して、鑑賞するに適せしむ」ために作られた部屋である。地袋部分の天板の奥行きや高さはこの目的のために決定されている。
正面の戸棚の背後の窓は通風と庭の池を見下ろすために設けられている。また床に向かって右側の窓は眺望のために座った目の位置を標準として設けられている。
また天井高の変化や竿縁と交差して宙を飛ぶ落し掛けのダイナミックな構成に藤井のきわめて斬新なデザイン感覚が見てとれる。

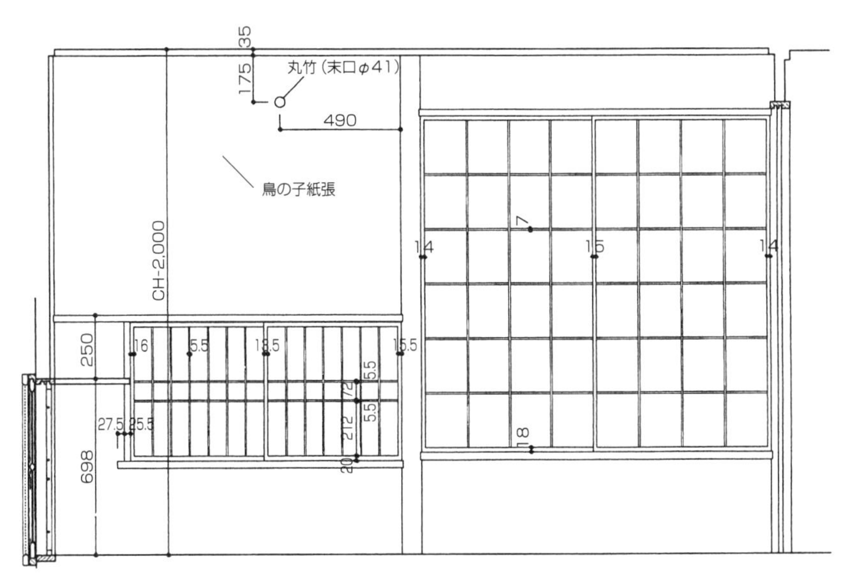

閑室展開詳細図　1/30

床の間上部

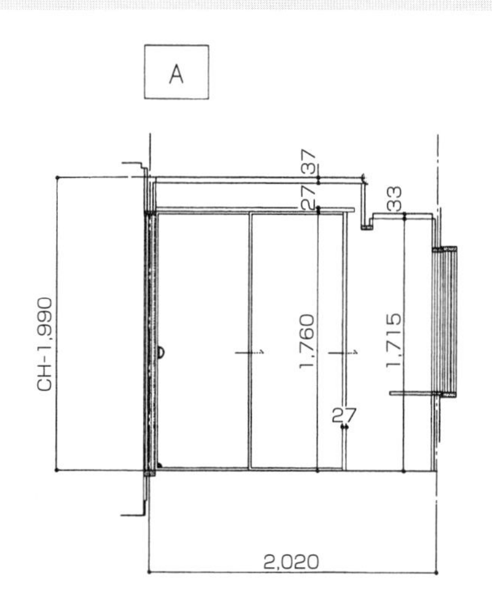

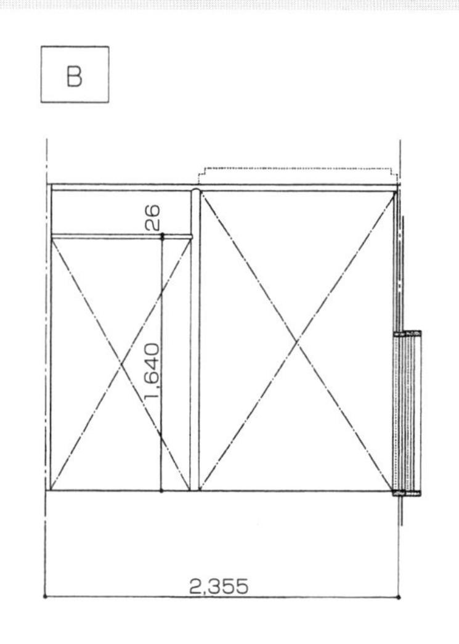

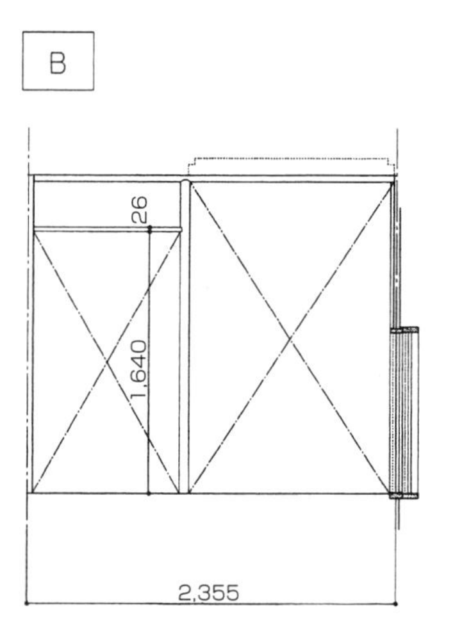

茶室展開図　1/60

床の間

床の間照明器具

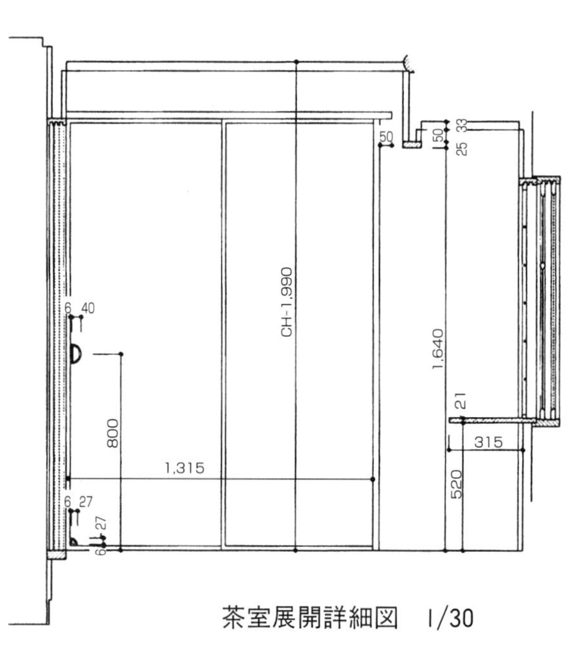

茶室展開詳細図　1/30

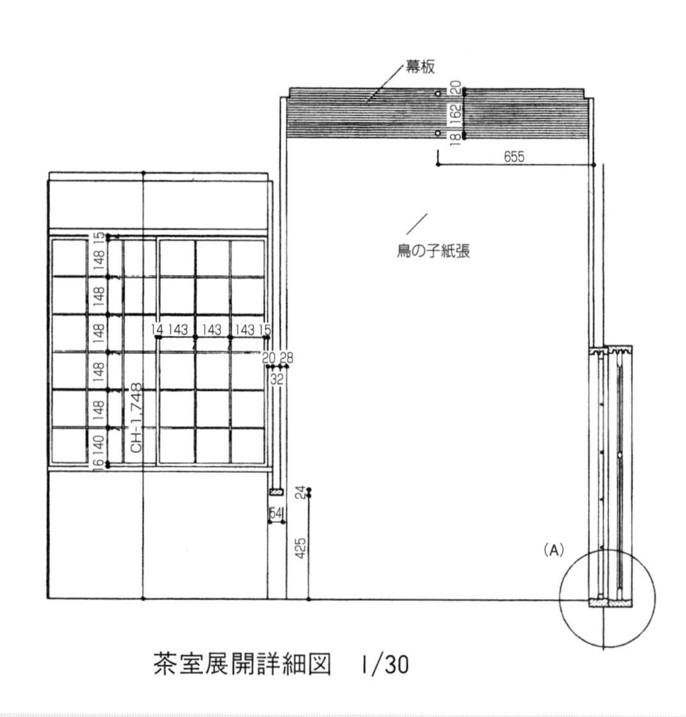

茶室展開詳細図　1/30

茶室(下閑室)

展開図　1/60
詳細図　1/30, 1/5

閑室の上り框から取り入れた空気は板の間から茶室に至り、床の天井から屋根裏へ抜けている。またにじり口は通常片引きの板戸であるが、ここではそれに固執せず引違いの窓と兼用している。
板の間とのあいだを間仕切る三枚引きの襖は80 mm角の柱の内に納まる精巧な薄さである。この下閑室は永らく放置されていたが、現在でもすべての建具がこの襖も含め可動する。
また窓の断面が図示されているが、「洋風」の硝子障子と「和風」の紙障子を組み合わせ、風雨の遮へいを考慮した壁面との納まりは藤井の研究の成果の一つである。

C

スイッチプレート

D

照明詳細図　1/5

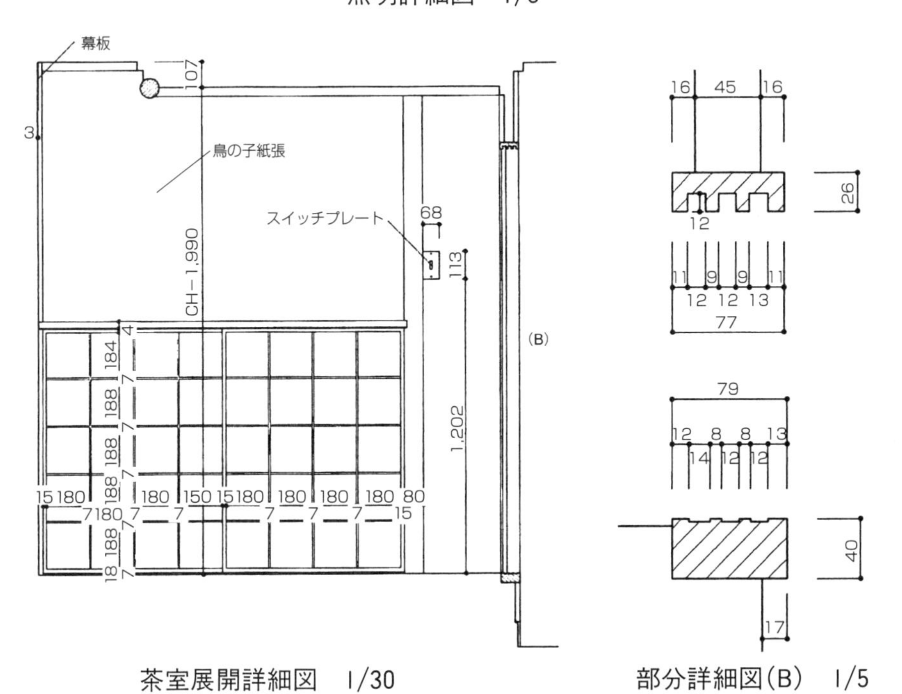

茶室展開詳細図　1/30

部分詳細図(B)　1/5

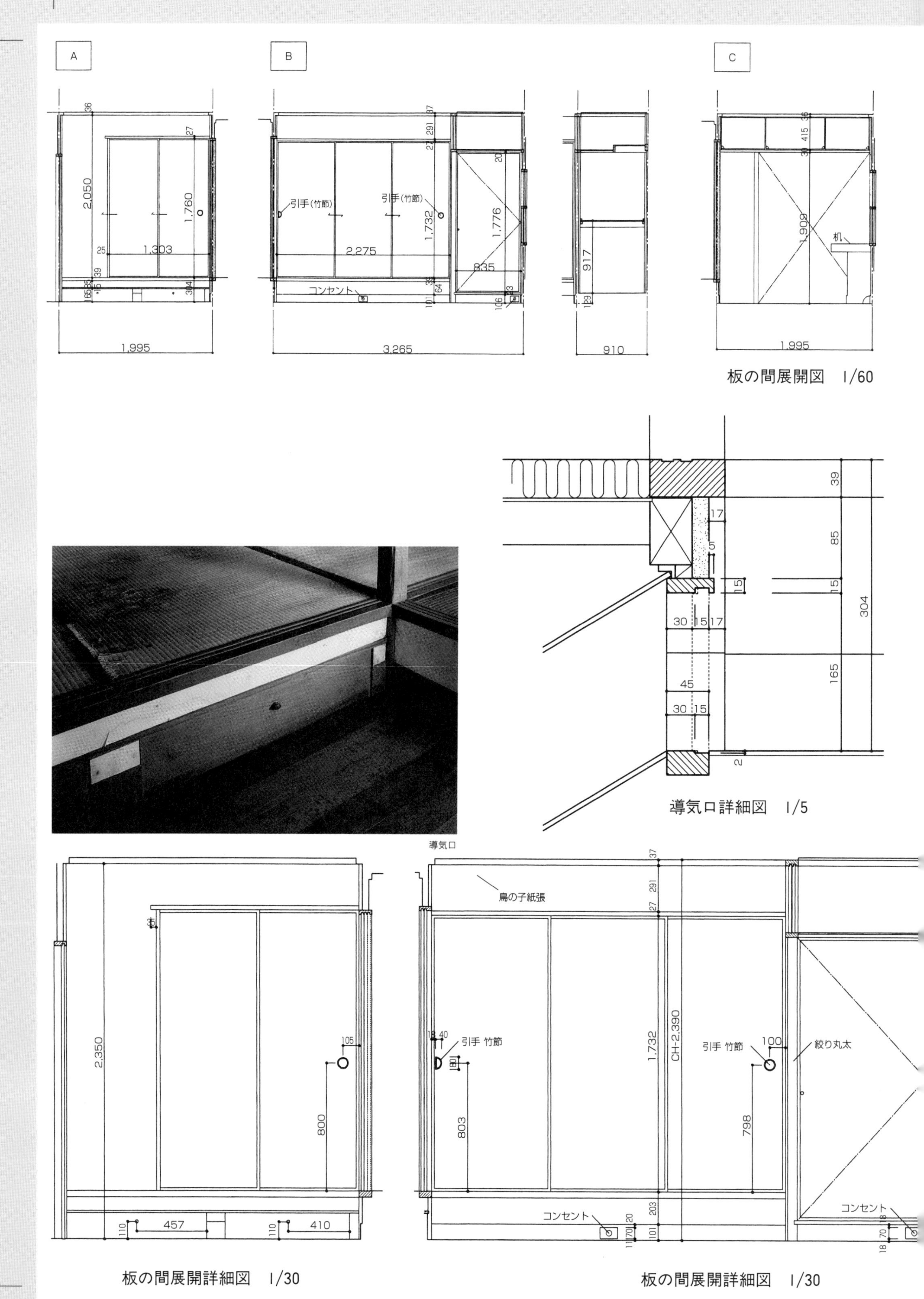
A
B
C
引手(竹節)
コンセント
机
板の間展開図　1/60
導気口詳細図　1/5
導気口
鳥の子紙張
引手 竹節
絞り丸太
CH-2,390
板の間展開詳細図　1/30
板の間展開詳細図　1/30

C

板の間(下閑室)

展開図　1/60
詳細図　1/30, 1/5

この室を「水屋」とする文献もあるが、実際には水回りはなく、造付けの机があり、どちらかというと書斎の風情である。
北西の角にある市松状の窓は、障子の開閉により驚くほど室の印象を変容させる。藤井は紙障子による拡散光を好んだが、この室ではむしろ直射光と拡散光の切替えの効果を楽しんだのではないだろうか。
閑室の襖、茶室の襖、吊戸棚に取り付いた竹の節の引手はそれぞれ正円、半円、四分円となっている。
閑室の上り框の部分が床下からの導気口となっている。

1,505　2,390　732

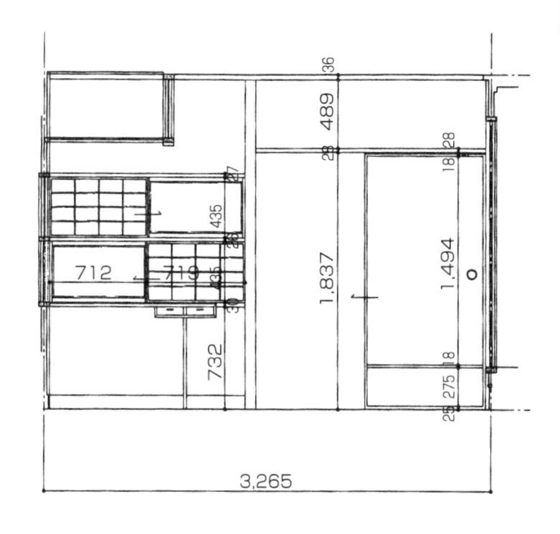

板の間

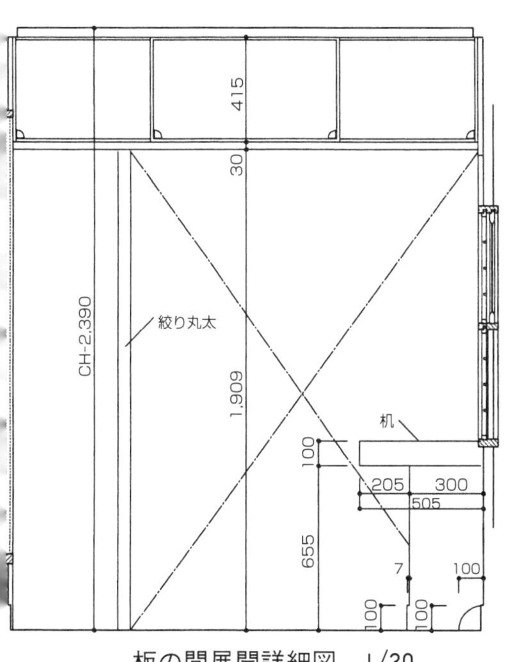

板の間展開詳細図　1/30

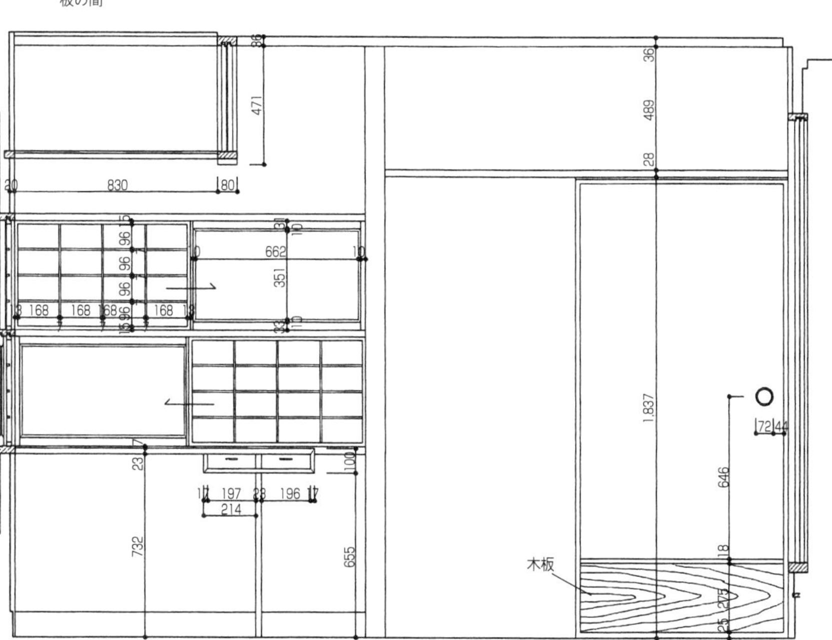

板の間展開詳細図　1/30

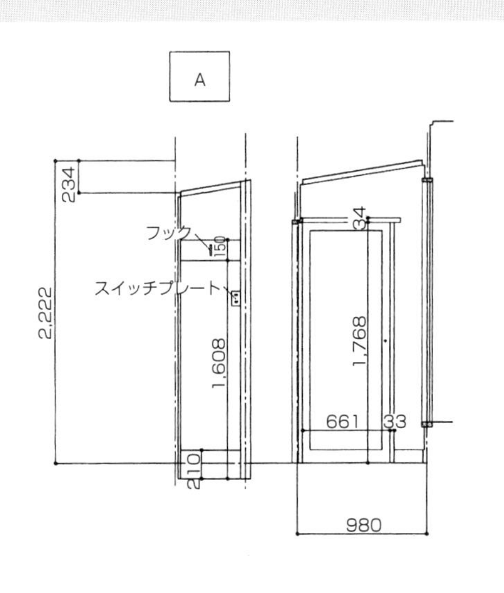

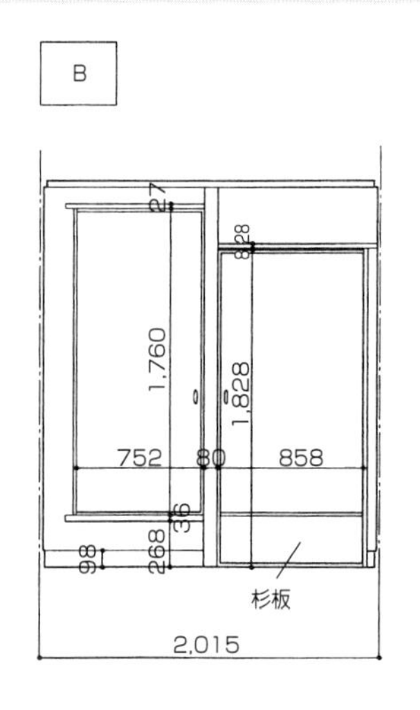

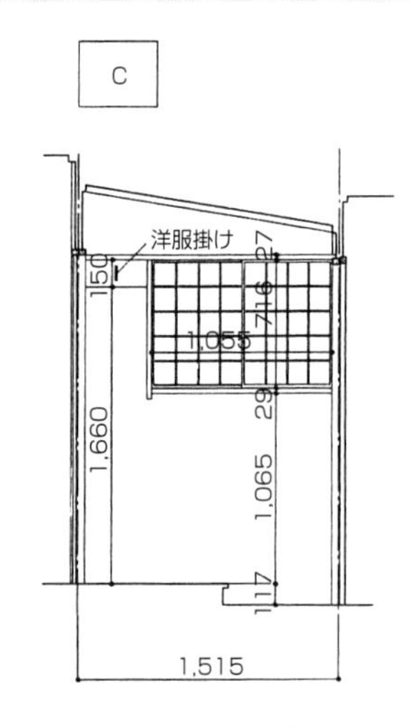

玄関展開図　1/60

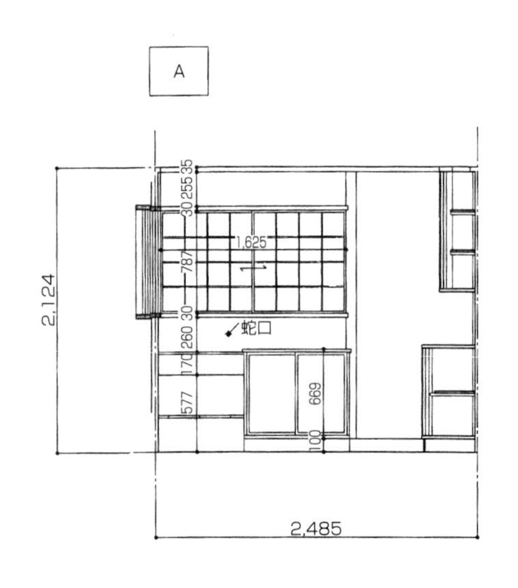

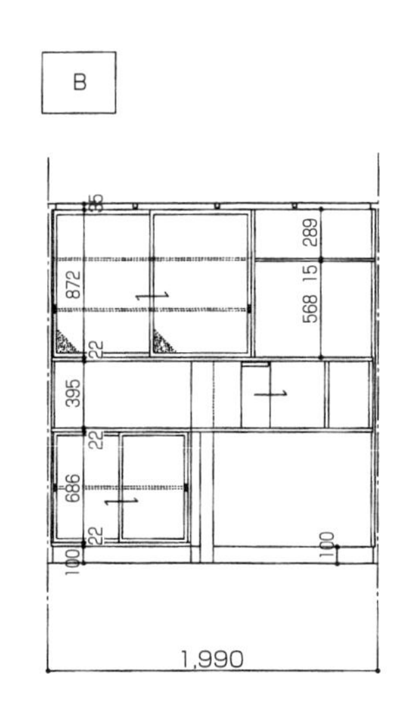

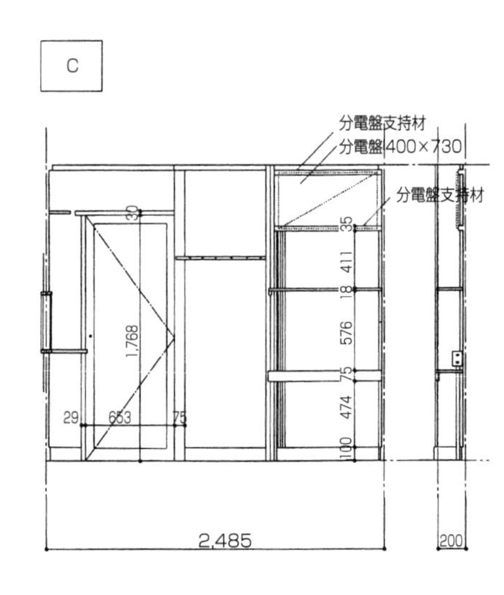

台所展開図　1/60

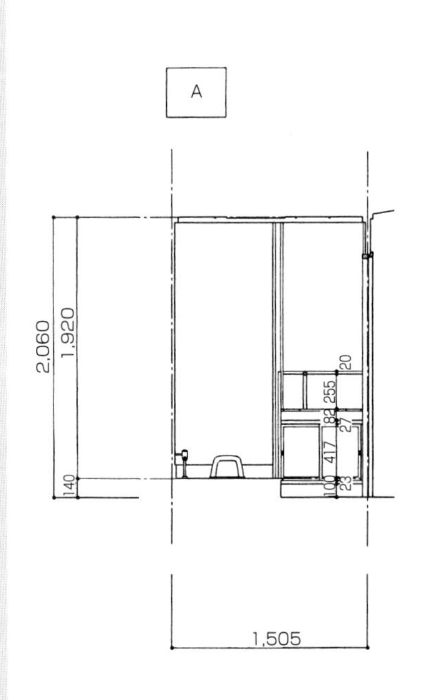

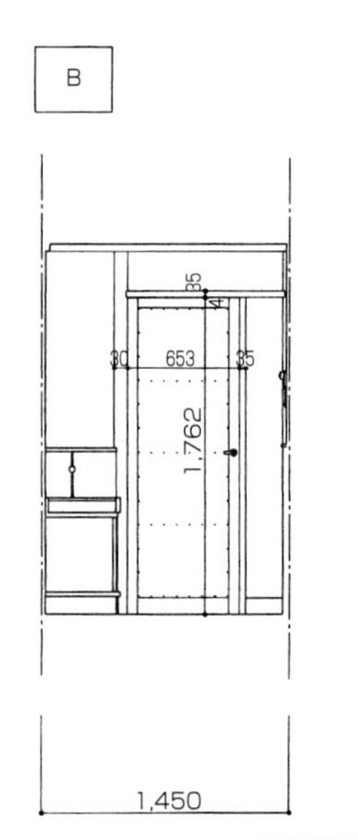

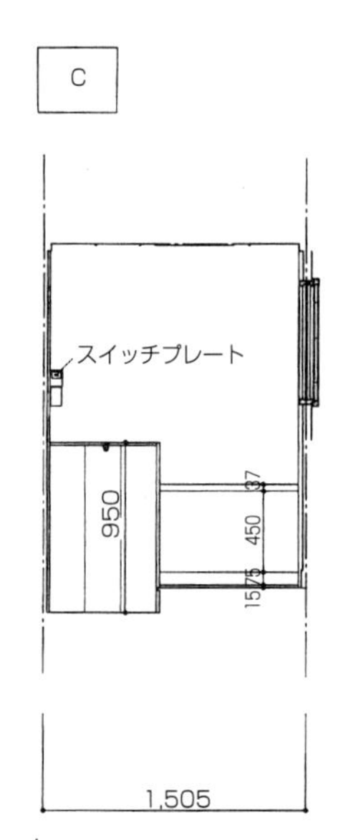

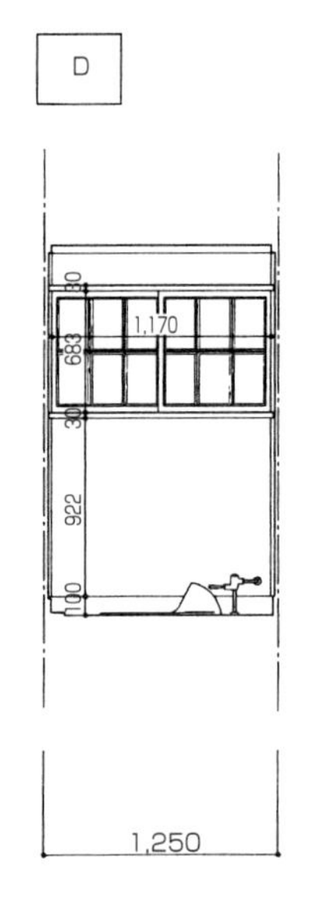

便所展開図　1/60

玄関・台所・便所(下閑室)

展開図 1/60
平面図 1/30
詳細図 1/30

サービス動線の中央に玄関がある。踏込の床はタイル。板の間側の戸の腰部に杉板を張ることによって、これと隣り合う閑室の戸との段差を意匠的に解消しようと試みてはいるが成功しているとは言い難い(展開B)。
台所には搬入用の勝手口と通気口としての地窓が設けられている。また、閑室への給仕口として配膳台に面して取出口が設けられており、戸棚を支える板柱が閑室からの視線を防いでいる。

D

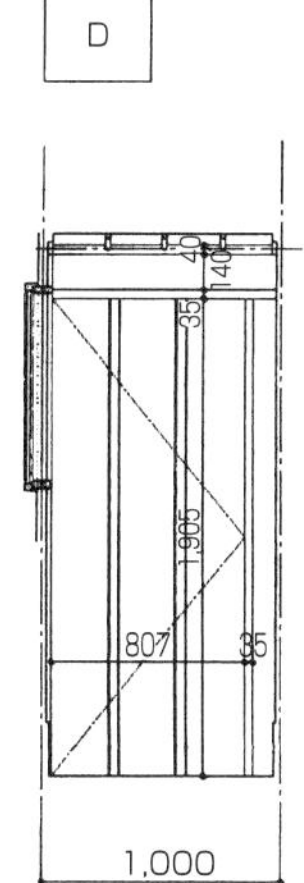

D
分電盤 400×730
1,095
丸太 65
470
370
435
1,755

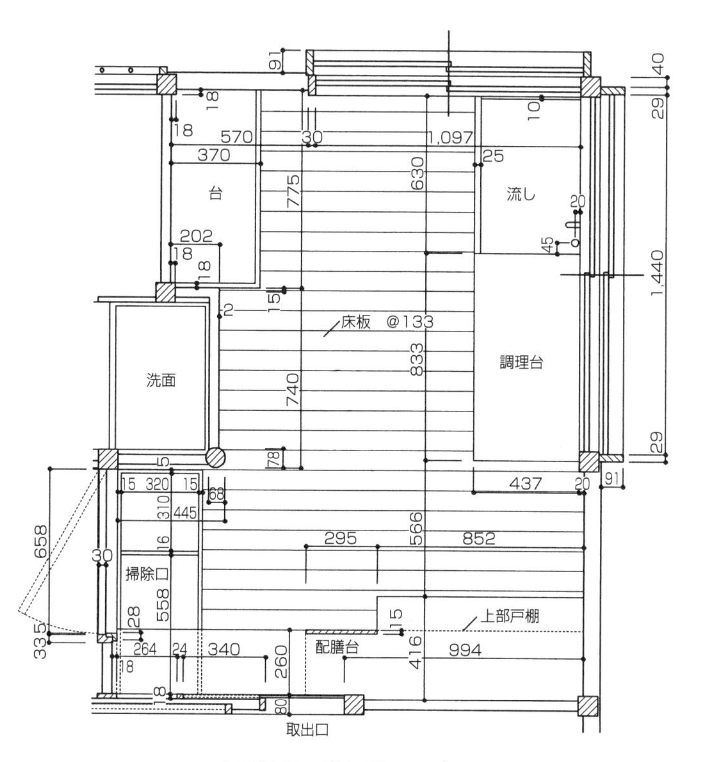

台所平面詳細図 1/30

台所

「科学」と「趣味」のはざまで

石田潤一郎

あらゆる近代建築史の教科書が教えるように、抽象性の美学と合理主義的な世界把握とがモダニズム建築の両輪であった。次元の異なるこの二つは、ときに癒着し、ときに反目しあいながら、歴史様式が二千年にわたって築いてきた具象と経験の世界を半世紀間で突き崩す。

藤井厚二は、実質的には十年にも満たぬ活動で日本の住宅建築の様式を変えた。審美的には抽象化によって、認識のレベルにおいては合理主義によって、彼のいう「現代日本の住宅様式」を構築してみせたのである。神代雄一郎氏は、堀口捨己が藤井厚二を「自分で考えて、自分でものを創りだし」た人と評したことを紹介している。このラディカリズム自体がきわめて近代主義的ともいえるだろう。こうした時代を超越しているとさえ見える近代主義者をあえて歴史のなかにおいて眺めようというのが小論の目的である。

藤井厚二は1888年(明治21)に生まれた。リートフェルトと同い年ということは一応記憶しておいてもよいだろう。1910年(明治43)8月、東京帝国大学建築学科に入学する。藤井が入学した1910年の春には有名な討論会「我が国将来の建築様式を如何にすべき乎」が開かれている。また、この年の卒業設計で、安井武雄は木造住宅を提出して物議を醸す。ゼツェッションの影響が実作に現れだすのもこの時期である。建築の理想像が急激にあいまいになっていき、日本の伝統や世紀末造形への関心が高まる、そんな時期に藤井厚二は建築を学びはじめたわけである。それとともに建築学が工学的性格を強めはじめる時期だったということも指摘したい。1900年代までの建築学はあえていえば経験的知識の寄せ集めであった。知識を整序し、新たな発想を展開しうる学としての体系を築こうとする志向は、佐野利器と内田祥三によってはじめて登場した。

1913年(大正2)、藤井厚二は竹中工務店に入社する。設計施工一貫を目指す竹中藤右衛門が自ら三顧の礼で迎えたという。藤井厚二の竹中時代の代表作は大阪朝日新聞社本社屋であるが、その装飾パターンは典型的なゼツェッションのモチーフであって、彼のこの世紀末造形への傾倒を告げる。

1918年(大正7)、朝日新聞社社長村山龍平は神戸市東郊御影の自邸に和館を新築する。竹中工務店の設計・施工である。藤井厚二の参加は文献的には今のところ確かめられないが、作風から見て、その意匠が彼によるものであることに疑う余地はない。そのデザインは一言でいって、和風のゼツェッション化である。幾何学形態への還元、表面仕上げの平滑化、そして構造部材の明確化が全館にゆきわたっている。その結果、和風の造作の規範からずれた形態が随所に現れる。たとえば格天井の格縁を細くし、2本吹き寄せにする、違い棚なしに地袋だけがポンと置かれるといった処理である。照明器具もきわめてウィーン工房的である。

1919年(大正8)5月、藤井は竹中工務店を退社し、同年11月から翌20年8月まで欧米を旅行、創設されたばかりの京都帝国大学建築学科に同年12月に講師として任官し、翌21年助教授、26年に教授となる。藤井厚二が属したのは建築設備の講座であったが、彼が特にその分野に精通していたわけではない。実際、建築設備といっても、空調は機械工学、照明は電気工学の分野であり、建築固有の研究というのは揺籃期であった。当初は一般構造の講義をもっていたことから見ると、彼はむしろ工法や施工技術のエキスパートとして教育にあたることを期待されていたのかもしれない。

ところが、彼は設備、いや、建築環境工学を自分の問題として捉えていく。彼の翻身をもたらした要因の一つは、京大医学部衛生学教室で緒についていた家屋衛生の研究に触発されたことである。そのリーダーであった戸田正三とは研究上の交流に加えて、その自邸を設計する間柄であった。

もう一つは1917年以降、急速に社会的影響力を増してきた住宅改良運動への反発であった。住宅改良運動は、在来の日本家屋の不衛生と機能的欠陥を指弾し、西洋化によってその改善を図ろうとする運動である。藤井はそうした見解を環境工学的見地から否定しさろうとする。藤井が唱えた日本的伝統の優秀の内容とそれを導くための自邸での実験についてはここで詳述する必要はないだろう。指摘しておきたいのは、彼の主張は研究に先立つということである。彼の研究の結論が出るのは1924年前後であるが、彼が日本家屋の評価を唱えはじめるのは1921年のことである。この一事をもってしても、先験的な日本的伝統への愛着が研究を導いたことは明らかである。藤井厚二は、近代科学によって自分の主観に客観の衣を見事に着せたのである。思えば、村山邸の先駆性も、西川一艸亭に師事するような藤井の数寄者的心性が呼び起こしたと考えるのが自然かもしれない。

ひるがえって、藤井厚二の合理主義の質をうかがわせるものとして、昭和7年の大阪朝日ビルをめぐる座談会の発言を見てみよう。話題にされた建築は竹中の後輩というべき石川純一郎の設計で、外壁にステンレスを張ったり、最上階の外周を全面ガラスにしたりして賛否両論を巻き起こした作品であった。藤井はそのメンデルゾーン張りのガラス・カーテンウォールに対して、「日本では寧ろ余り大きくしない方が可いでしょう。……クーリング[冷房]をやってもっと小さくすれば可い、採光も電灯なんぞで照明すれば、無くても可い……雑音を防ぐのなら、猶窓は無い方が可い」といって、きわめて否定的である。それにしても、藤井自身は照度実験のために教官室中を真っ黒に塗っていたこともあるそうだが、「電灯で照明すれば、窓はなくてもよい」というのはいかにも実験室的発想である。

藤井厚二による日本的伝統の近代化は、やがて部分部分の幾何学形態化・抽象化の域を超えて、ヴォリュームとしての空間がはっきり姿を現してくるにいたる。出隅同士を噛み合わせる聴竹居の居間・食堂境の処理、あるいはその閑室の照明器具における、四つの側面を巴状にずらして構成する手法がその早い提示である。そして1938年の死の時点で彼が到達した高みは、遺作扇葉荘に見ることができる。

藤井厚二の近代主義的審美性と合理主義的建築認識は、「日本趣味」の形成という地平においては幸福な統合を見た。裏を返せば和風住宅の革新という枠のなかでだけで達成された統合であったと言い直すこともできる。藤井厚二にはいくつかの鉄筋コンクリート構造の住宅、あるいは事務所建築がある。その外観は、モノリシックな壁体とそこに付けられた深い庇の関係が奇妙で、内部空間の完成度には遠くおよばない。バランスを失して庇にこだわったその姿は、朝日ビルに対する「窓は無い方がよい」という武断的合理性と通底する。

聴竹居や扇葉荘が見せる端麗なたたずまいから、私たちは藤井厚二その人も安定した境地にあったように思ってしまう。しかし、「自分で考え」なければならなかった人間特有の模索も独断も、彼はもっていた。むしろその揺れにこそ今日的意味があると私たちは考えるべきであろう。 **(いしだ　じゅんいちろう)**

一回こっきりの建築

藤森 照信

どうして建物のあのようなところにあんなものが置いてあったんだろう。

聴竹居を見てからずっと、小さな一つの謎が頭のすみに引っかかっている。石段を上がり、右に一折れして玄関先に立つと、右手の草むらの中に奇妙な姿の石彫が顔を出しているのだが、その像は普通の人には由緒不明の怪像に映るとしても、日本の近代建築にちょっと詳しい者には“アッ”と声をあげざるを得ないようなシロモノなのである。

伊東忠太が明治45年、京都は西本願寺の門前町の一画に完成させた真宗信徒生命保険の建物の周囲に杭のように立てられた怪獣像の一つなのだ。藤井厚二と伊東忠太は、活躍した時代はちがうし、作風はもっとちがう。藤井は自分の代表作の入口に、16年前の他人のデザインになるヘンなものをどうしてわざわざ据え置くような真似をしたのか。

一つ考えられるのは、京都かどっかの石屋の店先にでもころがっていた工事の時のスペアを引き取った。藤井は学生時代、伊東先生から建築史、建築論を教わっているし、ちょうどその頃、伊東は真宗信徒生命保険の建設中であったから、藤井はその像のことを知っていてなつかしさのあまり放置できずに引き取った。

しかし、旧師をしたうそんなウルワシイことじゃなかったと思う。その証拠になるかどうか、同類の像がもう一体、茶室への路次のかたわらに据えられ、来客を迎えているのだ。茶の道は、道具や軸や花を一つのシンボルとして扱う世界だが、熱心な茶人でもあった藤井が、あだやおろそかやウルワシサでそのような像を置くだろうか。おそらく、この像に何かを語らせたかったにちがいない。自分の建築家としての仕事の何かを、この像に託したと考えた方がいいと思う。

伊東の真宗信徒生命の建物は、建築史上に名を刻み、日本の木造建築の伝統と、石や煉瓦に由来する当時のヨーロッパ建築の間をつなごうとした苦心の作として知られている。もっと限定していうと、日本の木造の伝統を組積造化しようとしたものとして名高い。明治の時期、万事欧風化のなかで、火事にも地震にも弱い日本の木造建築は遅れたものと見なされていた。当然、大学出の建築家は手をつけない。それに対し、伊東は、ギリシャ、インドはじめ世界の建築はすべて木造起源で、木造から煉瓦・石造へと進化したとし、これを〈建築進化論〉として理論化し、その実践第一号が真宗信徒生命にほかならなかった。当時、煉瓦・石造は進んだものと見なされていたから、木造の形をなんとか進化させようとした第一号ということになる。

藤井は、そうした伊東の志に深く魅せられていたんじゃあるまいか。伊東は、社寺をベースに形、様式を近代化しようとし、藤井は茶室・数寄屋をモダンな空間へと近代化しようとしており、二人は時代差も方法の違いも歴然なのだが、しかし、伝統と近代の間をどうするかという基本的な関心は一致している。

藤井と伊東の間に赤い糸が張られていたなんて考えたこともなかったが、玄関前と茶室路次の二体の石像が語る言葉に素直に耳を傾けるなら、そのようなことになる。

この小文を書きながら、建築探偵としては、頭の片すみに引っかかっていた小さな謎が解けてきたような気がしてうれしいのだが、建築設計者としては、頭や感覚にいくつもの問題が引っかかったままになっている。

たとえば、居間のいすに座り、食堂のベンチに腰掛け、サンルームの籐いすに体を沈めて、現代の建築では味わったことのない、いつまでもそのままでいたいような気分になったのだが、ああした印象はどこから来たのか。そのまま寝入りたいほど気分がいいのに、しかし一方で感覚が覚醒している感じ。安らぎと覚醒の宙吊り状態。建築という表現が人間に与える最高の効果が聴竹居にはあると思えるのだが、それは具体的にこの建物のどこから湧いてきているのか。

まず、そのまま寝入りたいほどの安らぎの感覚は、使われている素材から来ているように思われた。

鉄とガラスとコンクリートに加えてアルミとセラミックスからなる現代の建築は、目を見張らせたり緊張させたりすることはあっても訪れた人をやさしく包んで安らげることはない。一方、土や木や紙や石といった自然素材には、そういう働きがある。人間は本能的に自然を求めるというような遺伝子レベルのことではなく、おそらく長いこと自然な環境と自然素材で作られた建物のなかで暮らしてきたゆえの視覚の慣性にすぎないのだが、とにかく、たいていの人は自然と自然素材を基にすると安心する。

聴竹居に使われている材料はたいてい自然素材ばかり。石の土台に土の壁に木の柱と造作。障子と壁紙と襖。昔の建物だから当然のことで、取り立ててこの建物の特徴というべきでないかもしれないが、でもちょっと違うのだ。
それぞれの素材の味わいと特性が、意識的に強調されているように見受けられる。
最初気づいたのは、入口の石段を上りながら、玄関回りの壁を見上げた時だが、大きな壁の左側半分が開口部一つなくバンと立ち上がっている。木造らしからぬ、日本的ならざるプロポーションの大ぶりな壁。そしてそこにはかつては土色っぽい漆喰系が塗られ、今はその下地の土壁が見えている。隅の方にわずかに残る漆喰系の仕上げを確かめると、普通の漆喰ではなく、何かすさを混入したような独自のもの。壁面にやたら木材を走らせるような数寄屋的小細工はせず、土系左官材料を、邪魔物なくゆったりと広々と塗り込むことで、土系材料の味わいをより印象深く演出している。
塗り壁は、柱などの他の部材で中断されず、どこまでも塗りくるんでゆく方が印象は強まるが、実際、聴竹居の外壁の塗り壁は玄関部からスタートして、庭側に回り込み、ぐるっと家全体を包む。数寄屋的住宅には珍しく、大壁となっているのだが、その視覚的目的の一つは、土系左官材料の強調にあったにちがいない。
外回りは大壁として土系の自然素材（独自調合漆喰）を強調し、さてでは室内はどうしているのか。室内の材料上のテーマは木。外は土、内は木。
木の使い方が、他の建築家とそうとうちがう。部材が細身のうえに数が多く走る。コルビュジエは桂離宮を見学した後、小声で「線が多くてうるさい」と同行した坂倉準三につぶやいたそうだが、もし聴竹居を見たとしたらなんといっただろう。コルの場合、一つ一つ部材の両縁に二本の線を見ていた可能性があるが……。
おそらく、聴竹居の設計者は、木材とは線材であると認識していた。カタマリ材としての石、面材としての壁土と対比的に、木材は線材ととらえていたのだ。
外は土を面で、中は木を線で。
線材として使われる木は、カタマリや面でないぶん表面積は少なくなり、素材感は弱くなるから、しっかりとした強い印象を持たせないといけない。聴竹居に使われている木は、竹を含め、多種多様だが、いずれも、細くても強く見えるように使われているから、それで線の建築に思えるのである。

藤井厚二は、以上のような自然素材を長い時間をかけ、捜し、集め、時には壁土のように自ら工夫して使った。それらは、その時にしか出会えない一回きりの材料であった。自然素材というものは、自然の産物であるかぎり、すべて違っており、似たものはあっても同一のものはない。
建築の一回性、ということを改めて考えさせられる。同じ工業化された製造物でも、車と建築は反対で、車とちがい建築は一つ一つちがう。敷地がさまざまで、機能も規模も、施主の好みも設計者の考え方もいろいろだから、その総和としての建築に同じものがないのは当然だが、このことはもっと現代建築の本質的テーマとして考えてみるべきだろう。これだけ大量に生産され、工業化されながら、しかし建築は、他の大量生産品とちがい、一回こっきりの存在なのである。
現代の設計の現場の多くでは、材料を選ぶ時、カタログで選ぶという。カタログに載り電話の届く先にある材料は、まちがいなく均質である。木材のような典型的な自然素材でも、均質化され、均質化になじまぬものは捨てられて、初めてカタログに載ることが許される。
現代建築においても建築の本質が一回性にあるとするなら、やはりカタログは一抹の躊躇を覚えながら使ったほうがよいのではないか。建築の一回性にふさわしいのは、一回性の自然素材だけなのである。正確にいうなら、工業材料にも一回性は可能で、鉄もガラスもコンクリートも化学製品も、一建築に合わせて個別に作ることはできるのだが、加工工程が均質生産向けに発達してしまい、一回性を実現するにはそうとうの覚悟がいる。しかし、やればできる。その点、自然素材は、もともと一回性の材料なのである。
聴竹居は、経済的に恵まれたすぐれた建築家が、自分で選び形成した広大な敷地のなかに、自分の目で捜し求めた自然素材をふんだんに使って作った建築であった。これほど一回性の高い建物もないであろう。せんじつめれば、そのことが、聴竹居からいつまでも去りたくなかった理由だろう。

（ふじもり　てるのぶ）

「空気環境のパイオニア」

内藤 廣

聴竹居を訪れて半年が過ぎようとしている。思い出すたびに印象が揺れる。それがまたこの建物の魅力でもある。今ではおおよそ、凝らされた様々な意匠のすばらしさもさることながら、この建物の際立った性格を決定付けているのは、やはりその裏で骨格を決めている設備と環境に対する対処の仕方にある、と思っている。日照と通風を有効に使っていく様々な試みは、現在で言うところのサステイナブルなアプローチだ。

今世紀初頭の実験住宅である聴竹居のような建物の思想が、その後の発展を見て、わが国に根付いていたらどうだったろう、そんな思いがよぎる。聴竹居といういかにも和様の銘々、謎かけのような数寄屋的な見えがかりがなければ、この建物の考え方は、オリジナリティという狭い枠を越えて、より広く理解されたのではないかと思う。

もっとも、このオリジナリティのほうも、抜きがたい魅力になっているのだから、仕方のないことなのだけれども。

この建物を特徴付けているのは、なんといっても中央の居間を中心としたゾーンだろう。この空間には不思議な空気が漂っている。居間と言いながらいっこうに居間らしくない。畳間に暮らす母親が畳の上に座り、机を隔てて椅子が用意され、食卓を囲んだのであろうか。そのため、和室と洋室の融合を計る必要があったのかもしれない。居間のほうの天井が高いのはその結果だろう。しかし、それにしてもこの空間は妙だ。空間の大きさや高さにくらべて、頼りになる壁が圧倒的に少ない。正体不明だが存在感のある空虚な空間、とでも言ったらよいのだろうか。

様々なしつらえの小さな部屋がこの空間を取り巻いている。縁側状の庭に面した横長の部屋、極小空間に近い書斎、床の間を持った洋風の客間、半円形にくり貫かれた間仕切り壁の奥に設けられたダイニング、この空間にせり出したような畳の間。これらがホール状の居間を取り囲んでいる。一つ一つがとても魅力的な異なる性格を持っている。どの空間も、少し小ぶりなスケールを持っていて、繊細で実に居心地がよい。

この建物が数寄屋的に見えるのは、これらの空間のディテールの処理の仕方によるものだろう。どの空間もホールに開いていて、コーナーのようになっている。これらの場所は、身体のサイズを想起しながら詳細に作られた、という感じがする。その分、しっかりとした身の置き所があるリアルな空間だ。

ある部屋に座ると、視線は自然と中央の薄暗いホールの方に向かう。その向こうに、異なる意匠の他の部屋が見える。窓があり、その向こうに広がる豊かな緑が目に入ってくる。ホールの周囲に幾つもの視点場があって、飽きることがない。つまり、ホールを中心に、対角線状に幾つもの視覚的な抜けがあるのだ。結果として、すべての視線は、中央のホールに吸い寄せられるようにできている所が絶妙だ。

居間を中心とした同心円状の部屋の配置は、採光と通風を考慮した上のものだろう。ワンルームに様々な機能を集約させつつ、そこに風が抜け、日が当たる場所を組み込み、様々な空気環境を作りだしている。たとえば、ホール内に突き出た畳間と洋間の段差は30 cm程度だが、ここに引き戸がしつらえられていて、この奥が今で言うクールチューブになっている。北側の冷たい空気を床下でさらに冷やして、ここから取り入れるようになっている。また、庭に面した縁側状の部屋の低い天井には、小さな建具があって、これを開けるとここから小屋裏に空気が抜けるようになっている。こうしたいくつかの通風にたいするアイデアが、この建物の構成と表裏一体になっているところが面白い。

それぞれのコーナーには必ず窓があって、光が入ってくる。ひんやりと薄暗いホールの空間とは対象的だ。何かをするにも充分な明るさがある。窓から入ってくる光は、結果として、これらの小さなコーナーに施された細部のディテールを浮かび上がらせる役割を果たしている。

聴竹居の試みは、建築を開いていくことにある。洋行の経験がある藤井厚二は、近代建築や近代生活が結果としてもたらす、環境に対する唯我独尊、閉じていく傾向に早くから気が付いていたのではないか。場所の固有性に目が行けば、おのずと設備と環境に目が行くはずだ。ここから眺めれば、モダニズムは修正すべき欠陥だらけの対象としてしか映らない。藤井が目指したものは、日々の暮らしの強さにあったのではないかと思う。本当に合理的な思考というのは、世界の中で自立すること、自分の立っている場所から世界を見ることだ。世界を知る術を持った上で、その世界に依存しないことが一番強い。近代的な生活様式が人々の生活の可能性を広げ、豊かにしていくことを認めつつも、それに住まう人間の自然観や世界観を不安で心もとないものにしていくことに、藤井は早くから危機感を持っていたのではないか。

伝統的な生活様式は、経験値の中から導き出された究極の省エネルギー建築だ。エネルギーを最小に留めようとすれば、エネルギー需給が小さな時代の知恵に勝るものはない。これは推測に過ぎないのだが、藤井の頭の中に、伝統的な生活様式の持っている合理性が常にあったのではないか。その場所に適したエネルギーを使わない形式を追い求めていくと、結果として、伝統的な建築の形式が立ち表われるはずだ、あるいは、それに近い形式が表面化するはずだ、と考えていたのではないか。ここに、合理的な思考と、見えがかりの伝統的な様式との間に、抜きがたいねじれが生じる。近代的な思考は、それまでの地続きの伝統的な形式を対立概念として位置付け、常に克服されるべき対象として扱ってきたからだ。

時代は大きく変わりつつある。21世紀の建築における中心的なテーマは、設備と環境になると考えている。振り返って見れば、20世紀は、鉄とコンクリートの世紀だった。20世紀初頭には14億だった世界の人口は、今や60億を超えようとしている。

当然、これだけの急激な人口の増加を支えるには、より効率的で効果的な建築の作り方が求められる。その結果、鉄とコンクリートの性質を最大限有効に使ったモダニズムが、世界中に敷衍したのも当然のことと言える。しかしながら、この効率一辺倒の建築手法に邁進した結果、地球大の都市や環境の劣化をもたらしたことも事実だ。また、欧米に端を発するモダニズムは、原理原則を押し通す啓蒙主義的な性格を持っていたがために、その場所の環境に接近し、その場所固有の解を得ることを潔しとしなかった。モダニズムの多くの建物が、ガラスを多用し、透明感や存在の希薄さをどんなに見せつけても、空気環境の観点からすれば、それは単なる「閉じられた箱」に過ぎない。

長足の進歩をみるコンピューターの能力は、ようやく複雑な空気環境を扱える一歩手前の所まで来ている。いままでは経験や勘に頼るかしかなかった屋外や屋内の空気流動のデータを、誰でもが容易に扱えるようになる日も近い。大掛かりな風洞実験でしか手に入らなかったデータを自由に駆使し、それを設計に生かすような可能性を射程に入れつつある。

藤井厚二の早過ぎる死から70年。我々はようやく彼を思い出す季節を迎えているのではないか、という気がする。藤井厚二は、閉じていく箱の異様さにいち早く気づき、それを空気環境の観点から開いていこうとしたパイオニアだ。様々な新しい試みがここで成された。それを建築という場で、いかに伝えるかに腐心した。微に入り細を穿った様々な意匠は、それを伝えるための精一杯の方図だったのではないかと思う。われわれは、新しい技術を手にし始めている。より自然に近い、新しい形式が可能になる。要は、それにふさわしい意匠と精神を創造することが出来るかどうかだろう。われわれは好むと好まざるとにかかわらず、藤井が立っていた場所と似たようなところにこれから立たざるを得ないような気がしてならない。

（ないとう　ひろし）

バイオクリマティックデザインの原点、聴竹居

堀越 哲美

はじめに

建築家そして京都大学教授であった藤井厚二は、多くの住宅を設計した。そして、建築計画から環境調節・人間工学に至る建築学の研究を行ったプロフェッサーアーキテクトである。日本近代の住宅が語られる時、彼の作品はその時代を代表するものとして語られることが多い。特に、聴竹居と扇葉荘はその双璧をなすものであり、その特徴のひとつが日本の風土性に適合した環境を調節する工夫に他ならないであろう。

“日本趣味”という日本の風土に立脚し、しかも環境的性能と生活的機能を満たした、日本人がまさに本拠として生活をする住宅を目指して、藤井厚二は一連の5棟に及ぶ実験住宅を作った。その総決算というべきものが聴竹居であった。彼の住宅理論書ともいうべき著書『日本の住宅』の冒頭で、聴竹居を「即ち之が本書の結論と称すべきものです」とまで言っている。では、この藤井厚二の行ってきた聴竹居に至る実験住宅とは何なのであろうか。

1. 日本の風土性と住宅

藤井厚二は当時の日本が科学立国を目指す雰囲気の中で、住宅は単に伝統的なものを作ればよいとか、西欧的なものにすべきであるというような思考ではなく、風土に適した空間を創造すべきと考え、合理的な設計手法がそこにはあるべきではないかとの思考に至ったと考えられる。そのことは、彼の次の言説に現れている。

「其国の建築を代表するものは住宅建築であって」、そのなかで「人情風俗習慣及び気侯風土が建築様式に相違を来す根本条件で」あり、「其の地の気侯風土に対応して出来上がらねばならない」。そして「我国固有の環境に調和し、吾人の生活に適応」する住宅が望まれていることを説いている。さらに、住宅が必要とする環境については、安全性と、「衛生的で、換気暖房及び採光などは完全で能く快感を與へ」装飾も考慮しなければならないとしている。

住宅は風土に適応する建築であることと、その中での生活を営む居住者と生活そのものを対象にすることが大事であると主張している。それは、単に気候風土によりものの形態や使われ方が決まるという環境決定論的考え方ではなく、「人情風俗習慣」「吾人の生活」といった人文的・社会経済的な要素があってそれらも決定要因であるということを十分に考慮した上での環境重視であることも特徴である。

そのような風土に根付いた住宅を創るための手法ないし技法として、平面計画・環境調節計画・機能計画が取り上げられる。それらを総合化するものが住宅なり建築における「設備」なのである。ここで言う「設備」とは現在言われている、いわゆる建築設備といわれる設備だけを指すのではない。設備とは合理的に住宅を作る上での計画的側面・考え方とそれを支援する様々な道具・工夫・機器そして設備を広く指していると解釈できよう。その設備についての位置づけとして、藤井は、建築研究には「構造」・「設備」・「装飾意匠」の三方面があって、設備では「衛生的ニシテ換気煖房及ビ採光ナドハ完全ヲ期シ生活能率ノ増進ヲ計」ることがその役割であることを述べている。これは現代的には建築計画原論および各論を指すものであるといえよう。

さらに、住宅は健康的であることが必要であると説かれ、その健康については繰り返し力説されているのである。当時の西欧社会からの健康的概念の定着化が進んだ時期であり、いわゆる科学的思考がものを作ることに大きな力になると考えられていた時代である。それ故に住宅設計を「科学的根拠の下で行いたい」、「科学の力で形態や機能の決定や概念を規定できるのではないだろうか」と考えたとしても、十分にうなずけるのである。それをまさに実践しようとした人生だった。

2. 健康

健康を守るための建築の環境調節は、現在では様々な空気調和の設備や技術が発展し、これを信じ、これに頼ることが多くなったのは事実である。そして、これなくしては現代の建築は成り立たないような状況さえ見える。空気調和設備は国際主義建築では照明設備とともに必然であり、必須のものと考えられてきた。しかし風土性を考えるときそれはひとつの疑問ともなる。この時代藤井にとっては現在のような先端技術の設備は自らの手の中にはなかった。だから、もし現在の時代にいたならば、これらの多用をしていたかもしれないが、それを議論するのは意味のないことと考えられる。むしろ、その時代の中で最大限努力した結果が大事であるし、それがむしろ現代には設備を乗り越えて必要なのではないかとも思えるのである。そんな議論の一端をも彼は与えてくれる。

彼の健康重視の姿勢はいかにして醸成されたのであろうか。彼がいた当時の京都大学にその鍵がある。医学分野の中でも予防医学に属する衛生学、特に住宅や都市に関わる衛生学研究の土壌が京都大学医学部にあったのである。大正末期に京都大学医学部衛生学教室の教授であった戸田正三が主宰し、『国民衛生』という雑誌が発刊された。そこには、衛生学者によって住居衛生や建築環境研究にする論文が多く発表された。日本の衛生学の歴史はド

イツに留学しペッテンコフェルの下で学んだ森林太郎(鷗外)に始まる。大正後期は日本衛生学系譜の中で、造家衛生や住宅衛生の研究が一度空白を迎えたあとの時期であり、建築衛生・環境研究が衛生学者によって再び隆盛を迎えた時期である。藤井厚二は一連の住宅の改善に関する論文をこの「国民衛生」に発表したのである。それは「我国住宅建築ノ改善ニ関スル研究」と題された、現在の住宅をどう日本に適合した理想の住宅に改善していくか、住宅気候の制御、環境調節手法に関する事項を多く含む、既存資料による分析と考察や新しく実験を自ら行った結果に基づく具体的な改善論の論文である。

3. 体感温度の考慮

住宅の目標のひとつは、「換気煖房及び採光等は完全で能く快感を與へ」と述べ、快適な環境を作ることであると藤井は指摘した。すなわち室内空間の体感温度を「極めて平静に生活機能を営ましむることのできる環境」で、「単ニ健康維持ノミナラズ、常ニ快適享有ヲモ併セ企ツ」ようになるような、より積極的な意味での健康な空間を目指すことを目標とした。そして具体的に実現する標準(目標値ないし設計条件)として表1に示すような当時の体感温度に関する研究成果について考察した。これらは現在でも歴史的に体感温度や快適温熱環境をレビューする時に参照される成果である。

これらの条件のうち、どれを標準とするかは、人体の代謝を「放射・伝導・蒸発の放熱」によって平衡させることができれば、住宅設計の基準として利用できるので、その意味ではどの条件を採用しても大きな差はないと考え、「衛生的設備ヲ論ズル場合ニ於ケル標準トシテハ何レヲ選ブモ不可ナシ」として、ここでは先覚者を選び、Hill と Rubner による提案を標準とした。現代から歴史的に振り返れば、Houghten と Yagloglou の(旧)有効温度 ET が周知のように世界中に広まった。しかし、その世界を席巻したと思われた有効温度 ET も新しい指標に取って代わられてしまった。Rubner の条件は ET と比較すると、低い温度条件である。

住宅設計において、もっとも基本的なもののひとつとして、室内気候の標準を定めて、それを目標として設計を行おうとする姿勢は画期的である。さらにいえば、藤井の独創性としては体感温度を考慮するのみならず、その実現についてどう設計するべきかの方法と材料・構法を示し、実際に建設したことに大きい意義がある。まさに体感温度の考慮という設計思想が、「建築計画原論」そのものであり、その原点とすることができよう。

表1　藤井厚二によって検討された住宅設計において室内気候の標準とすべき設計条件

提唱者	設計条件の内容
L. Hill	気温　64 F　比湿　65% 無風・軽衣安静座業
Rubner	気温　80 F　裸体　無風 気温　90 F　風にあたること 湿球温度　56 F
G. S. Haldane	湿球温度　75 F 最大限度
V. Hill & Shepherd	R＝100—4(T—54) R：快感を感ずる湿度　% T：R に対する適当な気温　F
C. Freud	湿球温度　56 F　無風 湿球温度　58 F　100 fpm 湿球温度　63 F　300 fpm
Huntington	38 F　精神活動 60～65 F　肉体活動 平均 50 F　比湿　75%
Hubbard	乾球温度　70 F 湿球温度　56 F　安静
F. C. Houghten & C.P.Yagloglou	等快感線 62～69 F　ET　Comfort Zone 64 F　ET Comfort

4. 環境調節技法の導入

上述の、建築計画原論としての住宅改善方法の実践は、住宅設計と建設において住まい方、環境調節の工夫・仕掛けまた技術の開発によって行われた。それは日本の伝統的工夫や技術を活かして、西欧的な技術とも融合させて新しい手法を考え出した。環境調節の技法に注目すると、その中で具体的な形として現れたもののひとつが、先に述べた聴竹居に用いられた、床下から冷気を導入し、天井の開閉口から妻の換気口へと空気を導くシステムである。これは、通風、しかも風とは異なり気候条件によらず必ず期待できる浮力による温度差換気の原理による上下の通風効果によって、夏の暑さを過ごすかという工夫であり、意識的にエネルギーを使わないで環境を調整する技術の、世界的に先駆けといえる技術の開発である。これだけではなく、屋根や壁体の日射に対する効果や、保温性についても十分な吟味がなされている。屋根材料や壁体の構成、たとえば中空層の効果などが、実験によって検討されている。実際に造られた住宅での実測も綿密に行われており、データが示されている。これらの実験を自ら行ったのは、「其研究成績ノ発表極メテ稀ニシテ(中略)数量的研究ヲ発表セラレシコトノ少ナキヲ遺憾トナス。」という住宅に関する科学的研究や実践的にも用いることができるデータがほとんどないという現実に直面したからである。そこで「多種ノ建築物ニ対シテ最モ重大ナル(中略)温度湿度及ビ気流」を中心として科学的研究を始めたのである。これらの実験結果や技術の性能に対する疑問も耳にすることがあるが、その多くは現代の視点に立ってのものであり、現代の技術や科学的知識から見れば稚拙かもしれないが(私は決してそうとは思わない)、当時の状況の中でこれだけの検討を行ったことがむしろ評価されるものではないだろうか。

以上紹介したものの他、藤井が考案した環境調節に関わる技法をまとめ表2に掲げる。広く考えられていたことが分かり、現代の環境調節の課題、特にパッシブデザインないしバイオクリマティックデザイン(注)の手法と整合していることが大変に興味深い。

表2　藤井が考案・採用した室内環境調整のための「設備」

対象部位等	「設備」：装置・工夫	ねらい・効果
平面	南北2列に部屋配置	日射日照調整
	家具の寒暑変化に対応した移動	日射日照調整
	縁側の設置	日射日照調整
	開放性・居間中心・可動間仕切・欄間	気流の生起・促進
	主風向の考慮と平面計画	気流の生起・促進
壁	小舞壁・煉瓦壁が良好	遮熱
	壁内中空層を小区分	断熱
	壁内中空層に外気を流通させる	冷却
床下	床下通風・換気口	湿気除去
	換気筒　土台下空気取入れ	冷却(防犯)
	室内換気筒・換気口	冷却(防犯)
	土中換気筒	冷却(保温)
屋根	瓦屋根・(杮葺)	遮熱
	屋裏の利用・妻面の換気	冷却
	(冬季閉鎖：暖気の保護)	保温
	ひさしの設置・深い軒	日照調整・雨仕舞
気象条件	建物周囲の気温分布の考慮	冷却・換気
	気流分布の考慮	冷却・換気
	床下・屋根裏の温度差の利用	冷却・換気
	夏季午後4時以後の外気取り入れ	冷却・換気
窓・開口	引き違い窓	換気
	ガラスと紙障子の二重窓	防贓風・保温
	紙障子の敷光性	採光

5. 聴竹居への展開

聴竹居は、京都府下大山崎の一隅にある。この地は、よく知られているように古くから京都と大阪を結ぶ要害の地としても名高い場所である。茶室待庵が背後の天王山から下りてくる小高い場所に位置していることからも分かるように、そこから見渡される景観は雄大でもある。宇治川が木津川と桂川と合流する地点であり、川はここから大阪湾へと注ぐ淀川となり、その蛇行した独特の美しさが景観をさらに雄大なものとして形作っているところでもある。

住宅を建築することの成否の大きな要素の一つが、敷地の選択であり、この地が選ばれた理由は、京都に近いことをふまえた上でも、納得するのである。先にも述べたように、藤井厚二は実験住宅をこの地に連続して作っていった(実はこの実験住宅という言葉は果たして適切かどうかということもあるが、これについては後述する)。聴竹居は第五番目の住宅として完成したわけだが、景観的にも気候的(日照・通風)にも最もよい場所が選択されていたように感じられる(当時は地図を見ると笹藪や竹林であり、古写真からも現在のような樹木に覆われていたわけではない)。

建物を周りから眺めると、これは正面を除けば日本的なたたずまいではなくむしろ北の地の住宅を想起させる立面ともいえる。堅牢なドアで仕切られた室内は、外部との連続性を断ち、ある保護された空間を内包しているようである。室内のプランは居間を中心にして各部屋がその周囲を取り囲む。段差のある畳敷きの座敷部分は和室というより居間と天井が一体となっており、椅子座生活と床座生活を一体化した空間として計画されている。そして床座と椅子座の人物同士が視線を同一高さに保ち得る構成が表現されている。洋風のフローリングされた居間の椅子式生活と畳の和室での座式生活をうまく連続性させ整合性を取ることは、明治における洋室導入後からの住宅での課題であったといえよう。板の間と座敷の間に段差を設け視線高さを合わせる解決法は、近代的な住宅を日本の伝統的な生活を保ちつつ創り出そうとした、藤井の工夫のひとつである。彼が盛んに強調した日本趣味を実現する手段のひとつであった。この座敷部分の段差の下に、藤井の真骨頂である、冷気の取り入れ口が設けられている。その戸を開けるとそこには木製のダクトが作られており、地盤の中へとつなげられている。その先が今回の実測でも突き止められなかったが、おそらく斜面側へと空気取り入れ口が設けられていたものと推察される。これは、同じ敷地内にある元々の「聴竹居」である茶室の空気取り入れ口が、土管で作られ斜面側に設けられていることからも推測される。ついでながら、この茶室は平面から小物設備・建具までにわたり、とてもまとまりのある細やかな意匠性があり、冷気取り入れ口等の環境調整部分の細工も工夫され意匠的な配慮がなされ、作品としても絶品ではないかと思われる。

居間の中にあるアーチの入り口をもつ一段高いコーナーの食事室に座ると、居間とは何か異なった空間の心持ちが感ぜられる。そこからの少し高い視線は、居間が見渡せ連続性を感じさせるものの、グレードの異なる一種独特の雰囲気を感じさせる。これは一種の上段であり、入り口のアーチと意匠は茶室を思わせる。背後の広いガラス窓はこのコーナーへの明るさを与えるものであり、外部の気配を和らげて伝えるようにも思える。台所に移ると、明るく清潔であり、電気冷蔵庫が備え付けられている。機械的先端設備としては風呂場での給湯器もあり、先端設備の導入に熱心であったと考えられる。

そのことは、標準状態を実現するには、「特種ノ機械的装置ニヨラザルベカラズ」、「空気調整に関する設備は(中略)重要な設備」であり、「煖房は、必要であるが夏季の冷房もまた我が国に於ては頗る重要」としながらも当時の状況で「極めて簡単なる機械的装置すら設くることの容易ならざる」ので仕方なく計画原論的デザイン手法によったことからも想起される。冬季の暖房は電気ストーブによって行われたことが、自らのデザインになる藤焼の電気ストーブや聴竹居台所の配電盤のブレーカー(容量)の多さから推測される。

聴竹居以前の実験住宅は残されていない。いまは、聴竹居母屋とそれに付属する閑室、茶室である。以前の住宅は藤井が当初求めた土地に次々に建てられていった。そして、それらは新しい住宅ができるたびに新しい持ち主へと分けられていたのである。そのことが当初から考えられていたとしたならば実験住宅というよりもむしろ、最新技術による分譲住宅とは考えられないであろうか。“大山崎ヶ丘「バイオクリマティック・ハウス」分譲住宅”とは考えすぎ、言い過ぎであろうか。

おわりに

このように藤井厚二は、聴竹居を最終的な住宅の完成型として自らの住宅思想を実現化することに情熱を燃やし、完成させた。単に和風であるとか洋風であるとかではなく、そこで生活者の視点や生活そのものをあくまで重視し、健康的に体感温度の条件が標準として満たされるように合理的設計を行うことを重視した。さらに、近代の西欧文明に依拠した技術を単に住宅に無批判に導入するのではなく、日本の気候風土に適合した住まいを環境の調節や起居様式の統合化として実現すること試みた。まさに「日本趣味」の住宅の追求でありパッシブデザインないしバイオクリマティックデザインの原点である。この藤井の考えを含めこの時代の建築家の日本の住宅創造の思いが、以後の住宅の近代化を、単に欧米型模倣にしなかったことの証になったともいえよう。バイオクリマティックな考え方であるからこそ、乱暴であるが、聴竹居を総体的に概観すると西洋数寄屋という言い方が言い得て妙であると思ってしまうのである。

(ほりこし　てつみ)

注)
バイオクリマティックデザインとは生気候学に基づいたデザインである。生気候学は生物の営みや生態と環境との関係を考える学問である。パッシブデザインより一層生活や人間と密接したデザイン手法と考えられている。

[参考文献]

1) 小能林宏城：大山崎の光悦、新建築51(13)、50-57、1976
2) 神代雄一郎：近代建築の黎明、美術出版社、1963
3) 富永讓・藤岡洋保：藤井厚二の住宅に関する研究、日本建築学会大会学術講演梗概集E. 765・766、1987
4) 西山卯三：藤井厚二の「日本の住宅」、「日本のすまい I」勁草書房、1976
5) 藤井厚二：日本趣味、建築学研究(13)1-15、(14)75-84、1928.
6) 藤井厚二：我国住宅建築の改善に関する研究、国民衛生、3(3)1927 ほか
7) 藤井厚二：「日本の住宅」岩波書店、1928
8) 藤井厚二：我国住宅の改善、煖房冷蔵協会誌(32)、1-12、1926
9) 藤井厚二：「聴竹居図案集」岩波書店、1929
10) 藤井厚二：「鉄筋混凝土の住宅」田中平安堂、1934
11) 藤森照信：昭和住宅物語、新建築社、1990
12) 堀越哲美：藤井厚二における体感温度の考慮と建築気候設計―温熱環境評価の研究史4―、日本建築学会近畿支部研究報告集26、169-172、1986
13) 堀越哲美・堀越英嗣：藤井厚二の気候設計を取り入れた環境調節の理論と住宅デザイン、日本建築学会大会学術講演梗概集D, 549-550、1987
14) 堀越哲美・堀越英嗣：藤井厚二の体感温度を考慮した建築気候設計の理論とデザイン、日本建築学会計画系論文報告集386、38-42、1988
15) 堀越哲美：健康的な住宅を目指して―藤井厚二の足跡―、建築雑誌104(1283)、42-45、1989
16) 堀越哲美：住宅の室内気候を問題にした藤井厚二の住まい観、チルチンびと創刊号、1997
17) 前田敏男：建築環境工学の源流、先達に問く―私と空調・衛生とのかかわり、空気調和・衛生工学59(11)、1092-093、1985
18) 村田治郎・伊東恒治：「扇葉荘」新建築社、1940

聴竹居に暮らして

小西章子氏・伸一氏からのヒアリング

竹中工務店設計部

語り手　小西章子氏（藤井厚二次女）
　　　　小西伸一氏（同孫・章子氏長男）
聴き手　松隈章（竹中工務店）

今回の実測調査では分からない「聴竹居」での暮らしぶりや当時の風景などについて、藤井厚二の次女である章子さんと章子さんの長男で孫にあたる伸一さんにお話を伺った。

昭和3年に竣工した「聴竹居」に、章子さんは5歳から29歳まで住み、また伸一さんは、藤井厚二が亡くなった10年あとにお生まれになり、4歳まで住んだとのことである。

ヒヤリングとはいうものの、何しろもう50年以上も前の話であり、かすかな記憶をたどって頂いたので、内容には多少不確かな部分もあることをご了承頂きたい。

昭和5年(1930)頃の三川合流部。天王山より南を望む(淀川資料館所蔵)

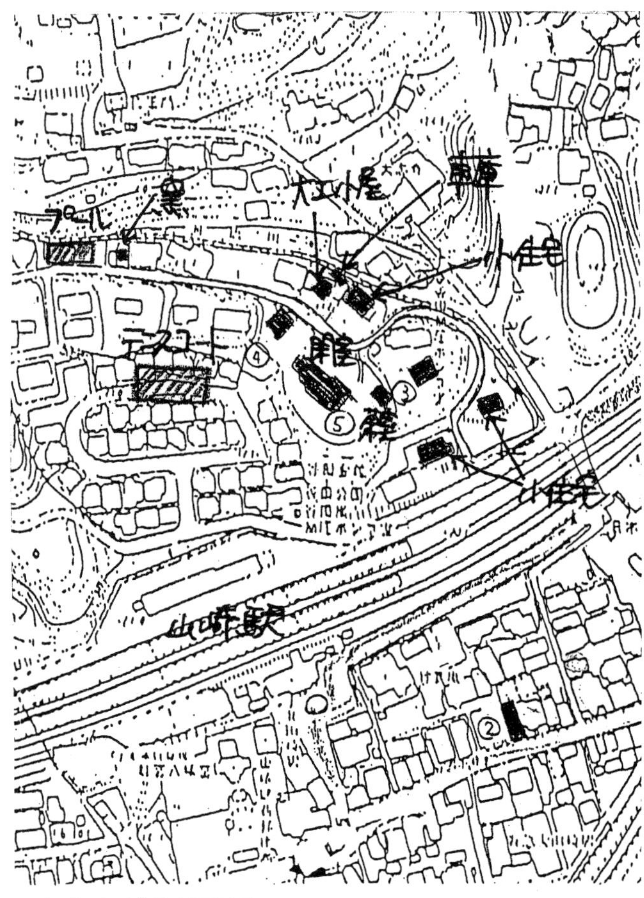

ヒアリングによる各施設の配置想定図

聴竹居での暮らしぶりについて

- 現在と違って、庭の木々は小さく、とても見晴らしの良い所に建っていた。そのため、冬はとても日当たりが良く暖かかった。
- 読書室は藤井のデスクと長女、次女の机が備えつけられていたが、藤井はもっぱら閑室にいることが多かった。
- 居室の真中にはソファがあった。
- 寝室1（4畳半）は、子供の寝室となっていた。
- 両親はその隣の寝室2で寝ていた。この部屋はかなり古い時代(昭和の10年前後）に，3畳＋板の間を6畳に改造された。
- 戦争中、冬の寒さを凌ぐために、居室にある3畳の上框の所に、襖を取り付け、畳のところに掘りごたつをつけた。
- 寝室の窓にある肘掛はとくに何も置いてはいなかった。
- 各室の暖房はすべて電気ストーブによっていた。
- 居室の畳と板の間の段差があるところにテーブルを置いて食事をするようなことはなかったと思う。
- 南の庭は芝生が張られ、ドウダンツツジ等の植え込みも現在よりずっと背が低く、庭からの見晴らしも素晴らしかった。
- 庭は下の方に降りていけるようになっていて、そのまま国鉄の山崎駅裏側に繋がっていた。
- 茶室では、しばしば茶会が開かれ、また藤焼の花器を使ったお花の会ももたれていた。
- 下閑室と言うことはなく、茶室と呼んでいた。
- 茶室には聴竹居の庭の方からも小道が通じていた。
- 茶室の待合に面した北側の石組みには水が流され（小さな滝の

ようなもの)、蹲(ツクバイ)の水として、手を清めるのに使われていた。

・茶室の板の間は、おそらく藤井の読書室的な使われ方をしていたと思う。

・(茶室) 閑室の床の間横にある地窓を開けると、下にある滝とその下にある池が望まれた。

・その池はさらに第3実験住宅（通称；下の家・・・番号で呼ばれることはなかった）の庭に繋がっていて、小川になり、道路わきにあった川に流れ込んでいた。

・茶室の待合前はセメント敷きの浅い池があり、その中の石は飛び石になっていた。

周辺について

・番号のついている実験住宅以外に、図にあるように、小住宅が3軒、大工小屋、車庫、窯、プール（25m×6mのコンクリート製の本格的なもの)、テニスコート（アンツーカー：戦時中に空襲の際に目立つという理由で、掘り返して芋畑になった）等が点在していた。

・公共の水道に切り替わるまでは、地下水をくみあげ簡易水道としていた。また、水路があり、敷地内を流れていた.。プールの水もそれを浄化して使っていた。水路の途中には藤焼の土をくだくのに使われた水車が設けられていた。れんがでつくられた水路の一部は現在も残っている。

・第3実験住宅は室戸台風で屋根が飛んだが、その後住んでおられた人が引越し、傷みも激しいので、昭和30年代に解体した。

・聴竹居の前に建てられた第4実験住宅にはおそらく藤井家は住んでいないと思われる。2階建てで大きかった第3実験住宅に住んだあと、聴竹居に移ったと思う。(第4実験住宅は平屋で、規模が小さく、見晴らしも聴竹居によって遮られているのであまり良くない。平屋の実験のためにつくられたのではないか？)

・大山崎山荘の実業家・加賀正太郎とはとくには、存在は知っていたものの、お付き合いはなかったと思われる。

・ブルーノ・タウト氏が聴竹居を訪れたのは、覚えている。

(2000年11月30日、於：白金竹友クラブ)

■「聴竹居」竣工当時の地図と写真

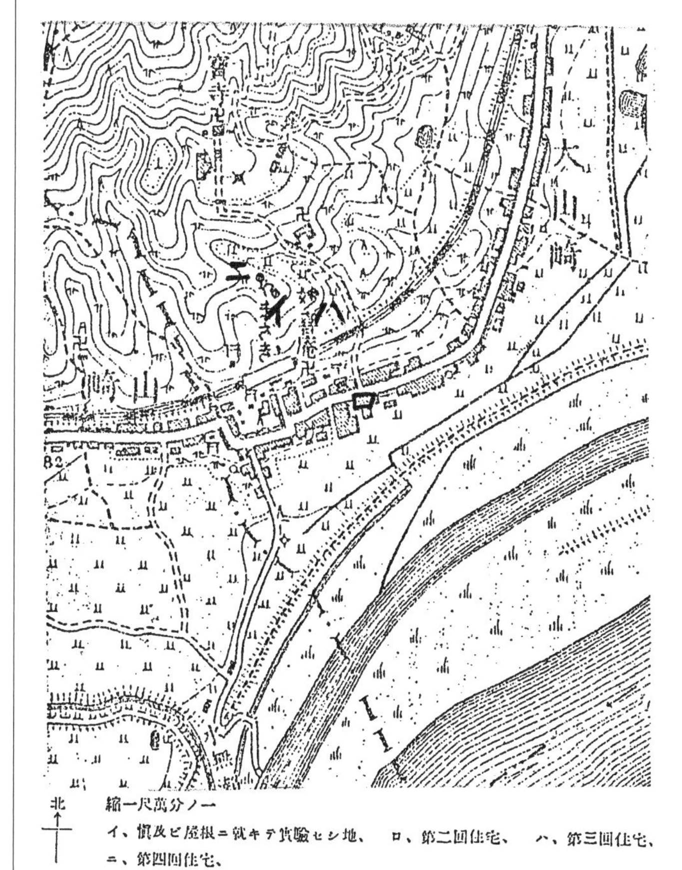

藤井厚二「我国住宅建築ノ改善二関スル研究」国民衛生 4(1)、1927 より

昭和2〜3年（1927〜28）頃の淀川改良増補工事（昭和4年写真帖、淀川資料館）

上の図は、藤井厚二が論文としてまとめた「我国住宅建築ノ改善ニ関スル研究」(国民衛生 1927) に載せられているものである。

それを見ると、敷地周辺は今と違って、「聴竹居」の名のとおり、地図上の記号から竹林に覆われていたことが分かる。また、第2から4の実験住宅、さらに壁等の実験が行われていた場所が示されている。

上の写真は昭和2〜3年頃の淀川改良増補工事のものである。 広い川に面して見晴らしの良い位置に大山崎山荘とともに、藤井の実験住宅と思われる住宅群がわずかに見える。山と川の関係が現在と異なり、それらを遮るものがほとんどなく一体のものとして存在していたことがわかる。

『日本の住宅』と聴竹居　――藤井厚二の住宅設計思想――

竹中工務店設計部

藤井厚二は第五回目の実験住宅「聴竹居」の建設中である昭和2年に『日本の住宅』(岩波書店・昭和3年発行)を著している。藤井は「家を建てること」を旅行にたとえ、旅馴れぬ人々への案内と同様の意味で、自分よりも住宅を建てることについて経験の浅い人々のために、真の『日本の住宅』はいかなるものであるかを説かんとし、その序文の中で**「私は所謂最近の旅行として現今第五回目の住宅を建てておりますから、其の住宅の完成した時は『聴竹居図案集』と題して、自己の住宅の建築設計案を公にする予定で、即ち之が本書の結論とも称すべきものです。」**と述べている。

一般論である『日本の住宅』とその結論としての『聴竹居』。藤井の住宅についての考え方はこの二つに凝縮されていると言えるであろう。ここでは『日本の住宅』を構成している五つの章「和風住宅と洋風住宅」「気候」「設備」「夏の設備」「趣味」のそれぞれに沿って藤井の考え方を概観しながら、その考え方が聴竹居においていかに具現化されているかについて、実測調査を通した目で考察することを試みたいと思う。

■「和風住宅と洋風住宅」と聴竹居

「一日もはやく我国固有の環境に調和し、吾人の生活に適応すべき真の文化住宅の創成せられんことを熱望してやみません」この熱望こそ、藤井をして10年にわたり五つの実験住宅をつくらせ、ようやく総決算となる聴竹居の完成を前にして**「日本特有の建築様式が住宅において表現されるべき時代」**の到来を確信し、『日本の住宅』を著させしめた。

明治維新以来の欧化政策のもと60年を経た当時にあって、和洋折衷といいながらも欧米の模倣と、日本の伝統とがただ雑然と混交している生活様式。公共的な建築は欧米の様式、社寺建築は伝統的な様式と意識されていたが、住宅の規範となる様式はなく、その状況を憂いて**「わが国の住宅建築として確立すべき一定の様式はいかなるものであるかを考察する」**のである。

複雑な生活様式も大別すれば、和風・洋風のふたつであるとしてその差異を明らかにするため、以下の10項目について、その特徴を挙げ比較している。

①生活様式

和風住宅は座式生活に適合、和服を着て畳の上で生活するために造られた住宅、洋風住宅は欧米風に起居し、腰掛式生活をするようにできている。

②構造および意匠装飾

和風住宅は木造で、温柔の感をあたえ、色彩も清楚淡白、床の間を中心に室内の意匠や装飾を施す。洋風住宅の多くは木造だがその意匠として煉瓦や石を使うので、鈍重の感があり、色彩は強烈、暖炉を室の中心に置いて凝った意匠装飾する。

③間取り

和風住宅は南側に縁側を設け、夏の日光の直接の影響を防ぐ。同一の部屋をいろいろな用途に使い、各室の間に壁は少なく、襖を外して数室を一室とすることもある。洋風住宅は当初和風住宅に付け加えられていた応接室が、独立した住宅となったもので、一室ごとに独立しており、部屋ごとに用途も意匠も決まっている。

④壁

和風住宅では多孔質で厚さ6センチの土壁、洋風住宅では密実な鉄筋コンクリートや煉瓦の壁もあるが、木造の場合は中空壁である。

⑤屋根

和風住宅では灰色の瓦を緩勾配に葺く。農家では草葺きとすることもあり、その場合は急勾配に葺く。洋風住宅では鉄筋コンクリート造の場合はほぼ水平、多くの木造の場合は急勾配にする。欧米の材料を使うので形状・色がきわめて豊富。

⑥床

和風住宅では畳敷が一般的。洋風住宅では板張りが普通で、テーブル・イスのまわりには絨毯を敷く。

⑦天井

和風住宅は天井板を重ね合わせて45センチ間隔の細い竿縁に打ち付けた竿縁天井で、室内と天井裏の気密性は低い。洋風住宅は漆喰天井あるいは平板張り天井で、天井裏とは遮断され、天井高は和風よりはるかに高い。

⑧軒および庇

和風住宅の軒の出は深く、窓の上には庇を設ける。これは壁や窓が雨に濡れるのを防ぎ、夏季の直射日光を防ぐためである。洋風住宅の軒はほとんど出がなく、窓の上に庇を付けることはない。

⑨窓

和風住宅の窓は外壁面や床面に比べて非常に大きい。高さは180センチ以下、幅はそれより広く引違障子をはめ、窓と出入口を兼ねる。夜間は雨戸、ガラス障子をはめるが、日光や視線を遮るには紙障子を使う。洋風住宅の窓は外壁面や床面に比べて小さく、高さは幅の2倍以上で細長く、上げ下げか開きのガラス障子。腰壁は60〜120センチ以上ある。日光や視線を遮るにはカーテンをつけることもある。

写-1　鳥の子紙が張られた居室の壁・天井

写-2　和風の意匠の中に組み込まれた照明器具

⑩戸
和風住宅には間口の狭い押入か便所以外開き戸はほとんどなく、室内では引違の襖を間仕切り兼用とする。洋風住宅ではすべて木製の開き戸を用いる。

このように和風洋風ともに一長一短があり、日本の気候風土、生活様式を考えるといずれか一方の様式を選択することはできない。理想の住宅様式とは理想の住宅環境である。つまり和風の壁は日本の温度・湿度調整に適当で、夏の通風に小さな窓程度でいいのなら構造的に不安のある日本家屋も窓を小さくし、耐火耐久を考えるなら和風でも鉄筋コンクリートにすればよいということになる。**「人情、風俗、習慣等が同じであり、気候風土の同一である土地における住宅の間に、甚だしい相異の生ずるのは洵に不可解なこと」**と藤井は述べ、それぞれの長所に拠った様式の追求が一連の実験住宅に結実する。聴竹居では、湿度調整のため腰掛式の部屋の壁、天井には鳥の子紙を張り、襖や障子と馴染ませながら、漆喰風にも見せている(写-1)。また通風を窓のみに頼らず地中から取り入れた空気を天井裏に抜くなどの手法が見てとれる。

交通の発達により外国の影響を受け、近い将来日本の住宅も欧米のようになると考えたり、進歩した住宅設備をそのまま採り入れたりするのは軽率で、特に私的生活が急激に変化するとは考えられない。藤井自身、腰掛式の生活をしており、将来は一般の人々もすべて腰掛式生活に変えるべきだが、和風の生活を全廃するのは難しく、当分は和洋併用が妥当とした。

しかし気候・風土はそれぞれの国特有のもので、欧州では日射の強い南ほど窓が小さく、北になるほど大きくなるなど、気候が差異をもたらしている。日本でも地方によって建築上の差異があり、**「人情風俗習慣等および気候風土が建築様式に相異をきたす根本条件」**である以上、理想の住宅の環境を得るため、和風洋風を超えたところに解決を見出した。

すなわち構造は堅牢で、風雨火災震災や腐敗に対し安全であり、衛生的で、換気暖房や採光は完全で、装飾も気持ちのよいものでなくてはならない。意匠については、各室の大小配置がよく、諸種の設備機械(写-2)をできるだけ使用し、生活能率の増進を図らねばならない。この完璧な理想は、日本特有の建築様式がまだ見ぬ住宅において表現されることを予言する。

■「気候」と聴竹居

ここでは、気候、主に温熱環境について人間にとって快適たらしめる状態を明らかにし、それを獲得するための日本の住宅における基本的な考え方を科学的に裏付けようとしている。

まず、藤井は8人の科学者の諸説を参照して、人間にとって快適な気候(温度、湿度、気流の配合)を明らかにしようとする。本論では**「主として該研究の先覚者たるレオナルド・ヒル氏及びルブネル氏の言を標準」**として、無風時湿球温度華氏56度(摂氏13度33)を常態における好適標準としている。

そして、日本の気候データを整理分析することによって、その「好適標準」と日本の気候との関係を述べている。それによると、**「春秋二季における外気の常態は其の標準に近き場合も多々」**あるものの、夏と冬においては**「欲求する気候とは甚だしき懸隔が起こり」**、特に夏季においては**「著しく不適当」**であり、かつ屋内においては**「気流減少し人体其の他より発散する熱及び水分が加はる」**ためさらに不快感が高まると述べている。さらに、欧米の諸国・都市の気候データを同様にならべ、日本の気候と比較を行っている。

そして欧米においては冬季の寒さを和らげるため住宅の内部は外部と遮断し、各室は厳重に間仕切りすることにより暖房効率の向上が必要であるのに対し、日本の住宅の有様として以下のようにまとめている。

すなわち、

① 夏季における設備の研究を主眼として考究すること。
② 日光の直射による高い外気の熱を屋内に伝達させないこと。
③ 各室の通風をよくすること。

この章においては、住宅の計画に関して具体的に述べている箇所はここのみである。

さらに、日本においては夏季に死亡率が高く、出生率が低いというデータを示し、いかに夏の気候が厳しく、それを和らげるための住環境が求められるかをうたっている。

この章は、科学者の諸説と、膨大な気候のデータによって埋められている。その目的とするところは、当時流行した日本住宅における安易な欧米スタイルの模倣を批判し、あるべき姿を科学的に明らかにしようとするものであるが、具体的な住宅の計画論については次章以降で述べられることとなる。

■「設備」と聴竹居

「設備」の章において藤井は和風住宅と洋風住宅の主要なる部分について、その長短を明らかにし、日本の住宅として必要なる根本の諸設備について自説を展開している。

1. 間取について

藤井は第一回実験住宅(1915)を神戸市石屋川で建てた後、京都府大山崎の山腹に約1万2千坪の敷地を購入し、第二回住宅

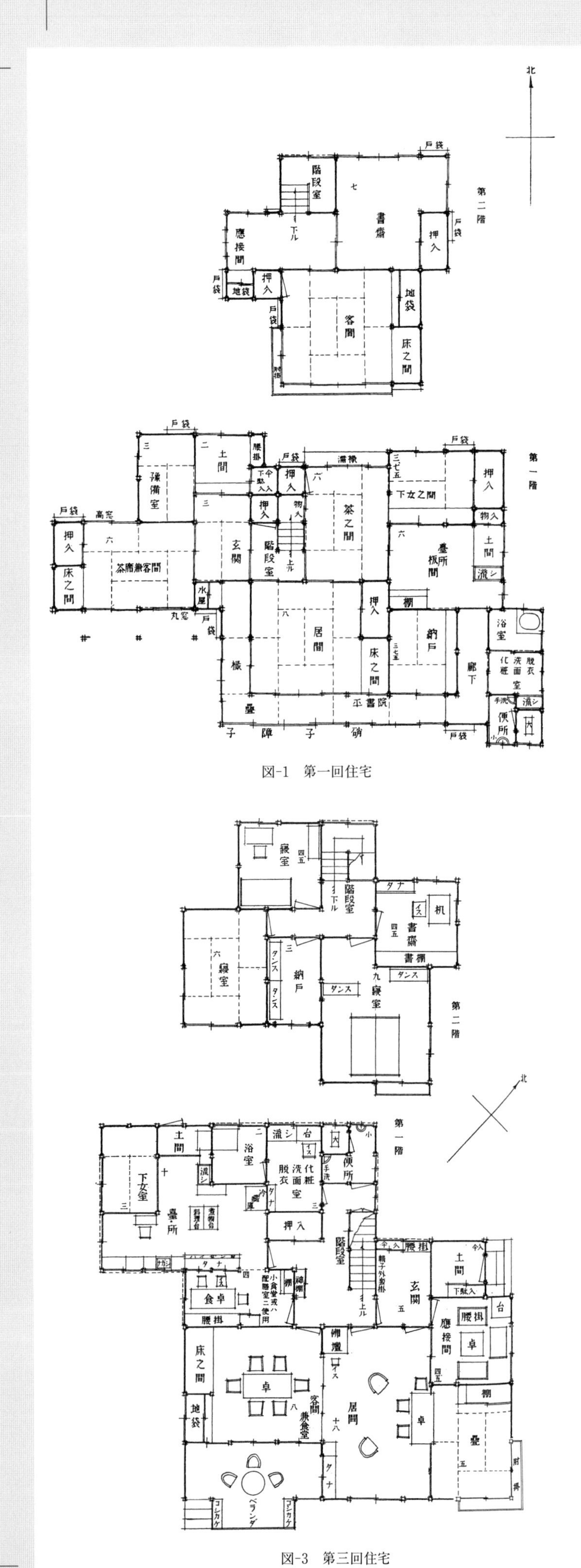

図-1　第一回住宅

図-3　第三回住宅

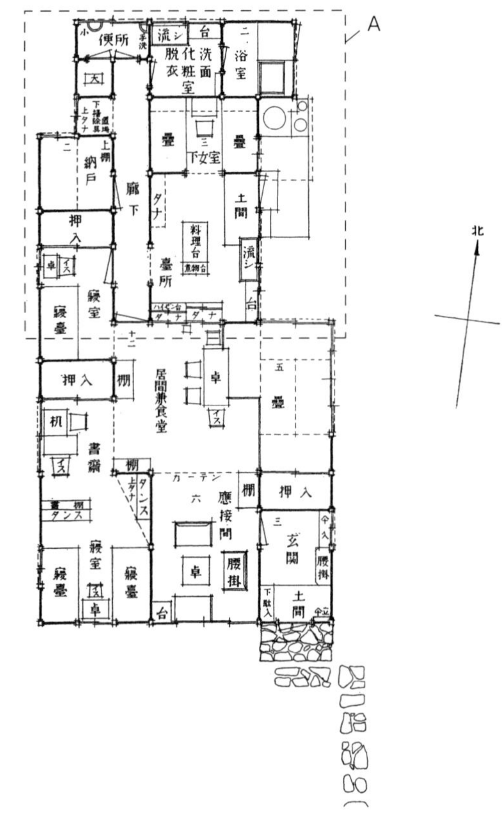

図-2　第二回住宅

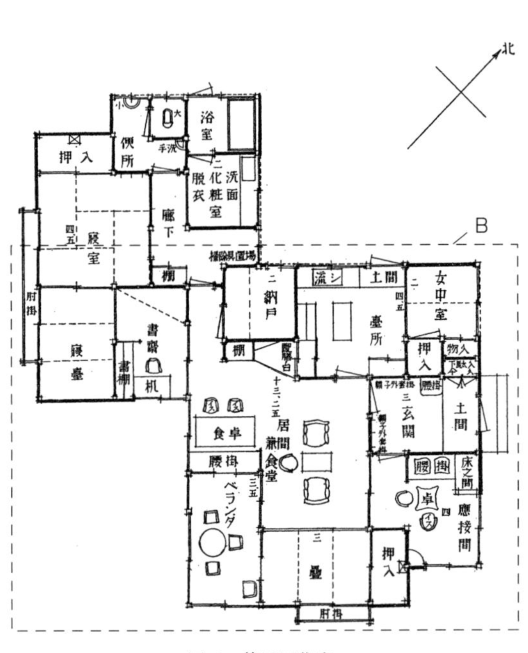

図-4　第四回住宅

(1920)、第三回住宅(1922)、第四回住宅(1925)、第五回住宅(通称、聴竹居、1928)へ至るまで建てつづけた。本文の中で、典型的な農家のプランと第一回から第四回住宅までのプランを載せて考え方について説明している。(図1～4)

藤井は農家の間取りを分析し、**「南と北と二列になしたるものを東西に長く配置するのを可とします」**と述べている。この形式はよく日本の気候に適応しており、将来の住宅もこの方針に従うものと藤井は考えた。エネルギー効率上、東西面を小さくすることは有効であるが、はたして実際にはどうだったのだろうか。各プランを分析してみる。

第一回住宅は2階建てで廊下がなく南側に大きな縁を設けている。配置は南北二列で東西に長い。どちらかというと農家に近い形である。ところが、第二回住宅には一変して平屋になり、南北に長くなっている。中廊下になっているので、窓もなく暗い長い廊下ができている。ベランダ・縁側のようなものはなく、中央部分の居間兼食堂はまわりをすべて部屋に囲われており、室の内側に方向性の持つプランといえる。ここで注目したいのが破線で囲われた部分である。後に説明する第五回住宅の聴竹居に酷似している。廊下を挟んで東側にサービス関係、西側に寝室・納戸、北側に便所・浴室が配されている。第三回住宅では再び2階建てになり、中央部に階段室兼廊下となる部分があり、それを囲むように必要なボリュームを持った各室が配されている。第一、第二とほぼ方位に軸を合わせた形で配置されていたが、第三回住宅からは北に対して45度振った格好になっている。ちょうど南の一番日当たりの良い場所にベランダを設け、客間兼食堂と一体的な利用ができるようになっている。玄関は北東からの鬼門入りになっており、藤井があまり既成概念にとらわれずに実験的な態度で確認していく様子がうかがえる。第四回住宅では再び平屋になり、方位は第三回と同じく北に対して45度振っている。玄関も同じく北東にあり、入ってすぐに居間兼食堂があり、南側にはベランダ、北側には台所などのサービス、西側には寝室を並べて廊下の突き当たりに便所・浴室などがある。第五回住宅＝聴竹居(図-5)では第四回に引き続き平屋であるが、南北に長くなり第二回にあった長く暗い中廊下が復活している。『日本の住宅』のなかで、生活のしやすさの点でも、耐震性に関しても平屋が理想的であるということを強調している藤井は、**「両者の便否を体験しましたから、序文で述べたる目下建設中の第五回住宅は敷地は狭くても平屋建になし得る高台ですからこれに據ることとしました」**とある。

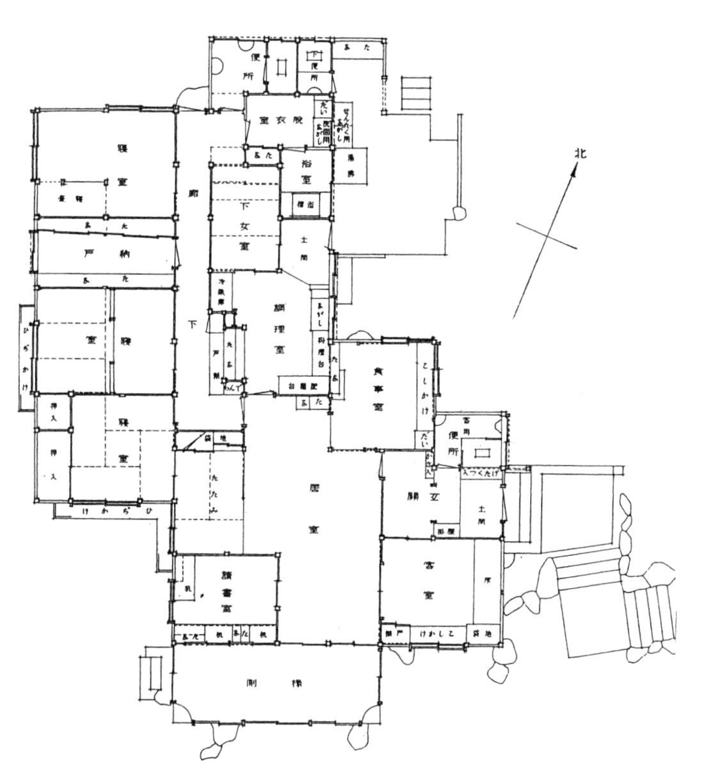

図-5　第五回住宅(『聴竹居図案集』)

どこか見覚えのあるプランであるとよく見てみると、第二回住宅のA部(図-2)と第四回住宅のB部(図-4)をそのまま結合させたようなプランになっている。聴竹居では食事室が独立し、三畳が西側へ移動、また南側のベランダは縁側となって間口いっぱいに広がってはいるが、基本的な構成に変化はない。こうして見てみると、第一回と第三回は2階建てで典型的な農家の田の字プランを延長させたものであったが、第二回、第四回、そして聴竹居は一つの分類に括れそうである。問題の南北二列で東西に長くするのが良いという点は、第三回以降対角方向を東西軸に乗せて長くとっていることがわかる。ではなぜ、北に対して45度振っているのだろう。まず理由として考えられるのが、敷地形状に合わせて配置を決定したということ。聴竹居の配置図を見る限り、尾根の等高線に沿って通り心を設定するのは自然なことである。次に考えられるのが東西方向を最も長くとれるのが対角だということ。藤井独特の雁行させた平面計画はデザイン上で決定されただけでなく、環境工学的な裏付けがあったのかもしれない。

また、藤井は換気の重要性についても説明している。諸外国のように各室の気密性を高くするのではなく、**「即ち我国伝来の住宅に於いては一屋一室方針に近きものである」**といって、気積を大きくとり、通風を良くしなければならないという。聴竹居では

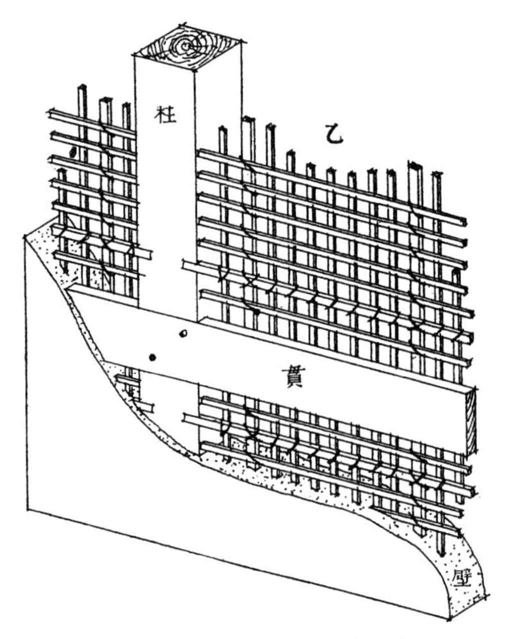

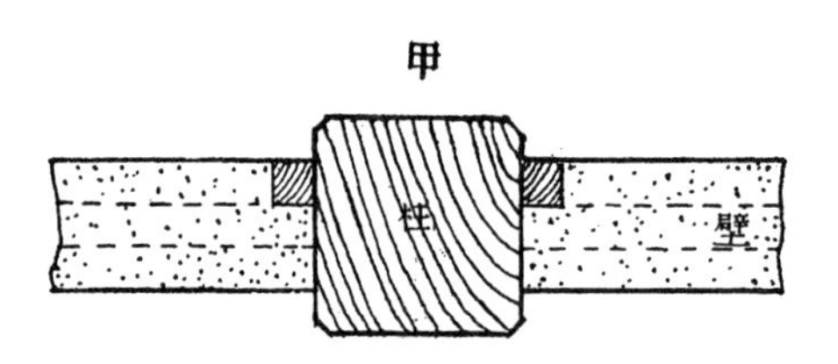

図-6　外壁の改善案

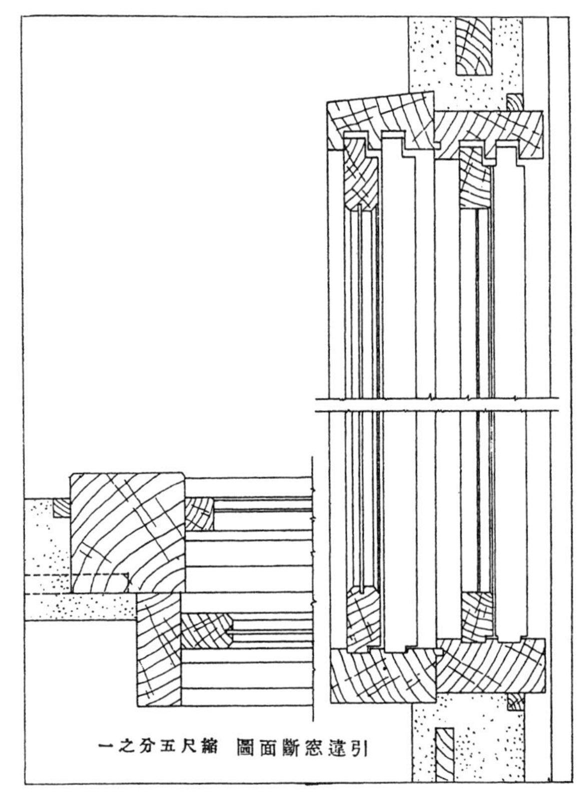

図-7　引違窓の改善案

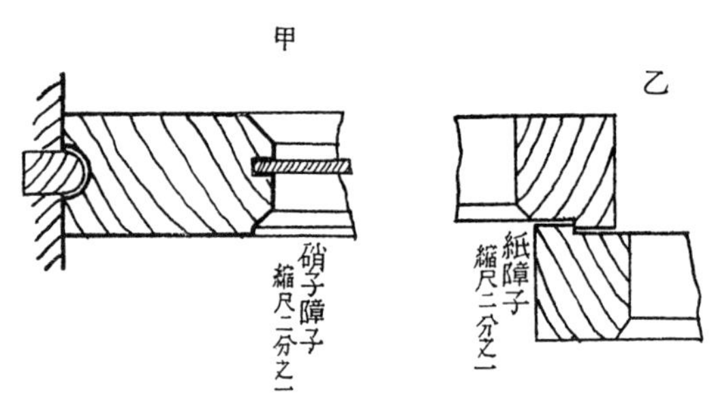

図-8　隙間風を防ぐ装置

確かに、どの部屋も気密性が高くならないように欄間を設け、障子が建て込まれている。欄間から抜けた空気は、廊下および縁側の天井に設けられた排気口へと流れ、ここから天井裏を通じて妻面の通風窓から屋外へと排気されている。藤井は**「夏季の通風を容易になすには、その地において如何なる風向が最も多きかによって間取を決定せねばなりません」**と述べ、**「大阪神戸附近にては夏季は西風多き」**ことから**「西を開放して西風を採り入れ、且つ西日を防ぐ工夫を別に講ぜねばなりません」**と説明している。実際には聴竹居の西側の4室のうち、一つの寝室は西側に押入をもってきて壁にしているものの、あとの二室の寝室と納戸は西側に窓を設けている。

2. 壁について

京都帝国大学の環境工学の教授として活躍していた藤井は、当時あまり注目されていなかった熱環境について欧米諸国の研究を参考に独自の研究をしていた。ただ欧米とは違い、日本では外壁面に受ける高熱を屋内に対して絶縁することを第一の目的とすると藤井は言っている。『日本の住宅』では教科書のように「伝導・対流・輻射」の概念を説明し、どの壁材が断熱性に富むか実際に実験を行ってデータを載せている。木舞壁、土蔵壁、木摺壁、煉瓦壁、中空煉瓦壁、鉄筋コンクリート壁を同じ大きさで作り、夏の太陽を直射させ内部温度を比較した。結果は、木舞壁、土蔵壁、煉瓦壁などの多孔質のものは断熱性能上きわめて有効で、中空煉瓦壁、木摺壁などの中空のあるものはあまりよくなく、鉄筋コンクリート壁のように緻密で熱伝導率の高いものは不可であった。それでは、実際に実験住宅ではどうしていたのか。**「第三回住宅は木舞壁、第四回住宅は土蔵壁によりましたが、実験成績より見るも土蔵壁の勝れたることは明白なるを以って、第五回住宅は之に依りました」**聴竹居では、木舞壁下地の上に土を塗り、クリーム色の漆喰で仕上げている。

また、藤井は従来の外壁の改善案を図入りで説明している。(図-6)柱に2 cm角の木を打ち付けることで隙間風の侵入を防がれ、左官の手間を減り、さらに耐震性にも優れるという。そして、**「室内を土壁或は砂壁に仕上ぐる時は触れれば剝落しやすく、殊に狭き室内においては其の塵があって、使用上頗る不便ですから紙あるいは布を貼るのを得策とします」**このようなアイデアのもと、聴竹居が出来ているのがわかる。現在でもほとんどの壁と居室の天井に鳥の子紙が使われている。

3. 屋根について

ここでは**「屋根は降水を排除なすのを大なる目的としますが、壁と同様に、外界気候の動揺に対して家屋気候の調節を示すのに**

最も重要なる装置のひとつです」と解説している。軒の出ひとつに関しても、藤井は学者らしく太陽高度と庇の関係をロンドンと比較して分析し、日本の気候条件に適した形状を追求している。材料に関しても壁と同じように実験し、比較検討している。柿葺きは断熱性の点では優れているが、耐火耐久性がないため一般的ではなく、次に断熱性が良いのは瓦葺きで、葺土を全面にひいて瓦をならべるベタ葺きが有効であり、さらに断熱性を高めるため、屋根面と天井との間の空隙を有効利用すべきだと説いている。また、木造では軸組に荷重を載せて固定させているので、銅板葺きなど**「軽きに失する場合は不適当です」**と述べている。

しかし、実際の聴竹居では自分で焼いたといわれる黄色の瓦で葺いてあるのは中央部分だけで、その他の部分のほとんどは銅板葺きになっている。どうしてか？　答えは『聴竹居図案集』(昭和4年、岩波書店)の中にあった。**「屋根裏の通風窓をもつ切妻を建物の中央に対称に設けたいため、図の如く屋根をかけました。勾配は軒の出を深くするためにも、外観を環境に調和せしむるためにも、緩なることを必要としますので、葺上げ材料には銅板を用ひました。尚銅板のみではあまりにも軽きに失するので、之を補い且つ屋根裏の換気を盛ならしむために、棟及び其の附近は瓦葺きとし、勾配を急にして高くしました」**さらに、よく見ると外壁の位置で屋根に段差がついていることに気づく。それは、**「軒、螻羽等を除く銅板葺の野地板は二重に張り、その厚さを四糎として、外界気候の変化の影響を軽減せしめ」**たことによる。理論とデザインとの葛藤の中、最終的にこの形に落ち着いたようだ。理論優先、あるいはデザイン優先と一方向に陥ることなく、藤井はその矛盾をうまく解決している。

4. 窓について

ここでは、開き窓・上下窓・引違い窓を比較している。まず、開き窓は構造が簡単であるが障子を固定するのが困難であり、気密性が高いため換気が不完全になってしまうという。次に上下窓は、換気はきわめて有効に働くが構造が複雑になり故障しやすい。また、振動による騒音があり、縦長のため眺望・通風が悪いという。そして、引違窓は構造が簡単で使いやすく、眺望・通風が良いため日本の住宅に最適であると述べている。実際、聴竹居においてもほとんどが引違窓である。

藤井はいくつか私案について図面を載せて説明している。例えばガラス障子の枠を壁面より外に出す方法(図-7)。ガラス障子を外に出し枠に段差を付けることで水の浸入を防ごうとしている。聴竹居の窓もこのようになっており、『聴竹居図案集』にもこの断面が原寸で載せられている。藤井は**「此の案によれば、雨戸は雨水を防ぐため或は防盗の為めには殆ど必要なき」**とし、第一回を除くすべての実験住宅に雨戸を設けていない。しかしこの窓の改善で、雨戸が必要ないとする判断には疑問が残る。藤井はあくまで機能的なことについてしか言及していないが、実際は外観のデザイン上、戸袋をつけたくなかった、というのが本音ではなかろうか。次に隙間風を防ぐ案(図-8)。これは聴竹居でも実践されている。防犯対策に関しては、金物によって障子が枠から外れないようにしようという工夫であるが、『日本の住宅』(図-9)、『聴竹居図案集』(図-10)、そして現状(図-11)とすべてその形状は異なっている。実験をしていく中で改良され、最終的には落とし込み

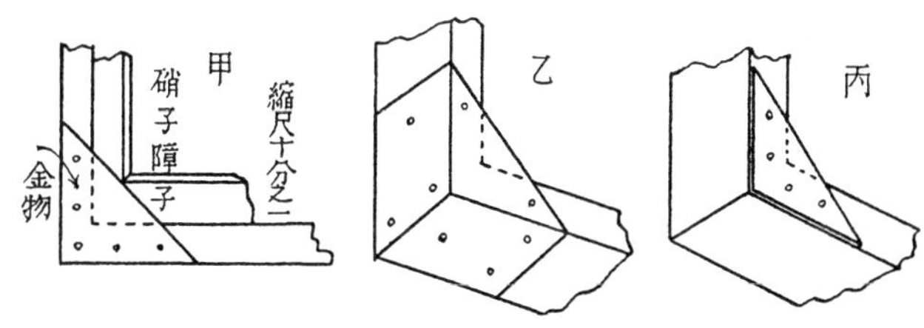

図-9　引違障子の防盗に対する装置

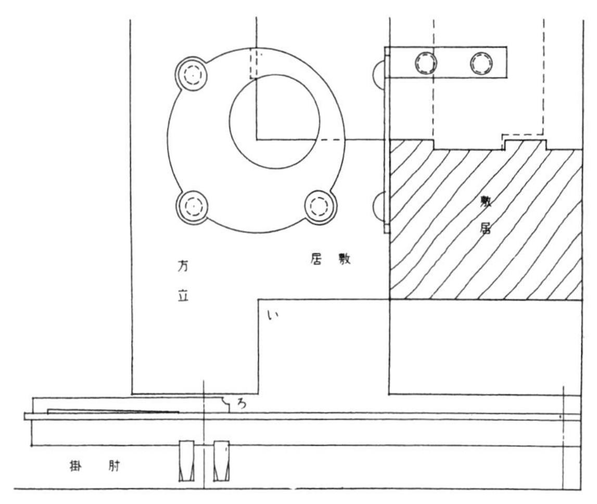

図-10　引違障子の防盗に対する装置(『聴竹居図案集』)

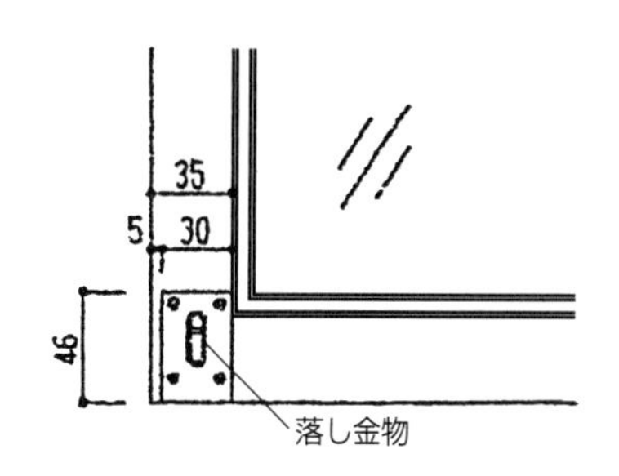

図-11　引違障子の防盗に対する装置(実測図)

方式を選んだようである。

壁紙としても紙にこだわっていた藤井は、紙障子を使用することをとくに推薦している。まず、断熱性が高いこと。散光により適度な光が得られること。冷硬なガラスに対して温柔な感じが得られること。そして、隙間風を防ぎ比較的容易に換気の調節ができることなどである。また、光の質感を考慮し照明器具にも和紙を多用している。

5. 鉄筋コンクリートの住宅

欧米の優れた技術を積極的に採り入れようとする藤井には珍しく、鉄筋コンクリート造の建物には否定的な見解を述べている。鉄筋コンクリート造は耐久性・耐火性・耐震性に優れているものの、断熱性・遮音性が悪く、調湿性がまったくない、気密性が高いため換気が悪い、さらには、模様替えがしにくい、施工性が悪い、強度にばらつきがある…等。深い研究と相当の建設費の増大を惜しまなければ理想の完全な建築が出来るが、鉄筋コンクリートの誤用濫用されないことを切望する、と述べている。実際、藤井は竹中時代に鉄筋コンクリート造の大阪朝日新聞本社などを手掛けていたし、鉄筋コンクリート造の住宅もいくつか建てているが、この時点ではその長所よりも欠点を重視していたようである。

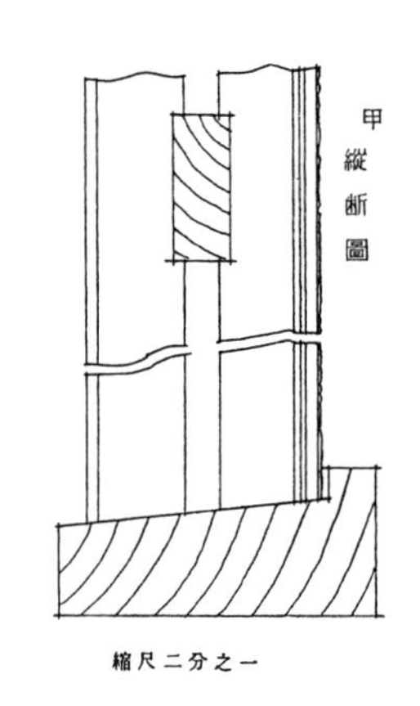

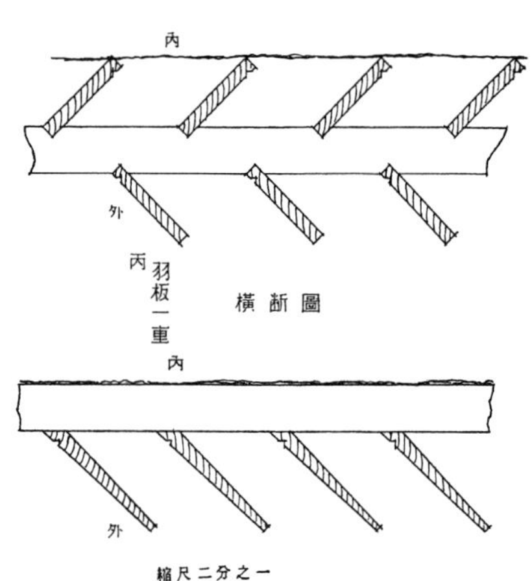

図-12　切妻における通風窓

■「夏の設備」と聴竹居

藤井は『日本の住宅』の中で、**「夏季に能ふ限り室内を標準気候の状態に近づかしむること及び不良の状態にある時間を能ふ限り短縮せしむることに努むる為めに」**次の4項目について詳述している。

1. 建物の周囲において比較的良好な状態にある空気を常に室内に流入させること。

2. 室内の汚損した空気は天井に設けた室内よりの排気口を通じて屋根裏に排出させて、屋根裏の通風窓より屋外に流出させること。

3. 屋根裏が高熱となるのを防ぐため、通風の容易に行える窓を設けて換気に努めること。

4. 床下の多湿を防ぐために通風を盛んにし、かつその比較的低温な空気を利用して屋根裏を冷却すること。

これらを実現するための具体的な私案として、以下の諸設備について提案している。

① 北ないし北東に面して地盤と床の間に外気取入口を設ける。その内側に防虫・防鼠のために金網を張る。

② 室内の床面あるいは戸棚あるいは壁の最下部に導気口を設ける。

③ 外気取入口と室内への導気口を銅板あるいは木板でつくった導気筒で連結させる。

④ 室内よりの排気口を外観上支障のない廊下などの天井に設ける。

⑤ 屋根を切妻とし、建物の両端の切妻下の壁面に対称に通風窓を設ける。雨水の浸入を防ぐには斜めの格子をはめ、その内側に防虫・防鼠のために金網を張る。(図-12)

⑥ 床下と屋根裏との間を垂直に建てた通気筒で連結する。

そしてこれらの諸設備の有無による比較を第四回住宅にて実験し、その相違をデータで示すことによって、その有効性を主張している。

それではこれらの夏の設備は聴竹居においてはどのような形で実践されているであろうか。

外気取入口については、北ないし北東に面した地盤と床の間ではなく、西側に傾斜した敷地の斜面に設け、地中を配管して床下へとつないでいる。西側の外気は良好な状態にあるとはいえない

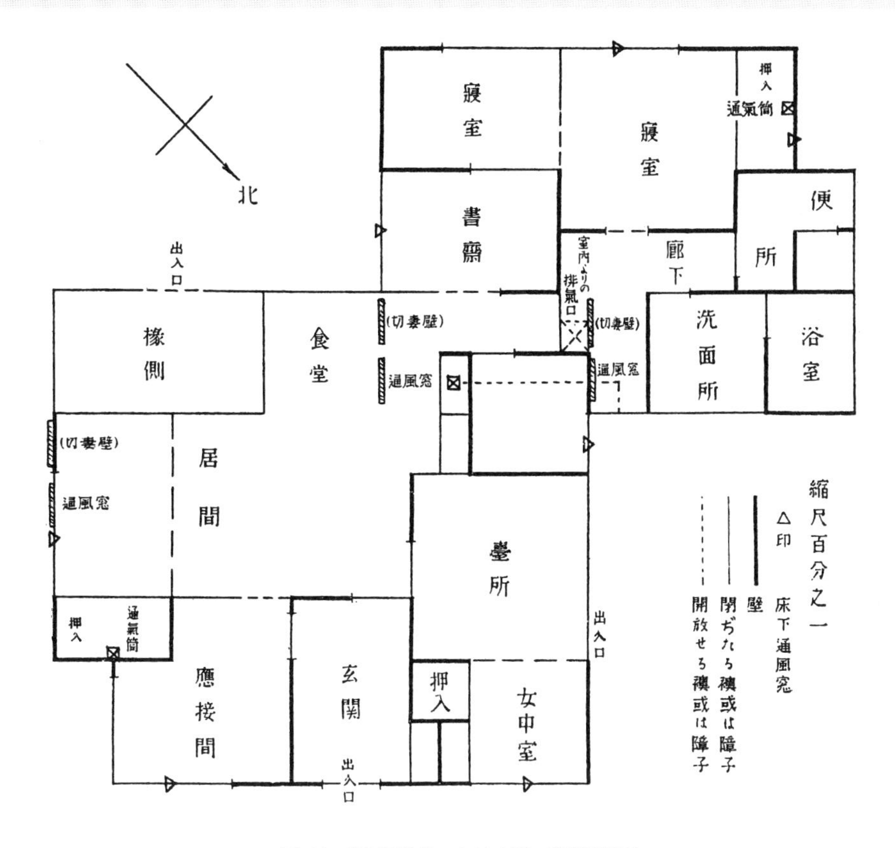

図-13　第四回住宅における夏の設備配置図

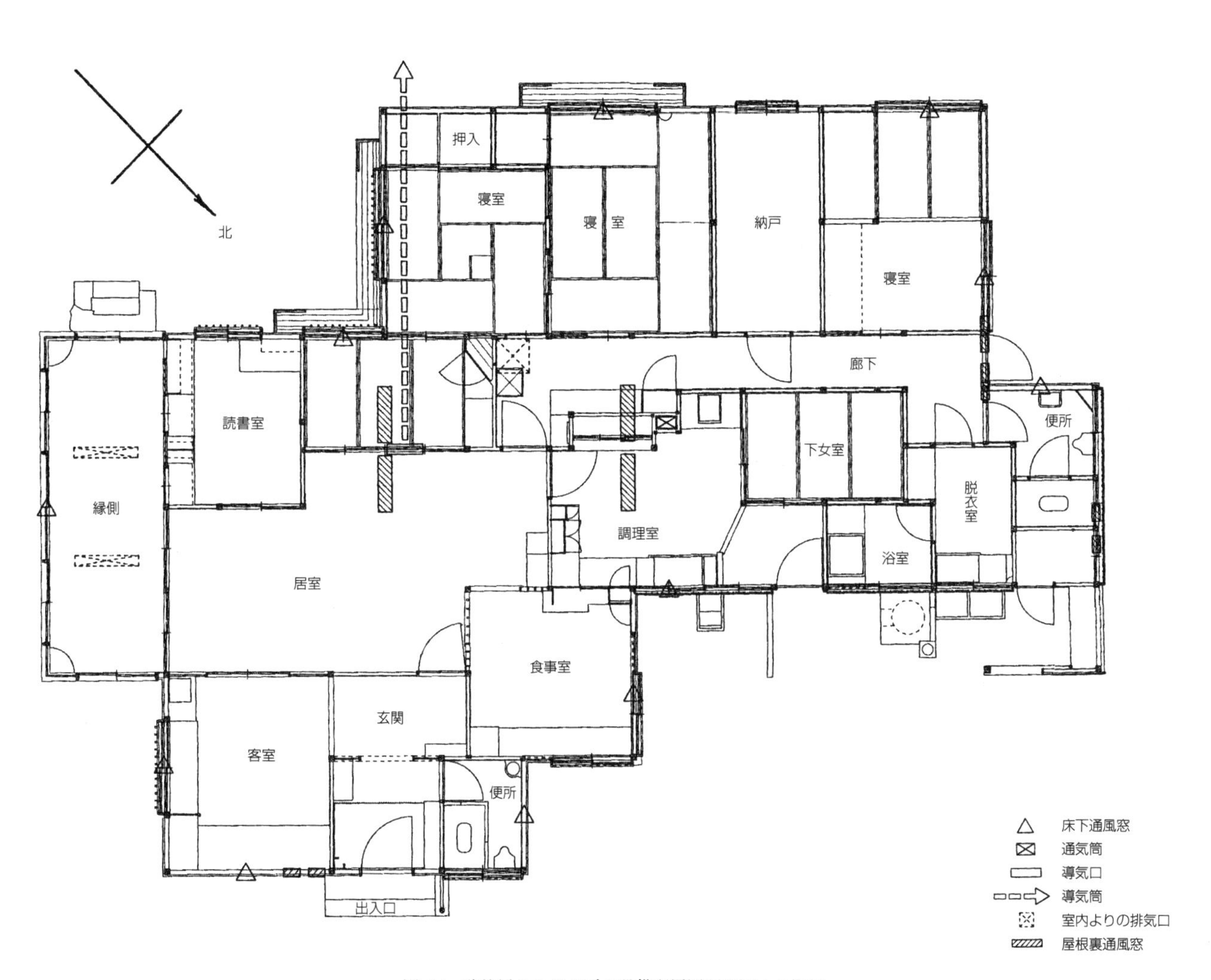

図-14　聴竹居における夏の設備配置図(実測図より作成)

写-3　床下の導気筒

写-4　縁側天井の排気口

が、**「風当たりよき樹陰の多き箇所」**(『聴竹居図案集』)であることと、地中熱を利用して外気温を下げるいわゆる「クールチューブ」の考え方を実践することによって、外気を良好な状態にして室内に取り入れている。地中熱利用については『日本の住宅』には記述されておらず、また『聴竹居図案集』にも詳細の記述は見られないが、後の下閑室においても同じ手法が用いられていることから、聴竹居で実験的に試み、その有効性を確認したものと考えられる。聴竹居は『日本の住宅』執筆時にすでに建設中であったから、当然地中熱利用についても『日本の住宅』の中で触れられていてよいはずであるが、その記述が見られないのは、この手法が敷地形状など特殊な条件を必要とするため一般性を欠くと判断したためであろうか。あるいは地中熱利用による効果をデータによって確認できていなかったために、あえて記述を避けたのであろうか。

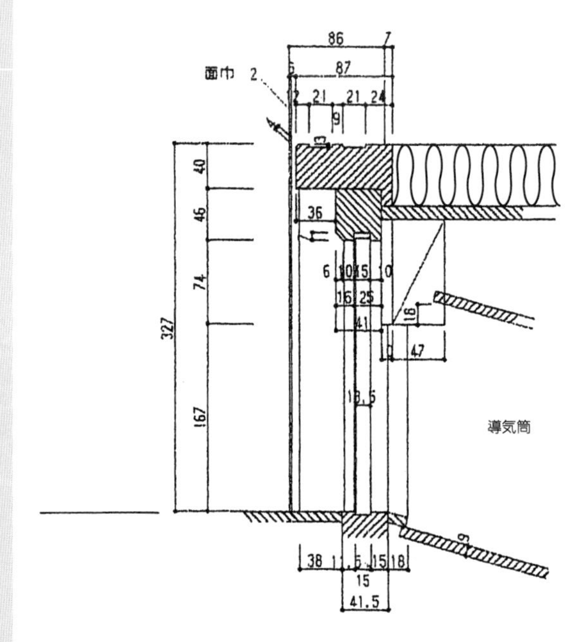

図-15　室内への導気口(実測図)

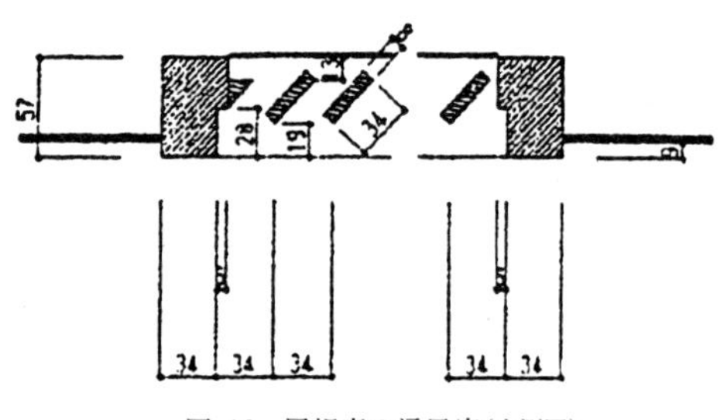

図-16　屋根裏の通風窓(実測図)

室内への導気口については、聴竹居では居室の腰掛式と座式のレベル差を利用して設けている(図-15)。これは、座式と腰掛式の目線の高さを同一にするという空間上の要求からくるレベル差を外気の導入にも利用し、設備と建築を一体として計画した好例で、第四回住宅に見られる戸棚に穴をあけた導気口と比べるとよほどスマートな解決法といえるであろう。

導気筒については、導気口と外気取入口とを床下で木製の導気筒で連結し(写-3)、室内側に片引戸を設け開閉可能にしている。天井排気口は、南側の縁側の天井と廊下の天井に設けられている。廊下の排気口は外観上支障がないということで、単純に天井面に板をはめ込んだだけのもので、開放すれば下から小屋裏が見える状態であるが、縁側のものはスライド式で開閉できるようになっており、開放しても意匠的に見苦しくないようにデザインされている(写-4)。

屋根裏の通風窓については、聴竹居でも最頂部の瓦屋根部分は『日本の住宅』で提案されている手法がそのまま採用されている(図-16)。玄関上部と北側の銅板屋根部分の妻面には、意匠的に考慮したのか、丸型の通風窓が設けられている。

床下と屋根裏を連結する通気筒については、第四回住宅では**「押入内に設くれば比較的他の目的に対して支障を起こさず構造その他も容易」**という『日本の住宅』の記述どおり、押入の内部に設けられているが、聴竹居では押入には計画されておらず、ちょうど平面のまん中あたり、調理室の雁行する棚と冷蔵庫の間に巧みに隠されている。『聴竹居図案集』に「通風筒」の記載があって初めてそれと認識できるが、室内を詳細に観察してもその存在にはなかなか気づかない。ここでも設備のシャフトをそのものとして押入内に設けた第四回住宅よりも、さらに設備と建築の一体化が図られているといえるであろう。

■「趣味」と聴竹居

最終章において藤井は、日本趣味という言葉によって日本の住宅のあるべき姿を具体的に示そうとする。ここで藤井は趣味を取り上げるにあたり、住宅というものは**「単に構造が堅牢にして震火風雨及び腐朽等に対して安全であり、且つ生存に必要なる衛生的の諸種の条件を完全に満たしたるだけでは不十分」**であり、**「精神上にも慰安を与え、各人の性情に適応したる愉快なものである」**べきもの、つまり一言でいうと**「気持ちよく住み得る家」**

写-5　マッキントッシュの影響が見られる時計

でなければならないというところから話を始める。

そこには、明治以降の欧化の風潮の中から生み出されつつある住宅が、その基本的なことが捨て置かれて浅薄な西洋趣味に流されすぎており、それゆえあまりに生活というものがないがしろにされているのではという現状への憂いが見てとれる。

実際この後二節にわたり欧米先進国の事物への無定見な賛美を憂い、西洋趣味の安易な模倣を批判する。実際には欧米の様々な技術や材料、そして生活スタイルまで積極的に採り入れているにもかかわらず、趣味については西洋への傾倒に嫌悪感を示し、果てには「**強烈なる刺激を要求する濃厚の西洋趣味と清楚にして淡白なる日本趣味との間には著しき懸隔あるを以て、之を混和せしむことは困難にして何れか其の一つを採らねばならない**」とまで言い切り、住宅において日本趣味を選択することを迫る。

もっとも藤井は西洋趣味より日本趣味のほうが優れているなどと述べているのではなく、それぞれの国々で育まれ、根づいたものをこそ尊重すべきだという、いうなれば素朴な感情を吐露し続けているだけなのである。つまりそれは「**美の極致は洋の問わず一致なすとしても、趣味は同じ土地の人々の間に於ても多少の相違があり、国々によっては著しい相違が起こる**」からこそ、住宅の建つ環境にこそ注意をして合わせていかなければいけないということなのであろう。

それに従うと、日本においては「**住宅とは自然に同化して之に包容され周囲に反抗せざるもの**」でなければならないということになり、具体的には「**屋根は空に聳えずして勾配を緩やかに、二階建ての場合にても一階を大に二階を小になし極めて安定せる形**」が好ましいのだという。つまりここでいう趣味とは、自己を満足させるだけの個人的な趣味だけではなく、同時に環境との調和を破らないことに留意することにより成り立ち得るものであるべきだということを力説するのである。

そこで日本趣味の特徴として、三つ挙げている。

⑦ 木材と紙と土とを主な材料として使い、またそれを生地のまま用いるため、清楚で、軽妙で、情緒に富んでおり、自然ともよく調和する。

⑧ 室内には複雑な曲線をほとんど用いず、すべてを直線のみにて構成するため、床の間などにみられるように多くの小さな凸凹のある空間をつくって変化と余裕とを空間に付与する。

⑨ 室内の採光を軟らかく演出する。

このなかでも特に採光については一節を割いて述べている。つまり日本の住宅では「**主要なる室の外側には縁側があり、其の外には深い軒が出て、室内と外界との境は何処にあるか極めて不明瞭で、従って内外の変化は複雑で**」、「**室内は極めて軟らかき光線によって照明され高雅なる落ち着いた感を与え、そこに無限の情緒が湧**」くのであり、「**即ち室内の照明を主として或一定の方向にある光線に寄らずして、種々の方向にある散光によることが**」大きな特徴なのだからそれを存分に展開させていこうということなのである。

具体的な手法としては上記の形状を踏襲していくこととともに、材料についてはガラス、すりガラス、障子紙の散光率を表に示した上で障子紙の優位を説き、また一方でそれらの集大成の最上の例として茶室を挙げてイメージを喚起する。また夜間照明においては半間接照明、間接照明が日本趣味に合うことは当然として、そこでの散光の材料としてここでも紙の優位を説いている。

最後に藤井は「**我国の住宅建築にはまことに高雅なる趣味を備えて居りますから、此れ等は永く踏襲して邪道に陥らしめず、何時の代にても日本住宅独特の光輝を発揮せしめたい**」と宣言して筆をおいている。

ここで改めて聴竹居の日本趣味を見つめ直すと、「和風住宅と洋風住宅」で述べたような純粋なる和風住宅ではなく、椅子式の生活が入り込むなど生活スタイルは和洋混在であるし、実際の意匠にあってもライトやマッキントッシュの影響(写-5)が随所に見て取れるように西洋の影響も受け、採り入れもしている。しかしそれは藤井にとっての日本趣味と何ら齟齬をきたすものではなかったのであろう。なぜならばここで採られている西洋の意匠はあくまで日本のそれとも通じうると見れるものだし、また椅子式の居間中心の生活スタイルも当時の日本にはすでに広く入り込んできていたからである。藤井のここでの論考と実践とは、住宅を巡る様々な状況と条件のなかで、真に有用で崇高なものをすくいとり、新しい「日本の住宅」を組み上げていこうとする思いの発露だったのであろう。

（文責：野田 隆史・尾関昭之介・河合 哲夫
北村 仁司・窪添 正昭）

注）図版出典は特記なき限り『日本の住宅』による

写1・2：京都大学工学部建築学教室所蔵

あとがき

本や雑誌でさんざん情報を得てからその建築に出会うと、そこから得た情報の追認作業になってしまい、十分に建築空間を味わえないことがある。「聴竹居」との出会いは幸運にも、まず実物との出会いから始まった。そのあと映像や模型での美術館展示の手伝い、そして設計した建築家藤井厚二の御子孫との出会い、実測調査、最後にこの本創りに参加できた。「聴竹居」も建築家藤井厚二も入り込めば入り込むほどに実に魅力的な存在だ。いまだその魅力の謎解きは終わっていない。この本をきっかけに読者の方々も、ぜひその謎解きに参加して欲しい。

実測調査と本書の作成にあたっては実に多くの方々のお世話になった。持主の小西章子さん、小西伸一さんをはじめ、現在の借家人の高橋功さん(本屋)と元井登古世さん(閑室)、コラムを執筆して頂いた4人の先生方、資料提供をして頂いた京都大学建築学科図書館の方々と同大学院博士課程の水上優さん、大山崎町役場の林亨さん、そもそもの出会いのきっかけを作ってくれた三重県立美術館の花里麻理さん、有志の自主的な活動だった実測調査を出版へと導いてくださった彰国社の熊田渉さん、そして業務とすることを認め、温かく見守ってくれた我々の所属する竹中工務店の副社長平生舜一、取締役本城邦彦、設計本部長石井友彦、設計部長門川清行をはじめとする社内の方々と西奥克美、山田正博。この場を借りて心からお礼を申し上げたい。 **(松隈 章)**

1999年、設計部内の研究会(建築思想研究会)で、近代日本の住宅思想を研究テーマとして藤井厚二の『日本の住宅』の読み込みと聴竹居に関する文献研究を行っていました。そして藤井の住宅に対する考え方とそれを具現化するための様々な工夫を知るにつれ、どうしても藤井の結論である聴竹居を見ておく必要があるとの思いに駆られていた頃、聴竹居が実測できる状態にあることを知ったのです。研究会のメンバー5人が全員実測調査団に加わり、2000年の3月から7月にかけて、延日数にして18日間、朝の9時から夕方の5時までメジャー片手にじっくりと聴竹居と向き合いました。本書の中の「『日本の住宅』と聴竹居―藤井厚二の住宅設計思想―」は、研究会での文献研究と実測調査を通じての考察をもとにまとめたものです。企業内の研究・調査活動は常に業務に対する直接的な成果が求められがちですが、こういった文化的な活動こそが建築の設計に携わる者にとって、目に見えない大きな力となるのではないかと思っています。 **(野田 隆史)**

藤井は自身の設計を旅になぞらえたが、思い返せば実測調査もまた旅のようであった。もちろん藤井の旅は、地図のない途方もないものだったに違いない。それに比べれば私達の旅は、彼の残した建築物ばかりではなく、その著書によって道筋を明らかにされた中でのものであり、「見るべきもの」「注意すべきこと」を知った上での旅といえる。

反面、先人の旅行記をなぞるあまり、自分なりの発見や解釈という旅の醍醐味を減ずることがあるように、今回の実測においても著書にある記述や納まりを意識するあまり、各部の確認作業に終始してしまう場面も多々あった。

編集作業はそうした見失いかけた旅の醍醐味を、補う好機であった。藤井の画いたスケッチ・図面・竣工写真、そして私達の実測スケッチ・現況写真・実測図、これらを見比べ、考え、語り合うとき、先人が何を問い、手を動かし、判断を下したか、そして、現代に生きる私達の問題として「人間の生活する環境・文化」に対しての新たな旅にいざなわれる思いがした。（有田 博）

実測し野帖に描きつける手が凍える３月から、やぶ蚊に悩まされた７月まで週末に幾度か山崎の坂をのぼった。名ある建築家もかつては名作の実測をしたという顰に倣おうとの目論見である。実測調査は精神修養にも似た単調で黙々とした作業がつづく。異にするは自己との対話でなく、相手が70余年前の藤井厚二この語らぬ才人であったことである。活字としてその意匠について残している言葉は少ないが、この自邸は遠慮なく雄弁であった。それがゆえにようやく実測完了にこぎつけたのは意匠に潜んだ藤井の声に押されたの感が深い。そのひそやかにして濃密な遺構の代弁者として、その声をそのまま実測図集としてまとめるのは至難であれ至福とはいえぬ作業となった。

聴竹居のまわりわずかに残された樹影はいまなお深く、風に枝葉がざわざわ木漏れ日がおどるとき藤井の見果てぬ夢のそのさきが垣間見えた気がした。（尾関 昭之介）

「日本の住宅」を研究会で輪読したとき、こんなにうまくいったら建築は簡単だと思えるほど理論的にまとめられていた。実際に聴竹居を見に行く機会に恵まれたとき、藤井のもつ理論（日本の住宅）と実践（聴竹居）の間に生じるギャップ、矛盾、葛藤といった人間くさい部分の痕跡は残っていないものかと注意していた。ところが、ほとんど理論に忠実に設計されている。集大成の名に相応しくなんともさらりとやりとげている感じがした。しかし、実測・作図・編集と作業が進められていくうちに、徐々に矛盾している部分、デザインのために無理をしている部分が見つかってきた。同じく建築を志すものとして共感をもてた。（北村 仁司）

聴竹居の実測調査に着手した昨年の春から早くも一年近くが過ぎ、それらがまとめられようとしています。

錯綜する日常業務との両立に苦しめられながら、藤井厚二の論説と空間意匠をまさに「読み解い」てきました。それらをそれなりに理解し、把握しながら考え、少なからぬ発見もしてきたと思います。しかし、それらをどう解釈し自分の言葉で語ればよいのか、まだよくわかりません。

ただその一年を通じて、とりあえず獲得したと言えるのは、本書にはとうてい掲載しきれなかった膨大な実測スケッチそのものと、それを認める最中で肉体が覚えた、聴竹居を満たしていた光と闇であり、漂っていた空気であり、感触であったと思います。

（河合 哲夫）

本書の校正がほぼ終わった段階になっても、正直なところ私の中ではまだ聴竹居に対する判断が揺れ動いている。

天の邪鬼な性格ゆえに、周りで交わされる聴竹居の環境への対処への賞賛や驚きに対し湧き起こる「そうかな？」という疑問。繊細でいきとどいた意匠にかえっておこる苛立ち。反面、聴竹居でたゆたうような居心地のよさを経験し、ここで行われたであろう膨大な検討と考察の総量に圧倒されたことも事実。聴竹居への私の評価はなかなか定まらない。

しかし実のところそれは、これまで私が資本制貨幣経済の要請に忠実に従い、環境を疲弊させることにより成り立つ現在の建築に荷担し、また同時にそこでのかりそめの快適さに安住してきたことに拠るのであろう。聴竹居はそのことを私に認識させ、自省を迫り、苦い思いを抱かせる存在であるが故に、私の聴竹居に対する判断を躊躇させ続けるのである。（窪添 正昭）

建築写真の撮影は、その建物を設計した建築家との対峙の時間でもある。70年以上も前の作品ではあるが、聴竹居では、特にこの思いを強く感じた。春から夏、秋にかけて何度かこの住宅建築の名作の中に身を置き、季節の移ろいを肌で感じながら撮影する機会に恵まれた私は、撮影を重ねるうち、建築家がこの山崎の地に実験住宅を次々と建て、その最後となった聴竹居への思いが空間・ディテールのそこかしこに込められているのを見るにつけ、いつしか目に見えない藤井厚二の視線を背中に感じていたように思う。

特に最後の撮影となった10月のある日の出来事は、さらにその思いを深く意識させた。その日は、聴竹居に着いたときからあいにくの雨で、午後から雨足がさらに激しく、もともと薄暗い室内がことさら陰影の襞に私を誘い込んでいくような感覚にとらわれた。今回の撮影は、藤井厚二の厳しい視線に見つめられながら、写真家としての資質を試されているような緊張感が心地よく、貴重な体験であった。（吉村 行雄）

聴竹居の撮影を終えて――私はただの写真屋である。聴竹居についての専門的なことは何もわからない。意匠あるいは建築的価値についてはなおさらである。ただ、私がこの建物について感じたことを一言で表現するとすれば、今のはやりの言葉で言う“癒し”の住宅とでも呼べるくらい気持ちがゆったりとする空間がそこに存在するということである。和洋入り交じった不思議な空間が、なぜここまで人の心を落ち着かせるのか、それはこの住宅が建てられている山崎という立地条件も多少影響しているのかもしれない。しかし、それだけでない何か別の力が働いているのかもしれない。それが、70余年過ぎた今も多くの建築家達の関心を引く魅力の源なのかもしれない。こんな住宅で生活できれば日々のわずらわしい出来事がどれほど癒されることかと思いを巡らせながら撮影作業は終了した。（古川 泰造）

「聴竹居」の実測調査から重要文化財指定まで

松隈章
Akira Matsukuma

『「聴竹居」実測図集』が発行された後、「聴竹居」は2001年春からある方が2年契約の定期借家で事務所として使っていたが、より積極的に公開すべく、地元・大山崎町の方々と結成した任意団体・聴竹居倶楽部が、2008年春から藤井家より建物を定期借家として借りて日常維持管理公開活動を始めた。

–

2013年6月24日、天皇皇后両陛下の行幸啓で「聴竹居」は一躍脚光を浴びることになったが、同時に(行幸啓された建物として)、存続のための持続可能な体制への転換を迫られるようになった。「聴竹居」の存続に対しての問題点としては、次の3つがあった。

1　相続や固定資産税など、個人財産のまま永続的に所有・維持管理していくことには限界があること
2　任意団体の聴竹居倶楽部では、ボランティア的で脆弱な組織であるがゆえに、世代交代とモチベーションの維持には限界があること
3　文化財的に無指定なままではいつ何時更地売却されてしまうかもしれないということが危惧されること

–

そして、2016年、「聴竹居」の存続に対しての問題点を解消すべく、竹中工務店が「聴竹居」を藤井家の意向を受けるかたちで譲り受け、次の4つの観点から企業の社会貢献(CSR)活動の一環として取得することを決定した。

1　竹中工務店にとって、黎明期に設計組織の礎を築いた藤井厚二の存在は重要であること
2　個人財産のまま永続的に維持管理していくことには限界があり、藤井家は竹中工務店が取得することを希望していること
3　2019年が竹中工務店の創立120周年の年にあたり、「聴竹居」の取得と保存公開を社会文化的な記念事業として位置付けること
4　2018年は藤井厚二生誕130年・没後80年、「聴竹居」竣工90年の節目を迎えること

–

同時に「聴竹居」の取得後の日常管理運営を今まで通り、地元住民中心の組織「聴竹居倶楽部」で継続していくことも決定した。こうして「聴竹居」の土地・建物の所有は竹中工務店、日常維持管理と公開活動は「聴竹居倶楽部」とする大きな方針のもと、2016年12月に「聴竹居」の土地・建物の所有権移転を終えた。「聴竹居倶楽部」については組織的には脆弱な「任意団体」から、より公益性の高い「一般社団法人」に移行させることになった。法人設立の目的を「昭和初期を代表するモダニズム建築である『聴竹居』を維持保全するとともに施設公開、文化展示、イベント、知名度向上に関する事業を行い、建築文化・教育普及、地域振興に寄与する」とした「定款」をつくり、同年12月に京都地方法務局に法人登記した。竹中工務店が主体的につくった一般社団法人ではあるが、地域の大切な文化資源である「聴竹居」の日常の維持管理、利活用を、所有者である企業の竹中工務店だけの閉じた組織で行っていくのではなく、地元の大山崎町役場、さらに、藤井厚二の遺族と共に行っていくことを主眼に置いた組織とした。こうして竹中工務店+大山崎町+藤井家3者による役員構成の「一般社団法人聴竹居倶楽部」が誕生した。

–

そして、2017年7月31日付の官報で「指定名；重要文化財　聴竹居　旧藤井厚二自邸」が通知される。この時新たに10件(新規9件、追加1件)が同時に重要文化財に指定されたが、その中でも「聴竹居」は特筆すべき点として、「京都帝国大学教授であった藤井厚二が、日本の気候風土や起居様式に適合した理想的な住宅を追求して完成させた自邸である。機能主義の理念と数寄屋技法の融合、室内環境改善のための設備整備などの創意が実践されている。工学的理念に基づいたモダニズム住宅の先駆的存在として住宅史上、建築学上重要である」と記載された。また、指定の名称についても、建築家が自ら名付けた自邸であるとの判断から、従来「○○

2013年6月24日、藤井厚二の次女・小西章子氏（右から4人目）、同孫の伸一氏（右から2人目）とともに天皇皇后両陛下をお迎えする筆者（左から1人目）。写真提供：小西家

家住宅」とされてきた名称を改め、初のネーミングとして「聴竹居 旧藤井厚二自邸」としている。なお、建築家の自邸としては西村伊作の「旧西村家住宅」（1914年・大正3年竣工・和歌山県）があり、その他にもいくつかの「住宅」が重要文化財指定されているが、「昭和の住宅」として初めての国の重要文化財となったことも特筆すべきといえる。

今般、昭和の住宅として「聴竹居」が初めて国の重要文化財に指定された意義は、今私たちが暮らしている日本人のための「住まい」の原型を見直すきっかけをもたらしたことにある。さらに、建築家が自らの住まい（自邸）で挑戦した新しい住まい方を実物で知る機会を将来にわたってもたらしてくれたことにある。

–

「聴竹居」の実測調査から17年、「聴竹居」をきちんと次代に遺していく社会的な機運や体制づくりがようやく整った。さらに次の大きな胎動のひとつとして、2017年12月に日本イコモス国内委員会第14小委員会（20世紀建築遺産）とISC20cが、「聴竹居」を含む「日本の20世紀遺産20選の選定」を発表した。

–

6つの世界文化遺産選定のための評価基準（顕著で普遍的価値）のうち、「聴竹居」は、

(i) 人類の創造的才能を表す傑作であること

(ii) 建築や技術、記念碑的芸術、都市計画、景観設計の発展に関連し、ある期間にわたる、又は世界のある文化圏における人類の価値観の重要な交流を示していること

の2つに該当するとして、伝統を生かし、近代の環境工学の思想を取り入れた傑作として「日本の20世紀遺産20選」のひとつに選ばれたのである。この20選の中でいわゆる個人邸、戸建て住宅は「聴竹居」が唯一のものであり、いかに重要な「日本の住宅」であるかが示されたのである。

–

藤井厚二は、自ら確立した環境工学の視点から日本の気候風土の特徴を概説した上で、図面と絵や写真で完成形としての「聴竹居」を実例として掲載しながら、志向した日本の気候風土と日本人のライフスタイルや趣味に適合した「日本の住宅」の思想を紹介する英文の著書『THE JAPANESE DWELLING-HOUSE』を1930（昭和5）年に発行、世界発信している。それから88年、昭和の時代を越え平成を迎えて30年になる今、「聴竹居」は藤井厚二の想いをのせて20世紀の日本を代表する世界的な住宅遺産、世界文化遺産候補として再び世界発信する時を迎えている。

大山崎町の町長は、「天王山」という聖地がある街「大山崎町」ということを住民の誇りのひとつにしたいと考えている。その大山崎町にある「聴竹居」が、藤井厚二が目指したように「日本の住宅」の理想形として、住宅を建てようとする人、住宅を設計あるいは施工する人、すべてがそのスタートラインで必ずや訪れる「日本の住宅」の聖地になっていくことを願っている。

–

藤井厚二の遺した名言に「其の国を代表するものは住宅建築である」があるが、「『日本の住宅』を考える人が必ずや訪れるのは大山崎の『聴竹居』である」といわれる日が訪れることを楽しみにしたい。

「聴竹居」の保存活用の一環として、2009年5月に7日間にわたり開かれた「聴竹居との出会い——栗本夏樹・漆芸展」。漆作家の栗本夏樹氏の作品を展示するとともに、トークや茶話会などのイベントも行われた。また、2013年3月には現代美術家の河口龍夫氏による「河口龍夫——聴竹居で記憶のかけらをつなぐ」展が開催。代表作の「HIROSHIMAのたんぼぼ」をはじめ、竹の根を使った「聴竹根」や新作などが展示され、同様にトーク、茶話会のイベントも催された

執筆者略歴

石田潤一郎

1952年鹿児島市生まれ。1976年京都大学建築学科卒業。1981年京都大学大学院博士後期課程修了。京都大学助手、滋賀県立大学助教授を経て、2001年から京都工芸繊維大学教授。専門は日本近代建築史・都市史。工学博士。2000年に第4回建築史学会賞、2003年に日本建築学会賞(論文)受賞。また2015年に日本建築学会賞(業績)を共同受賞。主な著書に『ブルジョワジーの装飾』『スレートと金属屋根』『都道府県庁舎——その建築史的考察』『関西の近代建築』『滋賀県庁舎本館』(池野保と共著)などがある。

内藤廣

1950年横浜市生まれ。1974年早稲田大学理工学部建築学科卒業。1976年同大学院修士課程修了。フェルナンド・イゲーラス建築設計事務所、菊竹清訓建築設計事務所を経て、1981年内藤廣建築設計事務所設立。2001−2011年東京大学教授、副学長を歴任。現在、東京大学名誉教授。「海の博物館」(1992)で芸術選奨文部大臣新人賞、日本建築学会作品賞、吉田五十八賞、「牧野富太郎記念館」(1999)で村野藤吾賞、毎日芸術賞、IAA国際トリエンナーレグランプリ受賞。主な著書に『内藤廣の建築1992-2004 素形から素景1』『内藤廣の建築2005-2013 素形から素景2』など。近作では「静岡県草薙総合運動体育館」(2015)、「富山県美術館」(2017)などがある。

藤森照信

1946年長野県生まれ。1971年東北大学工学部建築学科卒業。1978年東京大学大学院博士課程修了。工学博士。東京大学教授、工学院大学教授を経て現在、東京大学名誉教授、東京都江戸東京博物館館長。1983年『明治の東京計画』で毎日出版文化賞、1986年『建築探偵の冒険』でサントリー学芸賞、1997年「赤瀬川原平邸に示されたゆとりとぬくもりの空間創出」により第29回日本芸術大賞受賞。1998年「日本近代の都市・建築史の研究」により日本建築学会賞(論文)受賞。2001年「熊本県立農業大学校学生寮」で日本建築学会賞(作品賞)受賞。

堀越哲美

1950年東京都生まれ。1973年北海道大学卒業。1978年東京工業大学大学院博士課程修了。1978−1981年旧国鉄にて建築設計実務に携わる。1981−1985年豊橋技術科学大学、1985−1988年大阪市立大学を経て1988年から名古屋工業大学にて教鞭を執る。この間1992年カナダ国立研究機構特別研究員。現在、愛知産業大学学長。工学博士。1993年に「建築気候設計基礎理論としての人体熱収支・温冷感に関する研究」で日本建築学会賞受賞。共(編)著に『快適環境の科学』『絵とき自然と住まいの環境』『パッシブ建築設計手法事典』等がある。都市設計プロジェクトとして、1994年名古屋風の道計画、2000年名古屋コンパクトシティなどを提案している。

松隈章

1957年兵庫県生まれ。北海道大学工学部建築工学科卒業。設計業務の傍ら近代建築の保存活用やギャラリーA(エークワッド)での企画展をはじめ数多くの建築展に携わる。主な著書に『聴竹居——藤井厚二の木造モダニズム建築』『16人の建築家——竹中工務店の源流』(共著)がある。設計に携わった「瀧定大阪株式会社高槻寮」と保存・修復・再生に関わった「ジェームス邸」で日本建築学会作品選集に選ばれる。現在、竹中工務店設計本部設計企画部所属、ギャラリーA企画マネージャー兼務。聴竹居倶楽部代表理事。

竹中工務店設計部

1899年の創立、大手5社の一角を占める総合建設会社の設計部門である。北海道、東北、東京、名古屋、大阪、広島、九州の7本支店および、海外にも設計スタッフを抱え、その総数1,000名を超える日本有数の設計組織である。そのデザイン力、エンジニアリング力は定評があり、2回にわたる国立劇場の国際設計競技での最優秀賞受賞をはじめ、日本建築学会賞、BCS賞の他、数多くの賞に輝いている。超高層複合ビルから都市木造や伝統建築まで、話題のプロジェクトを数多く手がけている。

藤井厚二作品解説

竹中工務店時代の作品｜独立後の作品｜全作品リスト・参考文献

竹中工務店時代の作品

1｜「大阪朝日新聞社社屋」原図

2｜「大阪朝日新聞社社屋」

3｜「村山龍平邸・和館」

1・2 ――― 1913年、東京帝国大学工学科建築学科を卒業し、竹中工務店に入社した藤井は、間もなく2つの朝日新聞社プロジェクトに取りかかる。そのうちのひとつが「大阪朝日新聞社社屋」で、大学で得た欧米の建築技術の知識を惜しみなく注ぎ込んで完成したこの建物は、当時最先端の「オフィスビル」だった(1916年竣工)。外観はゼセッション風のデザインで、これに大時計のついた塔が載ったこの建物は、大阪・中之島のランドマーク的な存在であった。1968年竣工の「朝日新聞ビル」建設のために取り壊された。

3 ―――「村山龍平邸・和館」は、竹中工務店入社後、間もなく藤井が手がけたもうひとつの朝日新聞社プロジェクト(1917年竣工)で、朝日新聞社を創業した社主・村山龍平の邸宅。京都・飛雲閣を思わせる外観をもつこの邸宅は、「和風のゼツェッシオン化」(石田潤一郎)が特徴的で、書院や数寄屋をモダン化したディテールへのこだわりが見られる。約1万坪にも及ぶ起伏ある広大な敷地形状を生かしたランドスケープデザインも特徴。同じ敷地に立ち空中の渡り廊下でつながれた洋館とともに1998年に国の重要文化財に指定されている。

4・5 ―――「橋本ビルヂング」は神戸・海外通りに面して建てられたオフィスビル(1917年竣工)。近年解体。塔屋が増築されるなど改変された部分もあったが、ゼセッション風のデザインが竣工当時そのままに残されていた。

6・7 ――― 1921年竣工の「明海ビルヂング」は神戸の旧居留地の一角に建てられたオフィスビル。当初は日本初の14階建て高層オフィスビルとして計画された(8階へと変更されたが、関西ではいちばんの高さを誇った)。外観デザインは途中で改変されたが、内部は大正初期の面影を残していた。1995年の阪神淡路大震災で大きなダメージを受け、取り壊された。

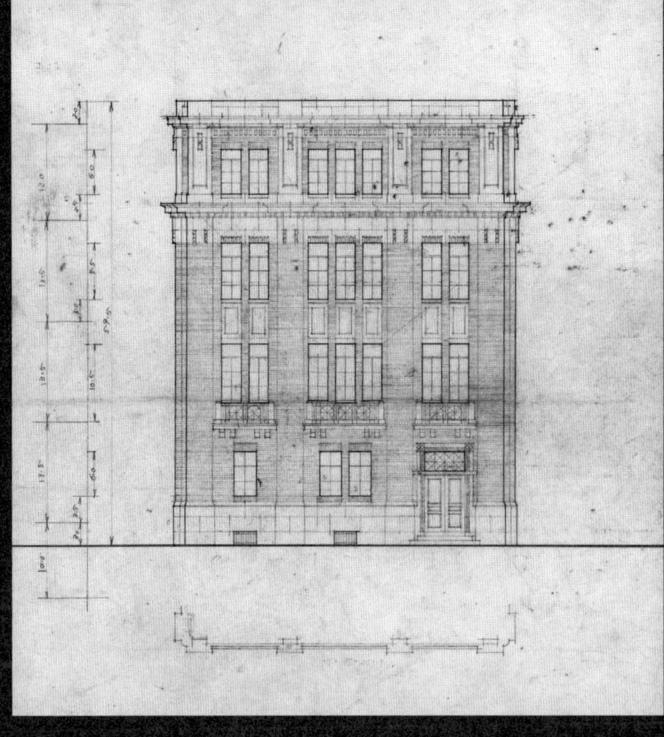

4｜「橋本ビルヂング」原図

5｜「橋本ビルヂング」

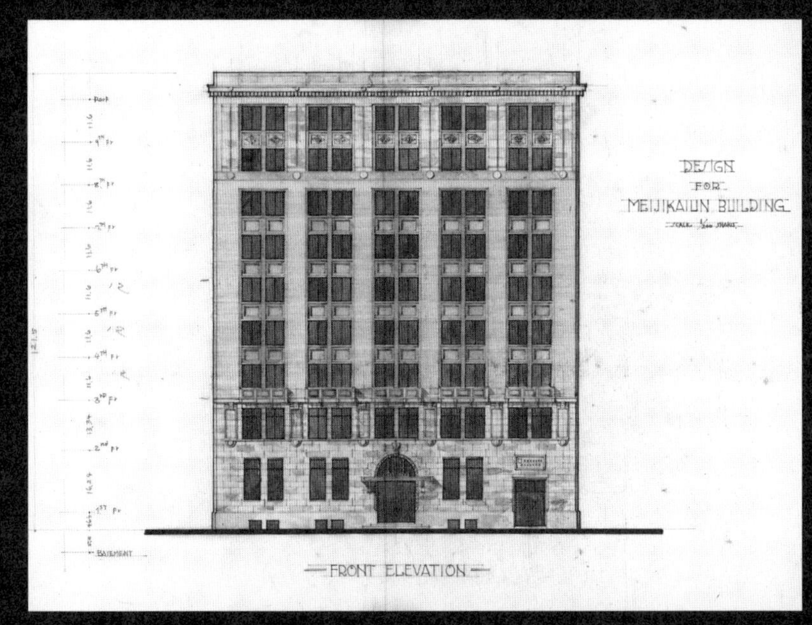

6｜「明海ビルヂング」原図

7｜「明海ビルヂング」

1｜「八木市造邸」

2｜「八木市造邸」

3｜「喜多源逸邸」

1・2 ――「八木市造邸」は依頼を受けて藤井が設計した注文住宅(1930年竣工)。施主の八木市造は、茶会などを通して付き合いのあった父母から藤井を紹介されたという。「聴竹居」と同様に夏を過ごしやすい家を目指し、外気を床下から取り入れて屋根裏へと導く通気筒が設けられた。居間も「聴竹居」の客室と同様に、床の間に隣接してベンチシートが設けられている。白を基調とした調理室をオール電化としたのも「聴竹居」と同様だが、円をモチーフにしたデザインが見られる「聴竹居」とは対照的に、この家では直線のみの幾何学模様を使ったデザインが特徴となっている。

3 ――「喜多源逸邸」は京都帝国大学の同僚(教授)であった喜多源逸のために設計した邸宅。約300坪の敷地に立つ。1926年竣工。1階茶の間、納戸、北側奥の台所や女中室など以外の部分は当時のままで改変されていない。廊下から半間せり出した縁側部分は正面、脇ともに全面にガラスを張り、廊下との境部分に雨戸を設えている。内部では「八木市造邸」以上に、直線の印象を強く受ける住宅である。

4 ――第三回住宅は藤井の3つ目の自邸で、2階建てで1922年竣工。「聴竹居」の東南側、下閑室(茶室)の

4｜第三回住宅

5｜第四回住宅

下の池の端に建てられた。居間と食事室に接した南側コーナー部分に外部テラスがつくられた。

5 ――― 第四回住宅は4つ目の自邸。平屋建てで1924年の竣工。この家で藤井は温度測定などの実験を繰り返し行い、実際に住むことはなかったという。

6 ――― 京都・大山崎の天王山麓に広がる約12,000坪の広大な敷地に第五回住宅として藤井が建てた木造平屋の自邸（1928年竣工）。173㎡の本屋と44㎡（竣工時）の閑室からなる（1930年頃に下閑室竣工）。竹林を造成したため、竣工時は樹木がまばらで庭には芝生が植えられていた。詳細は本文を参照。

7 ――― 「N邸茶室」。聴竹居より道をはさんだ東側に立つ。1930年頃に藤井が母親のために建てたこの茶室は4畳半の茶室部分と3畳の水屋部分からなる。北側の茶室の北東コーナー部分に躙り口を設け、その正面のコーナー部分を床の間としている。通例とは異なり客座側に下地窓を、点前座側に円窓を開けている。下地窓は上下2段に中心をずらして配置した色紙窓としている。客座から点前座の部分には竹の網代天井が張られている。

6｜第五回住宅「聴竹居」

7｜「N邸茶室」

聴竹居と八木市造邸の見学について

［聴竹居］
JR山崎駅または
阪急京都線大山崎駅下車。
見学日時や見学予約方法は、
ウェブサイトを参照。
http://www.chochikukyo.com/

［八木市造邸］
京阪電車京阪本線香里園駅下車。
見学日時や見学予約方法は、
ウェブサイトを参照。
http://www.yagiteiclub.com/

全作品リスト・参考文献

竹中工務店時代全作品［作成／竹中工務店］

	作品	建築主	設計者	竣工年月日	構造・階数	建築面積	延床面積	建築地
1	大阪朝日新聞社	㈱大阪朝日新聞社	藤井厚二	1916年10月25日	SRC・地下1地上3	4,271m²	12,020m²	大阪市北区中之島2丁目
2	橋本ビルヂング	橋本汽船㈱	藤井厚二	1917年12月	RC造・地上4	—	1,488m²	神戸市海岸通2丁目
3	村山龍平邸・和館	村山龍平	藤井厚二、筒井新作	1917年	木造・地上3	—	1,091m²	兵庫県武庫郡御影町郡家
4	大阪朝日新聞社	㈱大阪朝日新聞社	藤井厚二	1917年	RC造	—	1,488m²	大阪市北区中之島3丁目
5	十合呉服店	十合呉服店	鷲尾九郎、藤井厚二	1918年11月	RC造・地上4	595m²	2,701m²	大阪市南区心斎橋筋1丁目
6	明海ビルヂング	明治海運㈱	藤井厚二、藤井弥太郎	1921年8月	RC造・地下1地上8	866m²	7,428m²	神戸市神戸区明石町

独立後全作品［作成／石田潤一郎］

	作品	竣工年	構造・階数	建築地	現況
1	第一回藤井自邸	1917	木造・2	神戸市葺合区熊内	解体
2	第二回藤井自邸	1920	木造・1	京都府乙訓郡大山崎町谷田	解体
3	斎藤邸	1921	木造・2	京都市上京区広小路	※
4	賀屋邸倉庫	1921	RC造・2	京都市左京区下鴨	※
5	深瀬邸	1921頃	木造・2	京都市北区衣笠	現存
6	坂本邸	1921頃	木造・2		※
7	第三回藤井自邸	1922	木造・2	京都府乙訓郡大山崎町谷田	解体
8	山中邸	1922		兵庫県芦屋市	※
9	石崎邸	1922頃	木造・2	京都市上京区新夷町	現存
10	有馬文化村住宅群	1922	木造・1	神戸市北区有馬	解体
11	森田邸	1922		京都市右京区嵯峨広沢池	※
12	鈴木邸	1923頃			※
13	永井邸	1923	木造・2	大阪府吹田市	現存
14	宇治町役場	1923頃	RC造・2	京都府宇治市	※
15	浜部邸	1923頃	木造・2	京都市中京区千本中立売	現存
16	第四回藤井自邸	1924	木造・1	京都府乙訓郡大山崎町谷田	解体、材料保管中
17	戸田邸	1924	木造・2	京都市左京区北白川蔦町	解体
18	久保邸	1924頃	木造・2	京都市左京区鞍馬口	※
19	太田邸	1924頃	木造・2	京都市上京区烏丸通上立売	現存
20	三戸邸	1925	木造・1	京都市北区小山東大野町	※
21	奥村邸	1926	木造・1	京都市東山区南日吉町	現存
22	喜多源逸邸	1926	木造・2	京都市左京区北白川伊織町	現存
23	大覚寺心経殿	1926頃	RC造・1	京都市右京区嵯峨大沢町	現存
24	池田邸	1927	木造・2	京都市左京区北白川追分町	現存
25	第五回藤井自邸(聴竹居)	1928	木造・1	京都市乙訓郡大山崎町	現存(重要文化財)
26	聴竹居内閑室	1928	木造・1	京都府乙訓郡大山崎町	現存(重要文化財)
27	杉本邸	1928	木造・2	京都市左京区松ヶ崎	一部現存
28	大沢邸	1929	RC造・3	京都市中京区河原町姉小路	解体
29	山田邸	1929	RC造・2	京都市左京区下鴨中河原町	解体
30	八木市造邸	1930	木造・2	大阪府寝屋川市香里園	現存
31	喜多恵吉邸	1930	木造・2	大阪府寝屋川市香里園	解体
32	聴竹居内下閑室(茶室)	1933以前	木造・1	京都府乙訓郡大山崎町	現存(重要文化財)
33	藤井邸(現・N邸茶室)	1930頃	木造・1	京都府乙訓郡大山崎町	解体、一部移築
34	濱口邸	1931	RC造・2	京都市伏見区桃山町松平筑前	解体
35	内田邸	1931頃		京都市北区下総町	※
36	本庄邸	1931	木造・2	京都市左京区銀閣寺前町	解体
37	清野邸	1932	RC造・2	京都市左京区田中関田町	解体
38	田中邸	1932	木造・2	京都市上京区染殿町	解体
39	貴志邸	1932	木造・2	京都市左京区田中関田町	解体
40	高木邸	1932	木造・2	京都市左京区松蔭町	現存
41	大阪女高医専病院	1932	RC造・3	大阪府守口市文殿町	解体
42	汐見邸	1933	木造・2	京都市左京区吉田神楽岡町	解体、一部移築
43	小松邸	1933	木造・2	京都市左京区下鴨高木町	※
44	小川邸	1934	木造・1	京都市左京区小倉町	現存
45	岩本邸	1934	木造・2	京都市北区紫竹下園生町	解体

十合呉服店

46	金生堂	1935	RC造・3	京都市中京区室町蛸薬師	※
47	堀野邸	1935頃	木造・2	京都市左京区修学院	※
48	八木芳之助邸	1936	木造・2	京都市左京区北白川東小倉町	現存
49	島津邸	1936	木造・2	広島市上柳町	※
50	清野邸	1937	木造・1	京都市左京区田中関田町	解体
51	瀬戸邸	1937	木造・2	京都市伏見区桃山福島太夫南町	※
52	中田邸(扇葉荘)	1937	木造・2	京都市上京区烏丸一条	解体、材料保管中
53	村山邸・和館(朝日新聞社主宅)	1918		神戸市東灘区郡家石野	現存(重要文化財)
54	大山崎の小住宅	1928以前	木造・1	京都府乙訓郡大山崎町	解体
55	瀬戸邸	昭和初期	木造・1	三重県津市	※
56	武庫川の住宅		木造・2	大阪府西宮市甲子園北口	※
57	ピロティのある家		木造・2		※
58	天泉堂		RC造・3		※

※=未確認または現存せず

参考文献

1) 藤井厚二「我国住宅ノ改善ニ関スル研究」博士論文、1926年、京都大学工学部建築学科図書室所蔵
2) 武田五一・藤井厚二・坂静雄『耐震及び耐火建築構造』大阪毎日新聞社、1927年、京都大学工学部建築学科図書室所蔵
3) 藤井厚二・横山尊雄「日本人に対する建築諸設備の寸法的研究」『建築学研究』第14巻88〜90号抜刷、京都大学工学部建築学科図書室所蔵
4) 藤井厚二『日本の住宅』岩波書店、1928年
5) 藤井厚二『聴竹居図案集』岩波書店、1929年
6) 藤井厚二『鉄筋混凝土の住宅』田中平安堂、1931年
7) 藤井厚二『続聴竹居図案集』田中平安堂、1932年
8) 藤井厚二『聴竹居作品集2』田中平安堂、1932年
9) 藤井厚二『日本の住宅』普及版、岩波書店、1932年
10) 藤井厚二『床の間』田中平安堂、1934年
11) 藤井厚二『扇葉荘』新建築社、1940年
12) 新名種夫「新井博士の新邸を訪ふ」『新建築』1928年5月号、新建築社
13) 神代雄一郎『近代建築の黎明』美術出版社、1963年
14) 小能林宏城「大山崎の光悦」『昭和住宅史』新建築社、1976年
15) 西山夘三「藤井厚二の『日本の住宅』」『日本のすまいⅡ』勁草書房、1976年
16) 松山厳『まぼろしのインテリア』作品社、1985年
17) 石田潤一郎「『日本趣味』の空間——藤井厚二論序説」『日本の眼と空間もうひとつのモダンデザイン』図録、セゾン美術館、1990年
18) 石田潤一郎「聴竹居」『現代和風の住宅』学芸出版社、1991年
19) 富永譲・藤岡洋保「藤井厚二の住宅に関する研究」『日本建築学会学術講演梗概集F』1987年
20) 藤岡洋保「日本の住宅を科学した藤井厚二」『新しい住宅を求めて』KBI出版、1992年
21) 藤岡洋保「聴竹居の今日的意味」『SOLAR CAT』20春号、1995年
22) 堀越哲美・堀越英嗣「藤井厚二の体感温度を考慮した建築気候設計の理論と住宅デザイン」『日本建築学会論文報告集』1988年
23) 堀越哲美「健康的な住宅をめざして——藤井厚二の足跡——」『建築雑誌』Vol.104、日本建築学会、1989年
24) 堀越哲美「建築計画原論成立過程における藤井厚二の貢献——温熱環境評価方法の研究史(6)——」『日本建築学会東海支部研究報告』1991年2月
25) 堀越哲美『藤井厚二の住まい観』『チルチンびと』創刊号、風土社、1997年
26) 松隈章(著)・古川泰造(写真)『聴竹居——藤井厚二の木造モダニズム建築』平凡社、2015年

あらためて感嘆

石田潤一郎

—

はじめて訪れたのは1980年だったか、聴竹居は管理の方の高齢化もあり、家財道具で雑然としていた。そのせいで、心を捉えたのは、よく片付けられていた「客室」の床の間あたりと「縁側」の極小の竪桟くらいだった。それが、20年ほどして、松隈章さんたちの尽力によってすっかりきれいになった。ことに「居室」と「畳の間」を仕切っていた後補の建具が取り除かれた。その効果は大きかった。空間のヴォリュームの組み合わせが明確になったのだ。

さらに20年近く経過したつい先頃、閑室も家具が運び出されて、室内が見渡せるようになった。それまで竣工写真から推し量るしかなかった内部意匠の構成が十全な姿を現した。立礼というプログラム、そしてグラスゴー派の遠い反映とによって、室全体の比例感は縦に引き延ばされている。その上にかかる天井は、竹の網代と萩の化粧屋根裏という草庵茶室の手法を用いるのだが、しかし本来の内向性を希釈されて、浮遊している。そんな独特の空間をようやく知ることができた。
ここにいたるまでの松隈さんはじめ関係者の長い長い努力にあらためて感嘆する。そしてその努力を裏切らなかった藤井厚二の力量にあらためて陶然とする。

—

居室から畳の間を見る

聴竹居その後

堀越哲美

聴竹居に初めて訪れた時、大山崎の地が選ばれた理由がわかったような気がした。待庵のある淀川となる河川の集合地である戦略の地である。それは、絶景とも言える景観を呈する立地であることを意味するものである。それが、日本趣味を体現する、気候風土に適応した新しい日本の住宅の創造への礎であったに違いない。聴竹居が竹中工務店の手で整備され、人々が訪れ、その目に触れるようになってから、それが有している何とも言えない風土感、空気感を感じた人々が「行ってきましたよ、聴竹居」と話すのである。

昨年2017年には、室内環境改善のための設備整備などを特筆すべきものとして重要文化財となり、従来の形態意匠性や建築生産的精緻性、材料・構法、生業的視点、平面などが主な評価点であった文化財住宅とは一線を画するものと考えられ、感慨深いものがある。本書が増補刊行されることは、聴竹居が、持続可能性が求められる今の時代、展望の見えない経済的状況であるからこそ、その存在の魅力を持つことと住まい再考の原点としての価値が認められた結果であると言えよう。

南側外観

「日本の住宅」の理想形

松隈章

1996年の夏、今から22年ほど前にはじめて「聴竹居」を訪れた時のことを昨日のことのように思い出す。室内に入った途端、とても涼しく感じ、和と洋、さらにモダンが違和感なく溶け合わされ、日本人の感性にあったその不思議な空間の魅力に吸い寄せられた。1999年に空家となった「聴竹居」を将来的に遺していくための準備として、竹中工務店大阪本店設計部の有志で2000年に実測調査に取り組んだ。その実測調査した時に作成した実測図のCADデータが17年の時を隔てて奇跡的に復元でき、2017年国の重要文化財指定のために不可欠な図面としてそのまま利用することができた。40歳でこの「聴竹居」を完成させ、49歳で亡くなった藤井厚二。昭和の住宅として初めて国の重要文化財に指定された「聴竹居」は、藤井厚二が生涯追い求めた「日本の住宅」の理想形のすべてが集約されている。その「聴竹居」の詳細やディテールさらに寸法を克明に記録したこの実測図集は、真に日本の気候風土と日本人の感性に適合した「日本の住宅」を追い求める多くの建築家にとって大切な一冊になるだろう。

2018年3月

写真クレジット

- 相原 功
  144下
- 小西家
  141上
- 齋藤さだむ
  141下
- 中村昌生
  25中
- 畑 拓
  24、26、28
- 古川泰造
  2、4下、5、7-13、25上、27上、29、31、46左、53、59下、65、69-73、74右、75、77、79下、
  81、84、85、88、93、112、115、146、147中・下、150、151
- 吉村行雄
  4上、6、46右、47、49、54-58、59上、60、62、63、67、74左、79上、87、95、109中
- 彰国社写真部
  102、104、106、109上・下、110、113

* 特記のないものは、編者提供

本書は、2001年3月10日第1版をもとに、
オリジナル性を尊重しつつ、新たな頁を加え増補版として刊行したものです。

増補版ブックデザイン＝刈谷悠三＋角田奈央／neucitora
増補版編集協力＝内野正樹／エクリマージュ

環境と共生する住宅 「聴竹居」実測図集 増補版

2001年3月10日 第1版発行
2018年4月10日 増補第1版発行

著作権者との協定により検印省略

編者 竹中工務店設計部
発行者 下出雅徳
発行所 株式会社 彰国社
162-0067 東京都新宿区富久町8-21
電話 03-3359-3231(大代表)
振替口座 00160-2-173401

自然科学書協会会員
工学書協会会員

Printed in Japan

印刷：真興社 製本：中尾製本

ISBN 978-4-395-32106-3 C3052 http://www.shokokusha.co.jp